나는 경매로
당당하게 사는 법을
배웠다

전 재산 80만 원 밑바닥 인생을 기적처럼 바꾼 경매 여왕 박수진의 투자 분투기

# 나는 경매로 당당하게 사는 법을 배웠다

· 박수진 지음 ·

당신 말고는 아무도
당신을 부자로 만들어주지 않는다.

**리처드 템플러**

**프롤로그**

# 평생 할 수 있는 일이 있다는 게
# 나는 너무나 좋다

경매를 시작할 당시, 내 수중에는 단돈 80만 원이 전부였다.

작은 원룸을 마련할 돈조차 없어서 시골에 계시는 어머니에게 200만 원을 빌려야 했던 때였다. 단돈 200만 원이 없어서 아쉬운 소리를 하는 우리 부부에게 어머니는 몹시도 화를 내셨다. 빌린 돈을 쥐고 서울로 올라오는 버스 안에서 흐르는 눈물이 멈추지가 않았다. 그렇게 얻은 보증금 없는 월세방에서 나는 억척같이 살았지만, 그만큼 막막한 세상에 잔뜩 주눅 들어 있었고 자신감도 자존감도 바닥이었다.

앞날이 너무 막막했기 때문에 매일같이 머리를 싸매고 살 길을 궁리했더랬다. 그러다 떠올리게 된 것이 책에서 본 부동산 경매였다. 그때부터 나는 일을 하면서 틈틈이 경매 공부를 했고, 여러 번 실패 끝에 낙찰까지 받을 수 있었다.

한동안은 '정말 이렇게 하는 게 맞는 건가? 내가 제대로 하고 있는 걸까?'라는 생각도 많이 들었다. 몇 년이 지난 후에야 경매로 낙찰받은 부동산에서 정말 소득이 흘러나오기 시작하면서부터 '아, 하길 정말 잘했구나!' 하는 자신감을 얻게 되었지만, 이리저리 헤매던 당시의 나는 그야말로 모든 것이 두렵고 혼란스러웠었다.

나는 15년간 꾸준히 부동산 경매를 해온 사람이다. 그 긴 시간 동안 세상도 많이 달라졌지만 나의 인생도 완전히 달라졌다. 부동산 경매를 하지 않았다면 인생에 고비가 생길 때마다 어떻게 넘길 수 있었을까 할 정도로 경매는 나에게 있어 더 없이 고마운 일이 되어주었다. 경매로 부동산을 싸게 사들일 수 있었던 덕분에 월 소득이 생기는 것 이외에 목돈도 중간 중간 생겼고 그걸로 큰 도움을 받을 수도 있었다.

돈이 없어 쩔쩔매던 시절, '내 삶이 정말 달라질 수 있을까' 매일 고민하던 때에는 생각조차 할 수 없었던 경제적 여유와 안정을 갖게 되었다. 중요한 것은, 단지 자산이 늘어난 것뿐만이 아니라는 점이다.

나는 부동산 경매를 통해 살아가면서 알아두면 좋을 지식들을 무척이나 많이 배울 수 있었다. 무엇보다도 퇴직이나 은퇴 걱정 없이 평생 살아가면서 할 수 있는 일이 있다는 것이 더없이 좋다.

어린 시절, 우리 집은 몹시 가난했다. 부모님이 평생 열심히 생활하신 덕분에 지금은 경제적으로 어느 정도 여유로워지셨지만 우리 4남매의 어린 시절은 늘 이런저런 어려움이 많았다. 경제적 상황은 나의 성격에도 영향을 미쳤던 것 같다. 나는 학교에 들어가면서부터 점점 소극적이 되었고 사람들 앞에서는 늘 위축되곤 했다. 대학교를 졸업하고 직장을 다닐 때에도 마찬가지였다. 나의 경제적 주머니가 곤궁할수록, 내가 할 수 있는 최선을 다하고 있음에도 늘 남의 눈치를 보며 지냈다. 직장에서도 일을 잃을까 봐 불안감으로 늘 마음이 무거웠다.

  그런데 부동산 경매를 하면서부터 불안한 마음도 점차 사라졌다. 직장에서 받는 월급 이외의 소득을 벌 수 있게 되니 살아가는 데 자신감이 생겼다. 미래에 대한 불안감 대신, 평생 할 수 있는 일이 있다는 든든함이 마음속에 자리하기 시작했다. 늘 위축되고 눈치 보던 내가 당당해지는 법을 조금씩 깨우쳐가게 된 것이다.

  하지만 한 번도 해본 적 없는 생소한 투자를 해나가기 위해서는 끊임없이 나 자신을 담금질해야 했고, 주저앉고 싶을 때마다 스스로를 일으켜 세우기 위해 강해지려고 무던히 노력해야 했다. 그렇게 하지 않고는 아무것도 모르던 세계에서 첫 발을 내딛고 계속 나아가기가 쉽지 않았기 때문이다.

  경매는 방법만 알면 간단하지만 처음엔 그 과정이 쉽지만은 않았다. 지금은 어느 정도 익숙해지고 숙달되어 아무렇지도 않은 일들이 그때는 하나에서 열까지 전부 힘들기만 했다. 하지만 그 과정을 겪으면서 나는 정말 많이 성장하고 있음을 스스로 느낄 수 있었다.

  그 경험들을 나와 비슷한 상황에 있는 사람들에게 알려주고 싶은 마음으로 2007년에 『나는 쇼핑보다 경매투자가 좋다』라는 책을 써서 출간했고, 감사하게도 많은 사람들의 사랑을 받을 수 있었다. 그리고 많은 독자 분들로부터 삶에 희망이 생겼다는 감동적인 메일도 받았다. 그러나 시간이 흐르고 금융위기 이후 한국의 부동산 시장이 침체기를 겪게 되자 내게 회의적인 말들, 상처가 되는 독설을 뱉는 사람들도 있었다.

  "해도 안 된다."

"당신은 운이 좋았을 뿐이다."
"지금은 부동산 경매로 돈을 버는 시기는 끝났다."

그리고 시간이 또 흘렀다. 『나는 쇼핑보다 경매투자가 좋다』가 출간된 지 10여 년이 다 되어가는 요즘, 나는 이런 내용의 메일들을 받고 있다.

"왜 계속하지 않았을까요? 정말 후회됩니다."
"그때가 기회였어요."
"공부를 제대로 안 하고 경매투자에 뛰어들었던 것이 후회가 돼요."

경매투자에 관심을 가졌지만 조금 해보다가 그만둔 사람, 머뭇거리고 주저하다가 지나고 나서야 후회를 하는 사람, 만반의 준비 없이 떠밀리듯 성급하게 시작했다가 오히려 손해를 본 사람 등 아쉬움을 가득 토로하는 메일들이다. 이런 사연을 접하면 정말 안타깝다. 그러나 반대로, 더없이 뿌듯해지고 기쁜 마음이 드는 순간들도 있다.

"부동산 경매 덕분에 노후자금 마련해서 걱정 없이 살고 있습니다."
"저는 지금도 경매투자가 너무 좋습니다."
"저는 경매투자로 남편 앞에서 당당해질 수 있었어요."

많은 사람들의 바람은 큰 부자는 아니어도 직장에서 받는 월급에만 의지하지 않고 혹은 직장을 잃을까 봐 두려워할 필요 없이 월급 이외의 소득을 벌어 경제적으로 자립하고 노후를 대비하는 것이 아닐까?

반드시 돈이 많아야 행복할 수 있는 것은 아니다. 하지만 돈은 삶을 영위하는 데 가장 중요한 요소다. 그렇기 때문에 돈을 갈망하는 것에 대해, 그리고 돈으로부터 자유로워지기 위해 노력하는 것에 대해 부끄러워하거나 세속적 욕망에 사로잡힌 것이라고 죄책감을 가져서는 안 된다.

오히려 적극적으로 돈에 대해 공부하고 월급 이외의 소득을 만들어낼 수 있는 방법을, 그리고 평생 잘 살아갈 수 있는 방법을 궁리해야 한다. 내가 이런 이야기를 하는 것은, 돈이 없으면 극한 상황으로까지 내몰릴 수 있다는 것을 경험하며 절절하게 느꼈기 때문이다.

나는 '돈 공부'를 하다가 자연스럽게 부동산 경매를 알게 되었다. 그와 더불어 투자의 세계를, 자본주의 사회에서 살아가는 인간의 삶을 이해할 수 있게 되었다. 그렇게 경매를 통해 나 자신의 인생도 달라졌고, 경매를 가르치며 만난 많은 사람들의 삶이 달라지는 것도 지켜봐왔다. 부동산 경매가 인생을 바꾸는 유일한 답은 아니지만, 기본을 지키면서 꾸준히 해나간 사람들에게 반드시 좋은 보답을 한다는 것을 나는 안다.

물론 다른 일과 마찬가지로 부동산 경매를 하면서도 많은 어려움과 고통과 좌절이 뒤따른다. 너무나 당연하게도, 부동산 경매를 잘하려면 많은 노력이 필요하다. 어쩌면 여태까지 살아오면서 들였던 노력보다 더 큰 노력이 필요할지도 모른다. 하지만 어느 정도의 실력이 될 때까지 포기하지 않고 해가는 사람에겐 부동산 경매가 세상 어떤 어려움 속에서도 일어날 수 있는 든든한 버팀목이 되어줄 것이다.

나는 자신 있게 말할 수 있다. 내가 그랬던 것처럼, 당신의 인생도 충분히 그리고 언제나 당당해질 수 있다.

이 책을 읽는 모든 분들에게 행운과 축복이 가득하길 기원한다.

박수진

# 차례

**프롤로그**
평생 할 수 있는 일이 있다는 게 나는 너무나 좋다 | 6

## 1부 경매는 내 인생의 기적이다
### 지하 단칸방에서 수십 억 자산까지, 밑바닥 인생의 대반전

**01. 인생의 밑바닥에서 경매를 만났다** ......................................... 21
꼬리칸에 타고 있던 내게 찾아온 기적 / 나도 바퀴벌레 없는 지상에서 살고 싶다 / 돈 걱정의 굴레에서 벗어나라 / 그래서, 안 하면 어떻게 할 건데?

**02. 나를 잃고 싶지 않아 시작한 경매 공부** .................................. 26
나는 영어 한 마디 못하는 동양인 청소부, 보모입니다 / 준비 없는 투자, 모은 돈을 모조리 잃다 / 엄마… 200만 원만 빌려주세요 / 나를 살린 단칸방 화장실 한 줄기 불빛

**03. 나답게 살기 위해 부자의 전략을 따르다** ................................ 32
가장 큰 적은 선입견이다 / 투자를 하지 않으면 잃을 것도 없을 거야 / 내 안에도 잠든 거인이 있을까? / 나에게 지고 싶지 않아 시작한 돈 공부 / 종잣돈 없이 돈 벌 방법은 경매밖에 없었다! / 아, 부자들은 이렇게 간단하게 돈 벌었구나!

**04. 행동하지 않으면 아무것도 변하지 않는다** ............................. 39
절박함만으론 아무것도 바꿀 수 없다 / 처음은 당연히 어렵다, 나도 그랬다 / 경매에 대한 풀리지 않는 갈증 / 정보는 성공으로 가는 급행열차다

# 2부 방법만 알면 경매는 간단하다
## 두려움 많던 평범한 아줌마, 나를 성공으로 이끈 경매 공부

**01. [나의 첫 입찰 분투기] 절대 겉만 보고 판단하지 마라** ······ 47
"거기 사람 안 살아요, 얼마 전에 돌아가셨어요." / 남이 망한 집을 받아 좋을 것 없다? / 권리 문제만 해결되면 무조건 나갈 집

**02. [나의 입찰 준비] 많이 배우고 나서 투자를 하는 것이 가장 빠르다** ······ 54
"저… 제가 입찰하려고 하는데요." / 이렇게 해서 경매로 돈을 벌 수 있을까? / 해결의 열쇠는 현장에 있다! / 전세금으로 잔금 납부 시 반드시 유의해야 할 2가지

**03. [나의 첫 입찰 성공기] 정말 내가 입찰한 것 맞나요?** ······ 61
실패한 첫 입찰, 덕분에 배웠다! / 입찰하지 않아도 괜찮아, 현장으로, 현장으로! / 소극적이고 자신감 없던 내게 경매가 준 선물 / 드디어 기회가 왔다, 확인 또 확인! / '나도 살고 싶은 집'이라면 입찰 도전! / 다리가 후들 심장이 쿵쿵, 입찰 첫 성공!

**04. [1년 1건 도전기] 경매투자의 성공 공식을 터득하다** ······ 72
투자금이 부족할수록 이것만은 따져라 / 씨앗을 심는 마음으로 투자하라! / 1년에 1건씩, 10년이면 10건 / 출렁이는 부동산 시장, 한 발 물러나서 보라 / 겨우 10만 원 벌자고 이 고생을 해야 하나? / 습기, 결로, 역류, 악취… 반지하는 두 배 더 꼼꼼히 살펴라 / 관리·유지비는 손해가 아니다!

**05. [시세의 비밀] 나도 드디어 월세받는 임대인이 되었다** ······ 85
부동산 명도, 나도 가장 어려웠다 / 왜 그 가격에 낙찰받아, 급매로 사지? / 관리비 내는 연립이라고? 좋지! / 아니, 집 내부가 이 꼴이란 말이야? / 오래 거주하는 소유주들은 모르는 시세의 비밀

**06. [매수 매도 타이밍] 수익 나는 물건, 어느 선에서 매도할 것인가?** ······ 95
다세대 밀집 지역에 있는 오피스텔 물건 발견! / 임차인 미상? 현장조사 시 꼭 확인하기 / 면적, 향, 옵션 여부 등 필수 체크사항들 / 소액보증금 임차인이 왜 배당요구를 하지 않았을까? / 인천도시철도 2호선? 뜻밖에 교통 호재! / 살고 있는 사람에게 듣는 생생한 정보 / 인근 부동산에 내걸린 급매물의 실체는? / 문제는 얼마에 입찰가를 쓰는가다! / 같은 감정가, 다른 낙찰가 / 목표 수익을 얻었다면 그걸로 충분하다!

**07. [유치권이 인정되지 않는 점유자] 4000만 원의 이사비 요구, 이렇게 마무리했다** ······ 110
어머니를 위해 발 벗고 나선 투자 / 27:1의 입찰경쟁률을 뚫고 낙찰받다 / 어쨌거나 명도는 전적으로 낙찰자의 몫 / 점유이전금지가처분 신청, 직접 해볼 만하다 / 아무도 없는 집, 신속히 진행된 가처분 집행 / 검은 양복 차림의 건장한 남자를 대동하고 나타난 점유자 / 이사비 4000만 원을 달라고요? / 때로는 침묵과 버티기도 전략이 될 수 있다

**08. [가장 후회되는 명도] 임차인이 처한 상황을 백 번 이해하라** ······ 121
"아니, 이제야 연락하면 어떡합니까?" / 생각지 못한 배당의 복병, 체납 세금 / 나도 모르게 튀어나온 못난 감정 / 10년이 지나도 부끄러운 그때 그 사건

**09. [아무리 급해도 지켜야 하는 절차] 내 생애 처음으로 경찰서에 출석하다** ······ 128
악순환에 빠진 상가도 살려낼 수 있어! / 일이 뜻대로만 흘러가는 게 아니더라 / 이 집 주인은 누구인가요? 점유자는 누구죠? / 최후통첩, 그러나 내가 덫에 빠지다 / 불길한 예감은 틀리지 않는다 / "박수진 씨, 경찰서로 한번 와주셔야겠는데요." / 진실하게, 적극적으로 문제를 해결하라

**10.** [경매 협상의 기술] **유치권 신고된 오피스텔, 어떻게 풀어야 할까?** 138

400여 채가 한꺼번에 경매로 나오다 / 이런 유치권 물건이라면 오히려 흥미로운데! / 결코 만만치 않은 상대, 그 이름 유치권자 / 잠입 취재 같은 현장조사 / 그럼 얼마를 주면 협상할 수 있겠어요? / 제로에 가까운 경쟁률, 감정가의 1/5 가격에 낙찰! / 유치권은 협상의 싸움이다

**11.** [경매 물건 고르기] **경매는 결혼과 매한가지다** 150

경매 법원에 모인 사람들 / 복잡하지만 흥미로운 물건을 발견하다! / 입찰을 할 것인가, 말 것인가? 만일 건물에 이상이 있다면? / 또 하나의 경매물건 파일을 만들다

**12.** [현장조사와 시세조사] **정해진 대로만 하면 절대 알 수 없는 것들** 156

인근에 있는 건물들, 지나다니는 사람들을 살펴라 / 반장네 집을 먼저 찾는 이유 / 집을 좀 살펴보고 가면 안 될까요? / 지금 뭐하는 겁니까? 낙찰받고 나서 오세요! / 위험하니까 입찰 안 하는 게 좋다고? / 주민들의 이야기가 가장 생생한 정보가 될 수 있다!

**13.** [입찰 그리고 낙찰] **눈치 싸움, 끝까지 고군분투** 164

입찰하기 전 마지막으로 확인한 사항 / 입찰보증금액이 최저가의 10%가 정말 맞아요? / 매각 절차를 몰라서 손해 본 할아버지 / 낙찰받았다! 그러나 이제부터가 본 게임 / 이해관계인 서류 열람 좀 할게요! / 상대를 배려한 확답? 항상 좋은 건 아니다

**14.** [모든 문제를 해결하고] **목적에 집중하면 결국 목적지에 도달한다** 174

먼저 가처분을 지워주시면 대금납부 할게요 / 모든 일을 순조롭게 해결하게 되기까지 / 쓸데없는 감정싸움에 휘말릴 필요 없다 / 입찰에서 낙찰, 임대까지 모두 미션 완료! / 215만 원을 투자하고 얻은 빌라의 진짜 가치

# 3부 당신도 경매투자로 평생 당당하게 살 수 있다

## 부동산 경매가 평생직장이 된 실전 경매 사례

**01.** [다시 시작한 그녀의 경매 공부] **"나는 경매가 너무 재미있어요!"** 185

'잘 안 되면 어떡하지…'부담감을 내려놓아라 / 돈 안 들이고 만들어낸 월세 150만 원의 수익 / 부동산 경매로 자신감을 얻었습니다! / 당신만은 끝까지 한번 해봤으면 좋겠다

**02.** [은퇴·노후 걱정 없는 평생 직업] **누구든 원한다면 평생 할 수 있다** 191

"노후는 생각만큼 멀지 않고, 생각보다 짧지 않다" / 혹여 갑자기 무슨 일이라도 생기면…? / 경매는 부동산 호황에도 불황에도 빛난다 / 경매투자를 위해 감수해야 할 숙제

**03.** [최고의 평생 투자 공부] **경매를 공부하는 것만으로도 돈이 생긴다** 198

쉽게 돈 번다고? 그런 게 어디 있어! / 두고두고 돈이 흘러들어오게 하는 투자

**04.** [내가 리드하는 내 인생] **평생직장이 있는 사람은 늙지 않는다** 204

일흔이라는 나이가 어때서! / 열정은 나이 드는 것이 아니다 / 계속 공부하자, 당당하게 도전하자!

**05.** [나중에 후회 말고 지금 시작하기] **언제나 늦지 않았다, 지금이 가장 빠르다** 208

'지금 해봤자 소용없어'란 말은 정말 소용없다! / 삶이 단숨에 바뀌는 놀라운 경험 / 억대 자산의 주인공, 누구나 언제든 될 수 있다

**06. [낙찰과 동시에 명도 완료] 노력한 사람에게는 반드시 더 좋은 길이 펼쳐진다** ········ 213
낡아도 선호도 높은 2층 빌라 / 연이은 패찰 끝에 맛본 낙찰의 순간 / 혹시 잘못 입찰을 한 건가? 내가 모르는 문제가 있는 건 아니겠지? / 방치된 짐 처리, 평수별로 다르게 접근하라 / 다시 태어난 집, 운도 트이다!

**07. [배당에서 제외된 임차인] 나는 진짜 임차인이라구요!** ········ 220
가격 상승 지역의 저렴한 다세대주택 / 신축 다세대가 많아진다? 수요가 늘고 있다는 것! / 소신 입찰, 얼떨떨한 낙찰! / "나는 진짜 임차인이라고요!" / 우여곡절 끝에 홀가분하게 마무리되다

**08. [외관상 문제 많아 보이는 아파트] 이런 물건 정말 받아도 괜찮을까요?** ········ 228
5회 유찰되어 감정가의 24%대로 떨어진 아파트 / 밤이 되어서야 진가를 발견하다 / 법원에 신고된 임차인이 없었던 이유 / 아쉬운 결과, 그러나 다시금 깨달은 현장의 가르침

# 4부  이대로만 따라 하면 당신도 경매 부자
### 물건 선정부터 명도까지 한눈에 보는 단계별 경매

**01. [경매 선배가 쓰는 편지] 이제 막 경매를 시작하려는 당신에게** ········ 237
경매가 준 값진 선물 '할 수 있다'는 믿음 / 경매는 결코 노력을 배반하지 않는다 / 나의 값어치는 세상이 아니라 내가 정한다 / 자신과의 감정 싸움에서 이겨라

**02. [경매 입찰절차 이해하기] 이렇게 하면 된다! 한눈에 보는 11단계 경매 절차** ········ 244
모르기 때문에 두려운 것이다 / 1단계: 물건 선정 마음에 드는 물건=수익을 내는 물건 / 2단계: 권리분석 1 어떤 함정이 도사리고 있는가? / 2단계: 권리분석 2 부자가 되는 공부의 시작은 부자가 되는 용어를 배우는 것부터! / 3단계: 물건분석 1 건물 상태, 임대가능 여부, 매매 시세, 주변 호재 등 따져봐야 할 것들은 무궁무진해! / 3단계: 물건분석 2 다양한 지역, 다양한 부동산으로 눈을 키워라 / 3단계: 물건분석 3 교통 호재 산업단지 신설 무조건 맹신 마라 / 4단계: 현장조사 1 권리분석 척척하는 사람도 '임장'에는 쩔쩔 매는 이유 / 4단계: 현장조사 2 임장이 수월해지는 3가지 원칙 / 5단계: 입찰 준비 입찰보증금과 입찰표 준비, 실수하지 말자 / 6단계: 입찰 하나부터 열까지 꼼꼼하게 확인하기 / 7단계: 낙찰 개찰 후 최고가 매수신고인, 낙찰! / 8단계: 잔급 납부 한 달 이내로 대금 납부, 경락잔금대출 활용하기 / 9단계: 소유권이전등기 등기 촉탁은? 등기권리증은? / 10단계: 명도 1 인도받는 절차는 있어도 정해진 방법은 없다 / 10단계: 명도 2 이사비용, 어떻게 하는 게 좋을까? / 11단계: 매매 및 임대 부동산 거래 시 알아둬야 할 상식들

**03. [안목을 키우는 공부] 6개월 동안 땀나도록 발품을 팔아라** ········ 270
후회하는 투자를 줄이기 위하여 / 신축 건물이 다 좋은 건 아니야 / 건축법상 위반사항을 확인하는 습관 / 해당 지역에서 선호하는 유형을 파악하라

**04. [시장 흐름 공부 방법] 무엇을 보아야 하고 어떻게 살펴야 할까?** ········ 274
부동산 가격, 언제까지 오를까? / 아무것도 하지 않으면 손해도 안 본다? / 흐름을 읽는 것이 어렵다

고? 그 점이 오히려 기회다! / 내가 부동산 시장 흐름을 읽는 방법 / 변수는 언제나 발생할 수 있다 / 아무 이유 없이 부동산 가격이 오른다면? / 부동산 시장 전망과 반대로 바라보라

**05. [각종 세금 알아두기] 세금을 모르면 지는 게임이다** ··········· 286

반드시 알아야 할 부동산 관련 각종 세금들 / 면적과 금액에 따라 달라지는 취득세 알아보기 / 시기도 꼼꼼하게 챙기자, 보유세 알아보기 / 한 다리만 건너도 천양지차, 양도소득세 알아보기 / 그 외에 세금 관련 팁

**06. [금융지식] 투자자라면 빼먹지 말아야 할 필수 과목** ··········· 292

대출이라는 레버리지를 이용해 이익을 극대화하라 / 경매투자를 위한 금융 지식들 / 더 쉽고 빠르게 결정하고 싶다면 '금융 지능'을 갖추어라 / 하면 할수록 삶에 도움이 되는 금융 공부

# 5부 당신의 경매가 어려운 이유
### 이것만은 알자, 실수하기 쉬운 경매 오답노트

**01. [경매로 받지 말아야 할 부동산] 모르면 큰코다치는 경매의 기본** ··········· 301

안전한 투자를 위한 6가지 원칙 / 임대가 되지 않는 지방의 부동산을 조심하라 / 겉만 멀쩡한 누수 건물을 찾아내라 / 건물만 경매로 나왔다면 초보자에겐 위험 / 분양대금이 완납되지 않은 대지권미등기 아파트 / 비어 있는 상가 건물의 숨은 그림자

**02. [한꺼번에 나온 오피스텔 경매] 어떤 점을 주의 깊게 살펴야 하는가?** ··········· 309

관리비 문제를 간과하지 말 것 / 대출 여부, 시설 점검, 부동산 인도, 임대 관련 유의사항

**03. [유치권 신고된 물건] 어떻게 유치권에 접근해야 할까?** ··········· 312

까다로운 만큼 매력적인 유치권 물건 / 유치권 신고 물건 접근 비법 4

**04. [법정지상권에 관련된 물건] 정말 수익성이 큰가?** ··········· 314

이론만 믿고 덜컥 구매한 토지 / 소송만 몇 년째, 건물주는 그 사이 월세 수익

**05. [건물에 점유자가 없는 경우] 빈집 명도가 가장 골치 아플 수 있다** ··········· 317

확인할 길이 막막한 빈집 / 짐이 얼마나 남아 있는지 반드시 학인해라

**06. [빌라·연립] 이것만 유의하면 기회를 선점한다** ··········· 320

빌라는 돈이 안 된다는 고정관념부터 버려라 / 구매 시 이것만은 반드시 유의하자

**07. [상가 투자] 확실하게 알아보고 꼼꼼하게 투자하라** ··········· 323

높아지는 인기만큼 유의해야 할 점도 많다 / 지역분석부터 권리금 파악까지 꼼꼼히 따져라

**08. [특수한 케이스] 경매로 나온 집의 임차인과 옆집의 임차인이 바뀌었다?** ··········· 327

101호와 102호가 뒤바뀌었다고요? / 임차인이 뒤바뀌었는데 한 집만 경매에 나왔다면

**09.** [체납된 관리비] **공용관리비의 최종 3년분에 한해서만 인수하면 된다고?** ⋯⋯⋯ 331
의외의 복병 체납된 관리비! / 체납된 관리비 300만 원 전액을 내라고요?

**10.** [명도 1] **경매에도 협상의 기술이 필요하다** ⋯⋯⋯ 334
터무니없는 이사비 요구, 협상의 달인이 되자 / 절대로 손해 보았다는 느낌을 주지 마라!

**11.** [명도 2] **소유자가 살고 있는 집 명도가 가장 어려울 수 있다** ⋯⋯⋯ 337
소유자가 살고 있다면 마음의 준비를 단단히 / 늦은 새벽 잠복 끝에 겨우 만난 소유자 / 이도 저도 못 하는 상황을 피하려면

# 6부 이기는 투자자 되기, 어떤 곳을 주목해야 할까?
### 요동치는 부동산 시장에서 살아남는 경매 인사이트

**01.** [안산·시흥·금천 아파트 사례] **고용인구가 늘어나고 있는 곳을 찾아라** ⋯⋯⋯ 345
인구 유입 경향을 읽으면 오를 지역이 보인다 / 교통호재로 인구가 늘어나는 곳을 미리 선점하라 / 실제로 경험해보기 전까지 교통호재 맹신 마라

**02.** [젊을수록 빌라·연립] **주택보급율과 자가점유율의 차이를 알면 기회가 보인다** ⋯⋯⋯ 351
폭락할 거라고? 상승했다, 그것도 급상승! / 월세·관리비 낮은 빌라나 연립 선호도 증가

**03.** [구로 오피스텔·상암 아파트 사례] **젊은 층이 집중적으로 거주하는 지역에 투자하라** ⋯⋯⋯ 357
도시계획사업으로 발전한 대표적인 두 지역

**04.** [상암·마곡·판교의 대반전] **큰 산업단지 인근 지역을 주목하라** ⋯⋯⋯ 360
상암부터 마곡까지 흐름을 꿰뚫어라 / 예전만 하지 못할 거라던 판교의 대반전

**05.** [석문 사례] **산업단지 호재 기사에 휩쓸리지 마라** ⋯⋯⋯ 363
산업단지, 무조건 호재가 아니다 / 어떤 산업단지가 호황일지 알아보는 노하우

**06.** [홍제 아파트 사례] **관리처분 인가가 난 주변지역을 노려라** ⋯⋯⋯ 370
재개발·재건축 인근은 오른다

**07.** [이천 아파트 사례] **세계 경제 흐름을 보면 지역 경제가 보인다** ⋯⋯⋯ 373
대기업의 행보를 예의주시하라

**08.** [인천·부천 빌라 사례] **1인 가구가 늘어나는 곳을 주목하라** ⋯⋯⋯ 376
오를 만큼 올랐다고? 당신만 기회를 놓치고 있다! / 소형아파트 투자는 여기가 적격이다

**09.** [남양주·김포 아파트 사례] **새로 부상하는 신도시에 주목하라** ⋯⋯⋯ 379
적극 추천했던 그곳, 지금은 저렴하게 구입하기가 쉽지 않다 / 당신이 꺼리는 지금도 누군가는 돈을 벌고 있다

**에필로그**
**인생을 바꾸는 투자를 위해 필요한 것은 종잣돈이 아니라 용기다** | 382

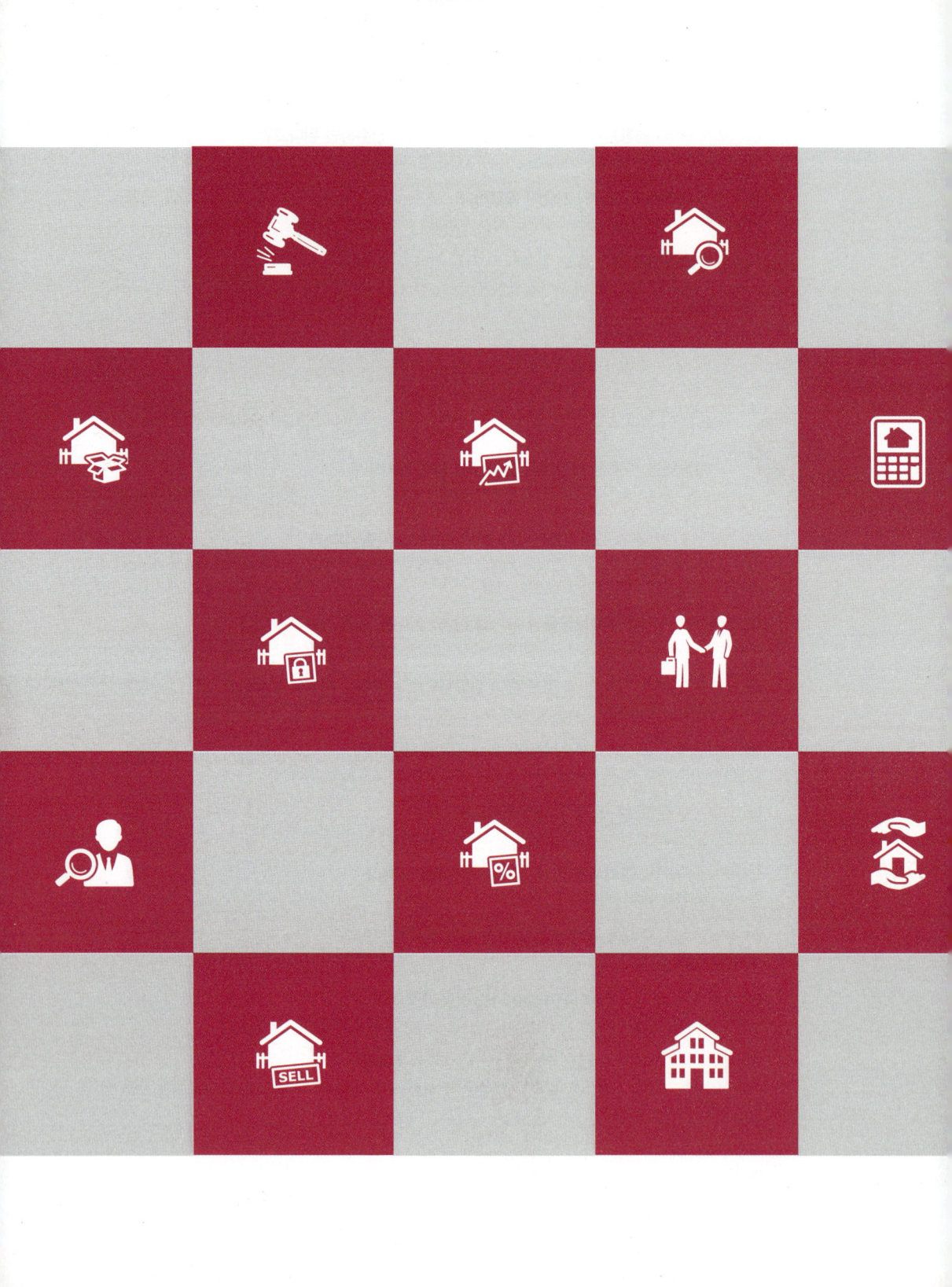

# 경매는 내 인생의 기적이다

지하 단칸방에서
수십 억 자산까지,
밑바닥 인생의 대반전

위대한 발견의 씨앗은 늘 우리들 주위를 떠다닌다
그러나 그 씨앗은 그것을 받아들일
마음의 준비가 되어 있는 사람에게만 달라붙는다

조지프 헨리

# 01

# 인생의 밑바닥에서 경매를 만났다

### 꼬리 칸에 타고 있던 내게 찾아온 기적

태어날 때부터 꼬리 칸에 타고 있던 사람. 나 박수진이다.

영화 〈설국열차〉에는 돈을 얼마나 가지고 있느냐에 따라 각기 다른 칸에 나뉘어 타게 된 사람들이 나온다. 꼬리 칸에 탑승하게 된 최하위층 사람들은 바퀴벌레로 만든 단백질 블록을 먹으며 그곳에서 평생 삶을 영위해가야 한다. 영화는 꼬리 칸 사람들이 보다 나은 삶을 쟁취하기 위해 목숨을 건 싸움을 하며 맨 앞 칸으로 전진해가는 모습이 그려진다.

 지난 오랜 세월 동안 나는 꼬리 칸에서 일반 칸으로 가는 것이 소원이었다. 나의 심신이 편히 쉴 수 있는 나의 공간을 갖는 것, 내일 차비와 점심을 걱정하지 않아도 되는 정도의 삶, 한 켤레의 구두로 몇 년을 버티지 않아도 되는 생활. '에이 그 정도가 뭐가 대단한 소원이 되는 거야'라고 생각하겠지만 나에겐 그런 평범한 것들조차 결코 쉽게 얻어지는 것이 아니었다.

 그랬던 내가 지금, 기적이라고 해도 좋을 만큼 뒤바뀐 삶을 살고 있다.

## 나도 바퀴벌레 없는 지상에서 살고 싶다

 곤궁했던 대학 시절, 나는 곰팡이 냄새가 코를 찌르는 작은 지하방에서 언니와 함께 살았다. 장마가 기승을 부리던 한 여름날 이상한 낌새에 새벽에 눈을 떴다. 방 천장을 본 나는 언니를 부둥켜안고 경악을 할 수밖에 없었다.

 천장 한 구석을 따라 손가락 두 개를 합쳐 놓은 크기의 검은 바퀴벌레가 일렬종대로 기어가고 있었다. 커다랗고 징그러운 바퀴벌레 무리가 천장 코너에 가득 차 있었다. 하수구에 있던 바퀴벌레가 장마 때문에 우리 지하방으로 몰려온 것이다.

 당시 나는 공부가 나를 구원해줄 것이라고 굳게 믿고 있었다. 밤새 바퀴벌레와 난리통을 겪고도 나는 다음 날 새벽 영어회화 수업을 듣기 위해 학원에 갔다. 곰팡이가 가득 피어난 지하방과 멀끔한 학원 교실 사이의 이질감을 느끼며 책상 위에 가방을 내려놓는 순간 바퀴벌레 한 마리가 책상 위에 '툭' 하고 떨어졌다. 누가 볼까 겁이 나 나는 황급히 가방으로 바퀴벌레를 덮어버렸다. 그리고 다음 날부터 다시는 그 학원에 가지 않았다.

가난한 삶 때문에 어릴 때부터 어깨를 펴지 못하고 살았다. 아무리 걷고 걸어도 깊고 어두운 터널이 끝나지 않는 기분이었다. 이제는 한 고비 넘겼다 싶으면 또다시 찾아오던, 그 끔찍할 만큼 길고 긴 캄캄한 터널.

그 터널 속에 주저앉아 얼마나 많이 울었던가. 화려한 꿈 따윈 아무리 애를 써봤자 나는 결코 이룰 수 없을 것처럼 느껴졌다.

## 돈 걱정의 굴레에서 벗어나라

"워낙 18년째 꽁꽁 얼어붙어 있다 보니까 이게 이제 무슨 벽처럼 생각하게 됐는데, 사실 문이란 말이지."

〈설국열차〉속 이 대사는 내 인생을 반추하며 곱씹게 한다. 나는 요즘 벽에 부딪히는 일이 생길 때마다 이 대사를 되뇌곤 한다.

언제나 무언가에 쫓기듯 살았다. 억울할 일도 서러울 일도 분노할 일도 많았다. 하지만 가장 힘들었던 점은 당장 내일 혹은 다음 달을 어떻게 살아야 할지 막막한 시간들이었다. 아무 걱정 없이 웃으며 살 수 있는 날은 결코 내겐 오지 않을 것 같다는 두려움이 늘 내 곁을 맴돌았다.

우울한 삶에서 나를 벗어나게 해준 것은 오로지 경매투자가 유일했고 그것만이 정답이라고는 할 수 없다. 하지만 기존에 내가 갖고 있던 가난한 사고가 송두리째 뒤바뀌어 '경제적으로 자유로운 삶을 살겠다'는 나의 결심을 현실로 가능하게 만든 것은 다름 아닌 경매투자였다. 그것을 나는 인정할 수밖에 없다.

경제적인 자유는 남이 가진 것을 빼앗는 것이 아니라 사고를 바꾸어 스스로 창조해가는 것이다. 진정한 자유를 획득하는 방법은 꼬리 칸에서 앞 칸으로 전진하며 남의 자리를 빼앗는 것이 아니라, 기차를 벗어나는 것이다. 내가 살고 있는 기차 안만이 안전하게 살 수 있는 유일한 곳이라는 생각을 180도 뒤바꾸어야 한다. 세상은 얼어붙어 있다는 수십 년간의 믿음을 버릴 수 있어야 한다. 문을 열면 더 큰 위험에 놓이거나 죽을 수도 있다는 두려움, 그 두려움을 이겨내야 한다.

얼어붙은 바깥 세상에 비하면 꼬리 칸도 안전지대라는 헛된 믿음에 언제까지 사로잡혀 있을 것인가.

## 그래서, 안 하면 어떻게 할 건데?

가난이 운명이요 숙명이라고 믿으며 꼬리 칸에 안주하던 내가 기차를 탈출한 건 기적과도 같다.

여러 사람의 경매 성공사례를 읽으면서 '나도 쉽게 할 수 있겠는데' 생각하곤 했다. 하지만 임장을 나가는 것조차 몇 번이고 마음을 가다듬어야 했다. 지금 생각해보면 별것 아닌데 그때는 집을 나서기가 죽기보다 싫었다. 이제 공부는 이쯤 하면 되었으니 실전에 나서 보아야지 하며 물건을 고르기까지는 어렵지 않았다. 그런데 밖은 바람이 쌩쌩 부는 엄동설한, 나는 또다시 인생에 변명하느라 바빴다.

'내일 갈까?'

'좀 날이 풀린 뒤 움직이면 안 될까?'

이런 생각들이 내 몸을 붙들고 늘어졌다.

'혼자 거기까지 어떻게 가지?'

'부동산 시세조사를 어떻게 하지? 사람들이 나를 보고 비웃으면 어떻게 하지?'

모든 것이 막막하고 귀찮고 싫어졌다. 나의 소심증이 극에 달해서 나를 붙들고 늘어지는 것이다.

그런데 어느 순간 '안 하면 어떻게 할 건데?'라는 생각이 나의 마음을 두드렸다. 그 말이 나를 움직이게 하는 원동력이 되었다.

'지금 나가지 않으면 난 영원히 이 상태에 머물러 있어야 한다.'

한번 태어난 인생 남부럽지 않게 멋지게 살고 싶은 꿈이 있지 않은가? 힘들게 일하는 남편의 어깨를 좀 더 가볍게 해주고 싶지 않은가? 자식들 키우느라 허리가 휘어질 정도로 일하신 부모님에게 효도하고 싶지 않은가? 아이들에게 부끄럽지 않은 부모가 되고 싶지 않은가?

고급 승용차에 멋진 옷은 못 가져도 사람들 앞에 돈이 없어 기가 죽는 삶은 살고 싶지 않았다. 마음을 가다듬은 후 운동화를 찾아 신고, 바람이 몹시 불던 겨울날 집을 나섰다. 집 안에 틀어박혀 내 인생을 저주하는 것보다 용기를 내고 있는 나 자신에게 뿌듯했다.

어렵게 내디딘 첫 발이 이후 나의 길을 이끌었다. 여기저기 부딪히며 실수도 끊임없이 했지만 그때마다 처음 한 걸음을 생각했다. 그렇게 걷다가 어느새 돌아보면 가고 싶은 길로 가고 있는 나를 볼 수 있었다.

내게도 시작은 그랬다. 그렇게나 어려웠다, 당신처럼.

## 02

# 나를 잃고 싶지 않아 시작한 경매 공부

**나는 영어 한마디 못하는
동양인 청소부, 보모입니다**

아무것도 가진 것 없던 나는 아무것도 가진 것이 없는 남편을 만났다. 가난한 집안의 둘째 딸, 취업은 고사하고 몸 하나 둘 곳 없어 외로웠기에 일찍 결혼을 했다. 내 나이 20대 초반이었다.

당시 남자친구였던 남편은 음악 공부를 하기 위해 막 음대에 입학을 한 상태였다. 그도 하루하루 먹고살기 힘든 날들을 보내고 있었다. 그런데도 우리는 결혼을 했고 캐나다로 떠났다.

우리 부부는 단돈 5달러에도 손이 떨릴 만큼 경제적으로 궁핍한 삶을 살았다. 남편이 아르바이트를 한 수입으로는 한 달을 겨우 먹고살 수 있었다. 나도 돈을 벌기 위해 뛰어다녔다. 청소부 일을 하고 아이들을 돌보는 보모 일도 했다.

4년제 대학을 졸업했지만 청소를 하고 보모 일을 하는 데 대학 졸업장은 쓸모가 없었다. 나는 그저 영어도 잘 못하는 작은 동양인 청소부였고 보모였다. 커다란 중국인 저택을 청소하러 다닐 때는 하루 종일 쉬지 않고 청소를 해야 했다. 중국인 노부부는 점심으로 호빵처럼 생긴 중국식 빵(고기가 든 번) 2개를 내게 주었다. 그리고 그 빵을 계단에 앉아서 먹게 했다.

계단에 쪼그리고 앉아 빵을 먹을 때면 갑자기 서러움이 복받쳐 오르기도 했다. 그럴 때마다 나는 눈물이 흐르는 것을 누가 볼까 봐 얼른 목구멍으로 빵을 꾸역꾸역 밀어 넣었다.

화려한 주택에 살고 있는 노부부 집에는 결혼한 딸이 어린 아이들을 데리고 자주 놀러오곤 했다. 그녀는 무척이나 당당해 보였고 아름다웠다. 그래서일까? 갓 서너 살 되어 보이는 그녀의 아이들도 무척 당당해 보였다.

그들은 커다란 둥근 탁자에서 식사를 하면서 즐겁게 담소를 나누었고 나는 계단에 쪼그리고 앉아 눈물 젖은 빵을 먹었다. 나는 머릿속이 아득해졌다. 도대체 내가 왜 고생을 하며 대학을 졸업했는지, 그리고 어렵게 대학을 졸업하고서도 왜 이런 처지로 살고 있는 건지 한심했고 처량했다.

# 준비 없는 투자,
# 모은 돈을 모조리 잃다

　나는 청소부로 보모로 계속 살고 싶지가 않았다. 도서관에 달려가 나를 구원할 무언가를 찾아서 책을 읽기 시작했다. 그러다 우연한 기회에 나의 사고를 송두리째 흔든 책 한 권을 읽게 되었다. 다름 아닌 지금은 많은 사람들에게 잘 알려져 있는 로버트 기요사키의 『부자 아빠 가난한 아빠』였다.

　로버트 기요사키는 경제적으로 자유롭고 싶다면 투자자가 되어야 한다고 했다. 나는 한동안 흥분된 상태에서 지냈다. 비록 지금 가진 것이 없어도 얼마든지 책에 나오는 방식대로 한다면 잘 살아갈 수 있는 가능성이 있다는 생각이 들자 몹시도 들떴다.

　하지만 이 흥분은 거의 무일푼 상태에서 카페를 시작하면서 잊혀져갔다. 가게는 열심히 한 덕분에 장사가 잘되었고, 3년 후 좋은 가격에 가게를 넘길 수 있었다. 그렇게 번 돈을 나는 펀드에 투자했다. 펀드가 안전하고 오래 둘수록 저축한 금액보다 더 좋은 수익을 얻을 수 있다는 펀드매니저의 이야기에 그가 추천하는 종목에 대부분의 돈을 넣은 것이다. 투자에 대해 나보다 더 잘 알고 있는 전문가에게 맡겨야 된다는 생각이었고, 그래서 당시 잘 알려져 있는 펀드매니저를 찾아간 것이었다.

　안전하게 투자했다고 믿으며 우리 부부는 근검절약하며 지냈다. 하지만 펀드에 넣어둔 돈은 얼마 되지 않아 대부분 물거품처럼 사라지기 시작했다. 계속 마이너스가 되는 상황을 오래도록 지켜보다가 급한 돈이 필요해 어쩔 수 없이 환매했을 때는 남아 있는 돈이 거의 없었다. 그런데도 펀드매니저와 회사는 수수료를 챙겼고 우리는 아무런 항의를 할 수가 없었다.

투자에 대한 공부를 제대로 하지 않고 펀드에 투자를 한 전략은 어리석었다. 성공적으로 투자를 하려면 올바르게 투자를 할 줄 아는 투자자가 되어야 한다. 그러기 위해선 가장 먼저 공부부터 해야 한다. 그런데 나는 저축에서 받는 이자보다 더 높은 수익을 얻을 수 있다는 말만 듣고 펀드에 투자하기로 결정했고 그 전문가가 올바르게 설명을 하는지 판단하지 못한 채 대부분의 재산을 맡겼다. 그리고 결국 재산의 대부분을 잃었다.

내가 실패한 것은 투자가 잘못되었기 때문이 아니라 나의 잘못된 선택 때문이었다. 좋은 결과를 얻기 위해 나는 올바른 투자를 해야 했다. 올바른 투자를 하기 위해선 올바른 투자는 무엇인지 알아야 했다. 그런데 나는 알지 못하는 펀드에 자산의 대부분을 맡기고 그것으로 좋은 수익을 얻을 것이라고 기대를 했다. 그리고 운이 없어서 돈을 잃었다고 생각했다.

투자는 결코 운에 기대서는 안 된다. 공부하고 노력하고 정성을 들인다면 얼마든지 괜찮은 수익을 거둘 수 있는 성공적인 투자를 할 수 있다. 나는 그런 방법이 있다는 것을 몰랐기 때문에 투자에 대해 막연한 생각과 기대와 공포를 가지고 있었다.

그런 뼈아픈 경험이 있었던지라 내겐 투자는 위험한 것이라는 인식이 강했다. 그러다 한참 시간이 흐른 후 서울의 단칸방에서 나는 그 책을 다시 만났다.

## 엄마… 200만 원만 빌려주세요

모은 돈을 대부분 잃고 한국에 돌아온 우리 부부는 당장 먹고살 일에 매달려야 했다. 그런데 어느 날 남편이 얼굴이 하얗게 질려 집으로 왔다. 당장 살고 있는 집을 비워주어야 한다는 것이다.

비극은 준비되지 않은 때 온다. 누군가가 나의 머리를 심하게 가격한 듯한 충격에 다리가 휘청거릴 정도였다. 정신을 차릴 수 없을 정도로 놀란 나는 겨우 마음을 진정시키고 집주인에게 하룻밤만 있다가 가게 해달라고 남편에게 부탁해보라고 했다. 그렇게 하룻밤 잠을 자고 트럭을 빌려 대충 짐을 싣고 거리로 나왔다.

갈 곳이 없었다. 시골에 계신 부모님 집을 향해 내려가는 동안 우리 부부의 처량한 몰골을 부모님께 보일 생각을 하니 괴로워 미칠 지경이었다. 휴게소에 들러 밥을 먹는데 모래알을 씹는 것 같았다. 언젠가 '밥이 모래알을 씹는 것 같다'는 말을 들을 때 그 말이 무슨 의미인지 잘 몰랐었는데 '아! 정말 모래알 같구나' 하는 생각이 절로 들었다.

시골에 내려간 우리 부부는 작은 원룸조차 마련할 돈이 없어서 어머니에게 200만 원을 빌렸다. 단돈 200만 원이 없어서 길거리 신세가 된 우리 부부에게 어머니는 몹시도 화를 내셨다. 어렵게 빌린 돈을 들고 서울로 올라오는 버스 안에서 흐르는 눈물이 멈추지가 않았다.

## 나를 살린 단칸방 화장실
## 한 줄기 불빛

서울에 올라와 당장 구할 수 있는 집이 보증금 없는 월세 단칸방이었다. 거기서 우리 부부는 모든 것을 다시 시작해야 했다.

서울의 단칸방에서 나는 『부자 아빠 가난한 아빠』를 다시 만났다. 당시 우리 부부는 직장을 구하러 올라온 동생과 어린 강아지, 어린 고양이와 함께 방 한 칸에 살고 있었다.

옷장도 책장도 없어 종이상자 안에 옷이랑 책들을 넣어둔 곳을 뒤져보니 캐나다에서 읽었던 영문으로 된 『부자 아빠 가난한 아빠』 책이 있었다. 그렇게 오랫동안 잊고 있었던 그 책을 다시금 꺼내 읽게 된 것이다.

낮에 일을 하고 밤에 책을 보려면 화장실 문 틈 사이로 새어 나오는 불빛에 의지해야 했다. 단칸방 화장실 불빛을 받으며 다시 읽은 『부자 아빠 가난한 아빠』에서 저자는 내게 많은 이야기를 들려주었고 그 말들은 모두 나의 세포 하나하나에 담기는 듯했다.

이 책을 필두로 나는 수많은 자기계발서와 재테크, 경제경영 책을 독파해가기 시작했다. 단편적인 시각으로 세상을 바라보던 나의 시야를 다양하게 볼 수 있도록 넓혀주었다. 무엇보다 아무리 가진 것이 없어도 사고방식을 바꾸는 것만으로도 경제적인 자유를 얻는 길로 나아갈 수 있다는 것, 나는 거기에서 다시금 희망의 불빛을 보기 시작했다.

# 03

# 나답게 살기 위해
# 부자의 전략을 따르다

## 가장 큰 적은 선입견이다

'운명은 어차피 정해져 있어서 나는 이렇게밖에 살 수 없는 거구나. 아무리 발버둥을 쳐도 나는 늘 이렇게 맨 밑바닥으로 오는 인생이구나.'

단칸방 생활을 하던 나는 학원 영어강사 자리를 구했다. 한 푼이라도 더 벌기 위해 매일 미친 듯이 생활하고 있었지만 심적으로 계속 무너지고 있었다. 무력감과 우울함과 알 수 없는 분노가 뒤섞여 갑자기 심하게 화를 냈다가 울기도 했다. 하루에도 수십 번 그렇게 오르내리는 감정이 나를 몹시 힘들게 했다.

어떻게든 잘 살아보려고 열심히 절약하며 지냈는데 한순간에 길바닥으로 쫓겨날 처지가 되다니. 모든 것을 놓아버리고 싶었다. 매일 아침 눈을 뜨고 싶지 않을 때가 많았다.

아무리 최선을 다한다 해도 운명의 신의 손끝 하나에 모든 것을 잃을 수 있다면 노력이 다 무슨 소용인가 하는 생각이 머릿속에서 자꾸 맴돌았다. 하지만 한편으론 매일 다음 달 월세는 어떻게 할 것이며, 큰돈이 나갈 일이 생기면 어떻게 할 것인가 하는 걱정에 시달리면서 긴 세월을 이대로 살게 될까 봐 두려웠다. 무기력함과 걱정으로 아무것도 하기가 싫었다.

## 투자를 하지 않으면 잃을 것도 없을 거야

투자를 하다가 또 많은 것을 잃을지도 모른다는 두려움을 쉽게 떨칠 수가 없었다. 투자를 하지 않으면 돈을 잃는 불행한 일도 다시 일어나지 않을 거라는 생각에 나는 가난이 싫으면서도 아무것도 하지 않는 것이 안전지대라고 믿었다. 하지만 직장에서 받는 스트레스가 극에 달하고 있었고 학원 일과 과외 일을 병행하면서 나의 몸은 점점 한계치를 넘어서기 시작했다.

아무것도 하지 않는 것은 결코 안전한 것이 아니다. 나는 이것을 수많은 경험을 하고 책을 읽고서야 알게 되었다.

"이대로는 안 되겠어. 해보자. 부자들이 한다는 전략대로 나도 한번 해보자."

나의 현실적 상황이 도저히 참을 수가 없는 상태까지 이르자 나는 책에서 배운 대로 해보자는 결단을 내렸다. 두렵지만 나의 안전지대를 벗어나보기로 했다. 그리고 기왕 하는 거 제대로 해보고 싶었다.

제대로 하려면 능숙한 투자자가 되어야 했다. 능숙한 투자자가 되려면 능숙한 투자자가 되는 방법을 배워야 했다. 나는 투자는 위험하다는 생각 때문에 아무것도 하지 않으려는 가난한 전략을 버리고 재정적으로 성공할 수 있는 전략을 한번 따라보기로 했다.

## 내 안에도 잠든 거인이 있을까?

생각이 여기에 미치자 정신이 번쩍 들었다. 하지만 방법이 보이지가 않았다. 현 상태를 바꾸어야 하는데 어떻게 하는지, 그리고 그것을 위해 무엇을 어떻게 해야 하는지 알 수가 없었다. 그렇게 우왕좌왕하다 혹시나 하는 마음으로 서점으로 달려갔다. 그때 나의 눈에 들어온 책이 앤서니 라빈스의 『네 안에 잠든 거인을 깨워라』였다.

앤서니 라빈스는 올바른 전략에 따라 행동하면 얼마든지 짧은 시간에도 많은 것을 바꾸어놓을 수 있다고 확신에 찬 어조로 말하고 있었다. 그것은 경제적인 부분도 마찬가지라고 했다. 부자가 되기 위해선 먼저 자신이 갖고 있는 부정적인 사고를 바꾸고 부자가 될 수 있는 사고로 바꾸어야 한다. 부자가 될 수 있는 사고는 우리가 바라보는 관점을 바꾸는 것으로 얼마든지 쉽게 만들 수 있다.

그는 눈을 들어 파란색을 가진 것을 찾아보라고 했다. 그러면 평소에는 보이지 않던 파란색이 보일 것이라고 했다. 나는 눈을 들어 주위를 둘러보았다. 정말 의식하지 않고 있을 때는 보이지 않던 파란색을 지닌 사물들이 뚜렷하게 보였다.

우리는 살아가면서 한두 번은 큰 실패를 겪을 수도 있고 뜻하는 일을 이루지 못할 수도 있고 큰 비극적 사건을 겪을 수도 있다. 그런데 그런 일이 일어났을 때 어떻게 해석하느냐에 따라 현재의 상황이 달리 보이고 미래가 뒤바뀐다.

실패를 '다른 전략을 세워보라'는 뜻으로 해석하느냐, 아니면 이래 저래서 '결국은 안 돼!'라고 해석하느냐에 따라 인생에 많은 차이를 만들어낸다.

## 나에게 지고 싶지 않아 시작한 돈 공부

'내가 어떤 사람이 되고 싶다고 해서 과연 내가 그렇게 될 수 있을까?'

내면의 소리가 아우성쳤다. 어떻게 그렇게 할 수 있을지는 여전히 미지수였지만 그의 책을 반복적으로 읽으며 해보자는 결심을 하게 되었다.

그때까지의 인생을 통틀어 '전력을 다해 한번 해보자'라는 결심이 드디어 선 것이다. 그러기 위해 나는 반드시 풀어야만 하는 숙제가 있었다. 당시의 상황에서 어떻게 재정적으로 일어설 수 있을지 해답을 찾아야 했다. 그 해답을 찾지 않고는 전력을 다한다고 해도 그저 하루하루를 버텨내는 일밖에 되지 않을 것이다.

나는 내가 진정 원하는 것이 무엇인지 그리고 꼭 그렇게 되겠다고 결심할 것이 무엇인지 종이에 적어나가기 시작했다. 나는 부자가 아니어도 돈으로부터 자유롭고 싶었다. 돈 때문에 서로 싸우고 미워하는 일이 없었으면 했다. 돈 때문에 죽지 못해 어쩔 수 없이 살고 있다는 느낌에서 벗어나고 싶었다. 그래서 나는 이렇게 적었다.

'난 돈으로부터 자유롭게 살겠다!'

나는 내가 살고 싶은 집, 내가 갖고 싶은 것들, 여행하고 싶은 곳들, 그리고 살아가면서 이루고 싶은 것들에 대해 거리낌 없이 써내려가기 시작했다. 이렇게 써내려간 것들이 계획대로 다 이루어진 것도 아니고 어떤 것들은 잊히고 어떤 것들은 현재 진행 중인 것들도 있지만 분명 이렇게 적은 이후로 나의 인생에 많은 변화가 찾아왔다.

이전의 나는 내게 없는 것, 내가 하지 못하는 것들에 늘 초점을 맞춘 채 불만스럽게 살아가고 있었다면 이제는 성취하고자 하는 것에 초점을 맞추어보기 시작한 것이다. 그러자 놀랍게도 삶이 더 이상 예전만큼 불만스럽지가 않았다. 나 자신이 초라하기 그지없다는 생각도 덜하게 되었다.

힘겨운 삶에서 벗어나야 한다는 생각으로 가득했는데, 앞으로 내게 어떤 일이 일어나게 될지 조금씩 기대가 되기 시작했다. 그러자 당장의 힘겨운 상황을 극복하고 재정적으로 안정된 삶을 살 수 있는 방법은 없는지 적극적으로 찾아보자는 마음이 생겨나기 시작했다.

## 종잣돈 없이 돈 벌 방법은 경매밖에 없었다!

투자에 대한 사고가 조금씩 바뀌기 시작하자 나는 투자를 잘할 수 있으려면 어떻게 해야 하는지 그 방법을 찾아가기 시작했다. 찾아보니 주식투자에서부터 부동산투자까지 다양하고 구체적인 방법들을 설명해주고 있는 책들이 많았다. '몇몇 사람들은 이런 방법으로 부를 일구어낼 수 있었는데 나는 그동안 까마득하게 모르고 있었구나' 하는 생각이 들자 너무 늦게 알게 된 것이 너무 안타까울 정도였다.

투자를 하는 여러 방법들 중에서 내가 가장 관심을 가지게 된 것이 바로 부동산 경매였다.

내가 경매에 매료된 것은 무엇보다도 아주 적은 돈으로 얼마든지 부동산을 매입할 수 있다는 것과 때론 감정가*에서 반토막으로 유찰된 물건을 매수해 전세를 놓곤 바로 몇천만 원의 수익을 얻을 수 있다는 것이었다.

**감정가**
부동산에 대해 경매법원에서 감정한 가격. 경매의 시초가가 된다.

큰 종잣돈이 없어도 얼마든지 시세보다 훨씬 저렴하게 낙찰을 받을 수 있다는 점이 무척 마음에 들었다. 투자를 하면서 이미 이기는 투자라는 점도 맘에 들었고 무엇보다 종잣돈이 별로 없던 나도 얼마든지 할 수 있겠다는 생각이 들었다.

"돈 없는 내가 할 수 있는 건 경매밖에 없겠어!"

구체적으로 어떻게 해야 하는지 아직 잘 알지 못했지만 일단 경매를 해야겠다고 다짐을 했다. 경매를 잘할 수만 있다면 생각보다 빨리 경제적으로 자유로워질 수 있다는 생각에, 우울했던 나의 삶에 희망의 빛이 들어오는 듯했다.

조금이나마 '희망'이라는 빛을 느낄 수 있게 되자 나의 행동은 바뀌기 시작했다. 마지못해 직장에 나가고 퇴근시간이 올 때까지 지루함을 견뎌야 했던 이전과는 달리 더 적극적으로 일을 하기 시작했다. 적극적으로 일하기 시작하자 어느 사이 퇴근시간이 되어 있곤 했다.

## 아, 부자들은 이렇게 간단하게 돈 벌었구나!

나만의 자투리 시간을 위해 해야 할 일은 미루지 않고 바로 바로 끝내려고 더 집중해서 일을 했다. 그러자 신기하게도 점점 시간에 쫓기질 않았다. 오히려 전보다 여유로워졌다. 시간이 생기자 경매를 공부할 마음의 여력도 생겼다.

당시에는 부동산 경매가 일반 사람들에게 잘 알려져 있지 않은 생소한 분야였다. 그리고 살아가는 동안 한 번도 주변사람들에게서 부동산 경매에 대한 이야기를 들어본 적도 없었다. 내가 부동산 경매라는 용어를 처음 접했던 것도 외국서적에서였다. 그 책에선 경매가 가장 안전하고 가장 매력적인 투자방법이라고 했다. 그래서 나는 부동산 경매를 한국에서도 할 수 있는지 알아보기 위해 또 서점으로 달려갔다. 그런데 뜻밖에도 기대 없이 갔던 서점 가판대 위에 경매 관련 책들이 있었다.

그때부터 경매 책을 읽고 공부를 하면서 돈을 벌 수 있는 방정식들을 하나 둘 발견했다.

'아, 이렇게 부자들이 돈을 벌어들인 것이구나. 이렇게 간단한 방법으로.'

그들이 그렇게 했다면 나라고 못할 건 또 뭔가? 그들이 나보다 더 못한 상황에서도 해냈다면 나도 할 수 있다는 용기가 생겼다.

## 04

# 행동하지 않으면
# 아무것도 변하지 않는다

### 절박함만으론 아무것도 바꿀 수 없다

"어떻게 그렇게 열정적으로 할 수 있었습니까?"

나의 첫 책 『나는 쇼핑보다 경매투자가 좋다』가 출간되었을 때 가장 많이 들었던 질문이다. 그 질문에 나는 이렇게 대답하곤 했다.

"너무 절박해서였습니다. 절박함이 나를 행동하게 만들었어요."

하지만 세월이 더 지나고 많은 일들을 겪고 나서야 나는 절박하다고 해서 꼭 열정이 생기는 것은 아니라는 사실을 알게 되었다. 상황이 너무 절망적이고 희망이 보이지 않는다면 인간은 자포자기해버리거나 오히려 더 무기력해질 수 있다는 것을 나중에 깨달았다.

먼 훗날 무기력증과 심한 슬럼프를 겪고 나서 내가 어떻게 경매투자를 그렇게 열정적으로 할 수 있었는지 다시 한 번 곰곰이 생각을 해본 적이 있다. 그리고 그때의 열정은 다름 아닌 내가 그 당시 열심히 읽었던 자기계발서들 덕분이라는 결론을 내릴 수 있었다.

## 처음은 당연히 어렵다, 나도 그랬다

지금은 어렵지 않게 하고 있는 경매투자이건만 내게도 처음은 어려웠다.

그럭저럭 경매용어들도 익숙해지고 경매 권리분석에 대한 대략의 윤곽도 그릴 수 있게 될 때까지도 내겐 여전히 넘어서야 할 산들이 많았다.

경매의 이론은 익혔지만 괜찮은 부동산을 고르는 방법도 몰랐고 어떤 지역의 어떤 물건에 입찰을 해야 할지 막막하기만 했다. 그리고 괜찮은 물건이 보이더라도 매입하는 데 드는 비용을 마련할 수 있을지도 의문이었다.

쓸데없는 공부에 매달리고 있는 건 아닌지, 경매 공부를 하고 부동산을 보러 다닐 시간에 차라리 과외라도 하나 더 하는 것이 나을 텐데 결과도 없을 허황된 일에 시간 낭비를 하고 있는 것은 아닌가 하는 생각이 머릿속을 어지럽힐 때가 많았다.

그럴 때마다 나는 마음이 몹시 무거워지곤 했다. 현장조사를 하러 나간다고 준비를 했다가 외출복을 벗고 자리에 주저앉은 적도 있고, 밖으로 나갔다가 버스를 타지도 못하고 집으로 돌아오는 경우도 있었다. 그때는 첫발을 떼는 일조차 쉽지가 않았다. 경매에 대해 알게 된 후 마음은 금방이라도 부자가 될 것 같았지만 실제 시도를 하기까지는 스스로에 대한 두려움과 끝없는 싸움의 연속이었다.

'이렇게 공부를 해서 언제 입찰이라도 할 수 있을까? 통장에 잔고도 얼마 없고 직장도 뚜렷하지 않아 소득 증빙도 되지 않는 내가 어떻게 10만 원, 100만 원도 아닌 몇천만 원 이상이 되는 부동산을 낙찰받아 해결할 수 있단 말인가?'

그토록 험한 인생을 살고도, 가난을 치열하게 맛보고도 나는 이런 생각을 쉽게 떨칠 수 없었다. 두려움이 나를 집어삼킬 것만 같았다.

회의감이 들 때마다 자기계발서들을 찾아 읽으며 마음을 가다듬곤 했다. 바닥 끝까지 갔던 사람들이 고군분투하며 일어선 이야기들이 담긴 책들은 내가 포기하고 싶어질 때마다 용기와 열정을 불러일으켰다.

"할 수 있어. 나도 나의 꿈을 이룰 수 있어."

책을 읽고 나면 꺼져가던 열정의 불씨가 다시 살아나 타올랐고 '나도 할 수 있다'는 믿음이 가슴속에서 가득 차오르곤 했다. 의도적이라도 힘을 내게 하고 열정을 불러일으키는 책을 읽는다는 것이 그렇지 않은 것과 얼마나 큰 차이를 만들어내는지 당시에는 잘 몰랐다.

### 경매에 대한 풀리지 않는 갈증

지금은 먼 거리라면 자동차를 몰고 훌쩍 갔다 오기도 하지만 그때는 하루 종일 걷는 일이 많았다. 가방에 생수병을 챙겨 넣고 주민센터나 관공서에 들어서면 물을 담아 마셨다. 끼니는 늘 김밥 한 줄이었다. 앉아서 먹는 시간이 아까워 걸어가며 김밥을 먹는 경우도 많았다.

바람이 거세게 부는 날에도 비가 오는 날에도 나는 책이 든 무거운 가방을 메고 걷고 또 걸었다. 이렇게 막연하게 걷기만 한 것이 사실 시간 낭비가 많이 되었던 것은 사실이다. 하지만 내가 큰 실패 없이 투자를 할 수 있는 데 많은 영향을 주었다.

전동차를 타고 버스를 타고 그리고 목적지까지 걸어 다녀본 나는 투자할 부동산을 선택할 때 자가용이 없는 사람들이 출퇴근에 용이한 곳, 즉 사람들이 선호할 만한 부동산을 고르는 안목을 키울 수 있었다.

워낙 돈이 없던 상태에서 투자를 해야 했기 때문에 임대를 쉽게 놓을 수 있는지, 임대를 놓고 투자한 돈을 모두 바로 회수할 수 있는지가 부동산투자의 기준이 되었다. 이런 기준으로 투자를 했기 때문에 부동산 시장이 얼어붙고 어려운 시기에도 나는 큰 무리 없이 버텨낼 수 있었다. 하지만 당시 나는 이런 개념조차 없이 노란 병아리가 마당을 신기해하며 이곳저곳을 돌아다니듯 여기저기를 돌아다녔더랬다.

과연 제대로 경매 공부를 해낼 수 있을까 하는 의문이 매일같이 들 정도로 막막할 때가 많았던 이유는 생소한 용어와 두려움 때문이기도 했지만 풀리지 않는 갈증 때문이었다.

당시에는 초보자가 따라 하기 쉽게 설명하는 권리분석 책이 거의 없었다. 그래서 일반인들이 경매를 하기가 쉽지가 않았다. 나 또한 공부를 하면서 큰 어려움을 겪었기에 훗날 초보자들도 쉽게 권리분석을 공부할 수 있도록 정리한 『나는 쇼핑보다 경매투자가 좋다 3: 권리분석편』『부동산 경매 어렵지 않아요』라는 책을 집필하는 계기가 되었다.

## 정보는 성공으로 가는 급행열차다

경매는 기본 도구만 알아서는 결코 성공할 수 없다. 부동산 흐름과 정보를 알아야만 한다.

경매라는 기본 도구만 익혔던 초보 시절 무조건 싸다는 이유로 부천 원미구 소사동에 있는 물건을 임장한 적이 있다. 감정가 2000만 원, 최저가 절반으로 떨어져 있었던 연립의 지하였다. 대지지분이 10평을 약간 넘었는데 막상 현장 조사를 하루 가보니 건물이 곧 무너질 것 같았다. 경매로 나온 지하방은 오랫동안 비어 있는 상태였다. 세입자를 전혀 받을 수 없을 것 같아 입찰하지 않기로 했는데 2명이 입찰해 1명이 1200만 원 정도에 낙찰을 받았다.

그런데 그곳이 재개발이 되어 평당 1000만 원이 넘게 매매되는 것을 보고 땅을 쳤더랬다. 그 물건을 받은 사람은 1년도 안 된 상태에서 8000만 원 정도의 수익을 본 것이다. 그때 나는 '정보'라는 것이 얼마나 중요한가를 절감했다.

경매를 하면 숱한 우여곡절을 겪게 된다. 어떠한 상황도 같을 수가 없다. 무엇보다도 사람들이 내 마음과 같지 않을 때가 많다. 그럴 땐 힘을 빼야 한다. 인상을 쓰며 "그것도 모르냐? 그걸 왜 나한테 묻느냐?"라고 소리를 질러대는 사람들 앞에서, 빚진 돈 받아가듯 터무니없는 이사비용을 요구하는 사람들에게, 진땀 흘려가며 시세조사하러 발품을 팔 때 만나는 사람들 앞에서 힘을 빼야 한다.

경매는 방법만 알면 간단하다. 흐름과 정보만 알면 적은 돈으로 부자가 될 수 있는 가장 좋은 방법이다. 숱한 우여곡절 끝에 얻은 정보와 경험을 나는 당신과 나누고 싶다. 내 이야기를 통해 단 한 명이라도 더 떳떳하고 당당하게 삶을 누리기를 진심으로 바란다.

# 방법만 알면 경매는 간단하다

두려움 많던 평범한 아줌마,

나를 성공으로 이끈 경매 공부

내 가난한 아버지는 '안정'을 첫 번째 우선순위로 정했고
부자 아버지는 '부자가 되는 것'을 첫 번째 우선순위로 정했다

「부자 아빠의 투자 가이드」 중에서

 이 장은 공부가 될 수 있는 나의 투자 사례들을 중심으로 정리한 것이다. 오랜 기억에 의존해 서술한 사례들은 세부적인 부분에서는 실제와 조금 다른 부분이 있을 수도 있다.

나의 첫 입찰 분투기
**01**

# 절대 겉만 보고
# 판단하지 마라

"거기 사람 안 살아요, 얼마 전에 돌아가셨어요."

'낙찰을 받고도 잔금을 납부할 수 없으면 어떡하지?'
 불안감이 여전히 많았지만 경매 이론 공부를 해가며 나는 계속 부동산을 보러 다녔다. 당시 인천의 빌라 가격이 유찰도 많이 되었고 낙찰 가격도 50%대 60%대가 많았기 때문에 처음 한동안은 인천 지역 부동산을 조사하러 다녔다. 감정가 4000만 원에서 5000만 원 하는 빌라가 유찰이 되어 2000만 원에서

**입찰보증금**

경매를 하려면 최저가의 10%(간혹 최저가의 20~30%의 입찰보증금을 내는 특별매각조건을 붙이기도 한다)의 입찰보증금액이 필요하다. 입찰자가 낙찰을 받으면 법원에서 입찰보증금을 보관하게 되고 낙찰자는 자신이 쓴 금액에서 '입찰보증금을 뺀 나머지 금액으로 잔금 납부'를 하면 된다. 물론 경매에서도 취득세를 내야 한다. 만약 낙찰을 못 받으면 입찰자는 당일 그 자리에서 입찰보증금을 돌려받는다.

3000만 원 중반대에 낙찰이 되곤 했다. 그런데 이런 빌라도 지은 지 몇 년 되지 않은 빌라였다.

그런데 2000만 원에서 3000만 원대라 해도 나에게는 입찰할 때 드는 입찰보증금* 200만 원, 300만 원도 마련하기 어려울 때라 현장조사를 하고도 다른 사람들이 낙찰받는 것을 보고만 있어야 했다.

그러던 어느 날 경매정보사이트를 검색하다가 2000만 원대 감정가에서 900여 만 원으로 떨어진 물건을 보게 되었다. 입찰보증금 90여 만 원만 있으면 되는 것이었다. 그 정도의 금액은 마련할 수 있을 거라는 생각에 나는 현장조사를 나갔다.

지금은 그곳 인근에 전철역이 들어서 있지만 당시 내가 찾아갔을 때는 전철역에서 버스를 타고 한참을 가야 하는 곳이었다. 현장에 도착해보니 '이런 곳에 사람이 살 수 있을까' 생각이 들 정도로 건물 전체가 많이 낡아 보였다.

경매로 나온 호수는 1층. 창문도 문도 꼭꼭 잠겨 있는 집이었다. 문 앞에서 주위를 기울여도 인기척이 나질 않았다. 떨리는 마음으로 벨을 눌렀다. 벨이 고장이 나서인지 울리지가 않았다. 크게 마음을 먹고 문을 두드려보았다. 여전히 안에선 아무런 인기척이 나질 않았다.

'낮에 도착해서 사람이 없는 건가?'

요즘은 요령이 생겨서 살고 있는 사람들을 만나기 위해 일부러 늦은 저녁에 현장에 가보곤 한다. 그런데 이때는 많은 요령이 없었던지라 나는 건물 앞에서 한동안 서성거렸다. 이리저리 건물을 살펴보고 있는데 한 나이 드신 남성분이 건물 밖으로 나왔다. 나를 흘끗 보고 지나쳐 가는 그를 쫓아가 인사를 했다.

"안녕하세요? 저기…… 저 집 때문에 왔는데요."

큰소리로 인사를 하자 그가 발걸음을 멈추고 내가 가리키는 곳을 바라보았다.

"아, 거기? 경매 나왔다는 이야기는 들었는데 여태껏 찾아오는 사람은 없었는데요."

그는 귀찮다는 듯 가던 길을 가려고 했다.

"그런데 지금 아무도 살고 계시지 않나요? 문을 두드려도 대답이 없어서요."

나는 계속 쫓아가며 물었다. 그는 뒤도 돌아보지 않고 가면서 말했다.

"거기 사람 안 살아요. 얼마 전에 돌아가셨어요."

나는 이 말에 그를 더 이상 쫓아가지 않았다. 경매정보사이트에 나오는 건물 사진도 많이 낡은 데다 살던 사람도 없는 상태라 사람들의 관심을 받지 못하는 물건이었던 것이다. 적은 돈으로 도전을 할 수 있을 거라는 부푼 마음을 안고 임장(현장조사)을 갔던 나는 맥이 빠져버렸다. 갈 때까지 몰랐던 가방의 무게에 어깨가 처지고 발걸음이 무거워졌다.

## 남이 망한 집을 받아 좋을 것 없다?

이 물건은 안 되겠다는 생각을 하며 버스정류장으로 돌아가던 나는 문득 '혹시 내가 좋은 기회인데 몰라보고 있는 건 아닌가' 하는 생각이 들었다. 로버트 알렌이 쓴 투자 관련 책에서 '남들이 꺼려하고 하자 많은 물건이 오히려 큰 기회가 될 수 있다'는 글귀를 본 게 생각이 났던 것이다.

나는 다시 발걸음을 돌려 건물이 있는 곳에서 좀 떨어진 곳에 있는 부동산 사무실로 들어갔다. 지금은 대부분의 부동산 사무실이 인테리어도 잘되어 있지만 당시에는 복덕방이라고 불리는 부동산 사무실이 제법 많았다. 어수선한 사무실, 여기저기 뜯어져 솜이 삐죽 나와 있는 소파에 노인과 마을 주민으로 보이는 몇 사람들이 앉아 이야기를 나누고 있었다. 공손히 인사를 하자 그들은 신기하다는 듯 모두 나를 쳐다보았다.

"저기요, 저 ○○빌라 101호 때문에 왔는데요."

"뭐, 아 그 ○○빌라. 그런데?"

"그 집이 경매에 나와서요."

"경매?"

경매라는 말을 하자 복덕방 주인으로 보이는 노인은 들고 있던 담뱃재를 털었다. 요즘은 일반인들이 워낙 경매를 많이 하는 시대라 이상하게 쳐다보는 사람들이 많이 줄었지만 내가 경매에 처음 도전할 때에는 경매라는 말을 꺼내자마자 사람들은 나를 이상한 눈빛으로 쳐다보곤 했다. 더더군다나 20대 후반으로 보이는 나에겐 더했다.

내게 보이는 반응은 크게 두 가지로 나뉘었다. 하나는 물어보는 나를 언짢아하며 얼굴을 피한다. 다른 반응은 앉혀놓고 훈계를 하는 것이었다. 훈계의 내용은 대충 이랬다.

"남이 망해 나간 집을 받아서 좋을 것 없다."

"잘 알지 못하고 낙찰받았다가 큰코다친다."

"그냥 일반 매매로 구입해도 되는데 뭐 하러 경매를 하느냐?"

그런데 복덕방 주인은 뜻밖의 말을 했다.

"아! 거기, 그 집 아들이 나한테 열쇠 맡겨놓고 갔어. 가만 보자."

그는 담배 한 모금을 다시 한 번 급하게 피우고는 재떨이에 담뱃불을 비벼 끄고 일어섰다. 그러곤 사무실 한쪽을 차지하고 있는 낡은 철재 책상 서랍을 뒤적여 열쇠꾸러미를 찾아 들고는 사무실 문 밖으로 나가는 것이다. 나는 그가 무엇을 하려는지 잘 몰라서 눈을 크게 뜨고 가만히 쳐다만 보며 서 있었다.

"따라가봐!"

앉아 있던 사람들이 나보고 가보라는 손짓을 했다. 복덕방 주인 할아버지는 뒷짐을 지고 뒤도 돌아보지 않고 조금 전 내가 가보았던 건물로 다가갔다. 그리고 경매로 나온 집의 문을 열었다. 그때까지도 그는 아무 말이 없었다.

## 권리 문제만 해결되면 무조건 나갈 집

나는 열린 문 안을 들여다보았다. 할아버지는 컴컴해서 잘 보이지 않는 집 안으로 들어서서 거실 벽에 붙어 있는 스위치를 눌러 불을 켰다. 환해진 내부의 모습은 깔끔하게 정돈되어 있었다. 망자의 집이어서 집 안이 몹시 어수선할 거라고 생각했는데 의외로 깨끗하게 집이 청소까지 되어 있는 듯했다.

"집이 괜찮네요."

"아 그럼, 이 정도면 이 지역에서 괜찮은 편이지. 손 볼 데도 없고 수리도 다 된 집이야."

나는 의문이 들었다. 요즘은 등기부의 권리내역 등을 보고 경매로 나온 집에 대한 상황을 어느 정도 유추할 수 있게 되었지만 초보자였던 나는 모르는 것이 너무 많았다.

"그런데 왜 경매로……?"

나는 해서는 안 될 질문을 하는 건 아닌가 하는 생각에 말끝을 흐렸다.

"그야, 이것저것 많이 걸려 있어서지(등기부상에 등기된 권리들이 많다는 이야기다). 그것도 모르면서 경매하면 되나."

집을 매매하기엔 담보 잡힌 금액도 크고 세금까지 체납이 되어 있어 해결이 힘들다고 했다. 그래서 망자의 상속인인 아들이 경매로 넘어가게 두었고 어서 빨리 해결되길 기다리며 사람들이 집을 보러 오면 보여주라고 자신에게 열쇠를 맡겨놓고 갔다고 한다. 그는 살고 있던 망자와도 잘 아는 사이였다고 한다.

권리문제만 해결되면 임대는 무척 잘나간다고 했다. 근처에 공장단지가 있어 월세수요가 많다는 것이다. 그런데 사람들은 건물 외관만 보고 다들 돌아갔는지 지금까지 집을 보여주는 것은 처음이라고 했다.

잘 낙찰받으면 괜찮을 거라고 그는 지나가듯 말하며 스위치를 끄고 밖으로 나갔다. 그를 따라 나가선 나는 허리를 굽히며 고맙다는 인사를 했다. 하지만 그는 뒤도 돌아보지 않고 부동산 사무실 쪽으로 걸어갔다.

물건지에 도착해서 건물 외관만 보았을 때는 많이 실망스러웠는데 내부의 상태를 보니 나라도 근처에 직장이 있다면 이 집에 살고 싶을 거라는 생각이 들었다. 물론 망자가 살던 집이라는 것이 마음에 걸렸다. 하지만 집을 많이 보러 다니면서 오래된 집들을 보면 망자가 있었던 집은 의외로 많을 거라는 생각을 했었다. 이런 집들을 다 피한다면 낙찰받는 데 한계가 있을 것이다.

그리고 망자의 아들이 이 집을 누군가 빨리 낙찰받기를 원한다면 그것은 망자에게도 기쁜 일이 될 것 같았다. 어쨌든 나는 내부를 보고 나자 집으로 돌아가는 내내 가슴이 쿵쿵 뛰었다. 임대가 잘 나가는 집이 유찰이 많이 되었음에도 나 혼자만 그 물건을 보고 왔다는 사실이 뿌듯하기까지 했다. 나는 꼭 낙찰을 받고 싶었다. 경매로 나온 물건을 보러 다니면서 든 첫 설렘이었다.

나의 입찰 준비
## 02

# 많이 배우고 나서 투자를 하는 것이 가장 빠르다

"저… 제가 입찰하려고 하는데요"

임장을 끝내고 집으로 돌아가는 길은 늘 멀고 힘이 들었는데 이번 만큼은 집으로 돌아가는 길이 무척이나 가벼웠다. 인천에서 살고 있던 지하 단칸방까지 훨훨 날아가는 기분이었다.

경매를 하면서 나는 가슴이 떨렸던 적이 많았다. 심장이 쿵쿵 거리는 소리가 내 귀에까지 들리는 듯했다. 나이가 들고 중년의 나이가 되어서야 인생을 살아가면서 이렇게 심장이 설렘으로 뛰는 경우가 많지 않다는 사실을 알게 되었다. 나는 집으로 돌아와 계산을 해보기 시작했다.

입찰가는 920여 만 원. 경매 책에는 경락잔금대출*이 70~80% 나온다고 했다. 나는 안전하게 70%대에 대출이 나오는 것으로 해서 계산을 해보았다. 그렇다면 잔금을 치르기 위해선 취득세와 등록세(당시에는 두 가지를 내야 했다. 지금은 취득세로 통합되었다) 그리고 기타 비용까지 감안하면 내게 필요한 금액은 약 300여 만 원 정도였다. 입찰보증금 200여 만 원만 되어도 머뭇거리던 나였다. 그런데 300여 만 원이 필요하다니…….

나는 처음으로 여동생에게 300여 만 원을 빌려줄 수 없는지 물어보았다. 여동생에게 임대가 잘 나간다고 말했던 부동산 사무실 중개인의 말을 들려주자 흔쾌히 빌려주기로 했다. 나는 생각보다 일이 잘 풀려간다는 생각으로 기쁘게 입찰 준비를 했다.

입찰 전에 법원에 가서 매각물건명세서*를 확인하고 집행관사무실에 들러 입찰표와 입찰봉투를 여러 장 받아 왔다. 지금은 컴퓨터로 볼 수 있는 매각물건명세서가 당시에는 서류로 되어 있었고, 사건번호별로 감정평가서*, 현황조사서 등과 함께 철이 되어 법원의 민사신청과의 탁자나 가판대 위 같은 곳에 놓여 있었다. 입찰자라면 매각물건명세서를 법원에 가서 직접 확인해야 하던 시절이었다. 그래서 한 번 입찰을 하기 위해서 들여야 하는 발품이 많을 수밖에 없었다.

매각물건명세서를 살펴보니 경매정보사이트에 올라온 매각물건명세서 내용과 다른 부분이 없었다. 법원에서 가져온 입찰표를 나는 떨리는 마음으로 정성을 다해 작성했다. 빠진

**경락잔금대출**
경매로 낙찰된 집을 담보로 하는 대출

**매각물건명세서**
경매가 진행되는 물건에 대해 경매법원에서 작성하는 서류. 임차인과 인수되는 권리들이나 특별매각조건 등이 기재된다.

**감정평가서**
경매법원에서 경매가 진행되는 부동산의 가격 등에 대해 평가를 해놓은 서류. 평가서의 작성은 감정평가업체에서 경매법원으로부터 의뢰를 받아 하게 된다.

것이 없는지 몇 번이고 확인을 한 후 입찰 날(매각기일)에 인천지방법원으로 갔다. 법원에 도착해보니 이미 많은 사람들이 와 있었고, 무료경매정보지와 대출 관련 명함을 나누어주는 사람들도 눈에 들어왔다.

갑자기 나는 입찰봉투를 제출하기 전에 대출에 대해 알아보아야 한다는 생각이 들었다. 나는 살아가면서 어떤 느낌이 들 때면 그것이 큰일이 나기 전에 무의식에서 알리는 신호라고 믿고 있었기 때문에 평소에는 낯가림으로 다가가 묻지 못했을 텐데 그 순간은 한 중년 여성에게 다가가 대출에 대해 물었다.

"저…… 제가 입찰하려고 하는데요…….."

쭈뼛대며 다가가는 나에게 그녀는 무료경매정보지와 명함을 건넸다.

"저…… 낙찰받으면 대출이 나오나요?"

## 이렇게 해서 경매로 돈을 벌 수 있을까?

중년 여성은 내가 완전 초보인 것을 알아차렸는지 조금은 귀찮은 듯 빠른 속도로 설명을 해주었다.

"여기 보세요. 아파트, 빌라, 상가는 70~80% 나와요. 낙찰되면 여기 전화로 연락주시면 되고요."

그녀는 볼펜으로 명함에서 대출안내가 적힌 부분에 줄을 그어가며 말했다.

"아, 네. 그런데 제가 뭐 따로 소득을 증빙할 것이 없어서요. 그래도 대출이 나오나요?"

"경락잔금대출 몰라요? 그거 권리적으로 크게 문제없고 신용 나쁘지 않으면 대출 다 나와요."

"네…… 그러면 제가 900만 원대에 낙찰을 받으면 얼마 정도 대출이 나올까요?"

형식적으로 대답하고는 돌아서려는 그녀에게 나는 정말 묻고 싶었던 질문을 했다.

"에구, 정말 모르는 게 너무 많네. 어디 물건이에요?"

나는 그녀에게 경매정보사이트에서 출력한 내용을 보여주었다.

"에그, 이렇게 낮으면 대출 안 나와요."

"네?"

"여기 방빼기* 하면 은행에서 남는 게 없잖아. 그래서 이렇게 소액 대출은 안 해줘요."

나는 그녀의 말을 믿을 수가 없었다. 설렘을 가득 안고 입찰을 하러 법원에 갔던 나는 가슴이 철렁 내려앉았다. 대출이 안 되는 이유가 소득이 없어서도 아니고, 큰 금액을 대출받으려는 것도 아닌 낮은 금액이기 때문에 안 된다니. 어떤 책에도 이런 설명이 되어 있지 않아서 나는 전혀 알지 못했던 사실이었다.

이래서 실제 경험을 해본 사람들이나 관련된 일을 하는 사람에게 물어보는 것이 얼마나 중요한지 실감할 수 있었다. 나는 경매법정 안으로 들어가지 못하고 법원 한쪽에 자리하고 있는 의자에 가서 털석 주저앉았다. 멍하니 앉아 잠시 생각을 해보았다. 대출을 받을 수 없다면 나는 잔금을 치를 여력이 없는 것이다. 어렵게 마음을 먹고 첫 입찰을 하러 갔던 나는 실망감이 무척 컸다.

'이렇게 해서 언제 경매로 돈을 벌 수 있을까?'

> **방빼기**
> 소액으로 사는 임차인에게 주택임대차보호법에 따라 순위에 상관없이 최우선적으로 우선 변제해주는 금액을 뺀다는 이야기다. 미리 소액임차인이 받아갈 수 있는 일정 금액에 대해 제하고 대출을 해주는 것. 방빼기 하는 금액이 지역별로 다르고 소액 낙찰가의 기준도 지역마다 다르다.

## 해결의 열쇠는 현장에 있다!

나는 터덜터덜 집으로 돌아왔다. 그런데 이것은 참으로 바보 같은 짓이었다. 생각을 좀 더 신중하게 해보았다면 나는 얼마든지 이 물건을 해결할 수 있었을 것이다. 하지만 아는 것도 별로 없고 경험도 없었던 나는 해결할 수 있는 다양한 방식이 있다는 가능성을 볼 수가 없었다.

대출이 나오지 않는다 해도 해결할 수 있는 열쇠는 현장에 있었다. 일반적으로 경매로 나온 부동산과 달리 이 물건은 망자의 상속인이 부동산 사무실에 찾아오는 사람들에게 집을 보여주고 있었다. 누군가 낙찰을 꼭 받았으면 했던 것이다. 그런 데다 당시 알아보았던 월세가는 보증금 200만 원에 월차임 15만 원에서 20만 원 정도를 받을 수 있다고 했다. 그런데 전세가가 1000만 원 정도여서 만일 900여 만 원대에 낙찰을 받고 나서 잔금을 납부하기 전에 상속인의 도움을 구해 전세로 집을 내놓았다면 전세금을 받아 얼마든지 대금을 납부할 수 있었던 물건이었다. 물론 중개인이 들어오는 세입자에게 잘 설명을 해야 하는 부분이 있다. 하지만 이렇게 해도 얼마든지 가능하다는 것을 당시에는 몰랐다. 순전히 적은 금액으로 낙찰받으면 대출을 받지 못한다는 사실에 절망해 아무 생각도 못하고 입찰을 포기한 채 우울한 마음을 안고 집으로 돌아갔던 것이다(이 사례는 아주 오래전 일인지라 사소한 부분들에선 실제와 조금 다를 수 있다.)

몇 년이 지난 후 이 지역은 인천의 재개발 열기로 뜨거워졌고 가격이 계속 상승하더니 2009~2010년에는 노후한 소형 빌라인데도 1억 원대까지 매매거래가 되기도 했다.

# 전세금으로 잔금 납부 시
## 반드시 유의해야 할 2가지

낙찰받은 후 대출을 받지 않고 바로 전세금으로 잔금납부를 하고 싶다면 꼭 알아두어야 할 중요한 부분이 있다. 그것은 '낙찰받은 집을 바로 부동산 사무실에 임대로 내놓을 수 있느냐'다. 아무도 살고 있지 않는 집은 집주인에게 양해를 구할 수 있다면 부동산 잔금을 치르기 전에 미리 임대를 내놓을 수 있을 것이다(이런 경우가 많지는 않다).

해당 부동산에 누군가 살고 있으면 그들에게 잔금을 납부하기 전에 집을 임대로 내놓을 수 있다는 허락을 받아야 한다. 하지만 사람들이 살고 있는 경우 잔금을 치르고 명도하기까지 시일도 많이 걸릴뿐더러 미리 집을 부동산에 내놓아도 된다고 허락하는 경우는 많지가 않다. 그래서 입찰 전에 이런 부분이 명확하게 되지 않는다면 경락잔금을 전세보증금으로 납부하겠다는 생각은 하지 말아야 한다.

그리고 한 가지 더. 소액으로 낙찰된 부동산에 무조건 대출이 안 되는 것은 아니다. 은행에서는 일반적으로 대출을 해줄 때 방빼기 금액을 제외하고도 해당 은행에서 채권을 모두 회수할 수 있을 정도의 금액을 대출해준다.

최우선적으로 우선 소액임차인이 일정 정도 변제를 받기 때문에 은행권에서는 등기부상의 권리로 순위가 빠르더라도 소액임차인의 일정 금액을 제외하고 채권에 대한 배당을 받기 때문에 은행권 입장에선 그만큼 불리한 상황에 놓이게 된다. 그래서 미리 소액임차인이 받아갈 수 있는 일정 금액을 제하고 대출을 해주는 것이다.

방빼기 하는 금액은 지역별로 다르고 소액 낙찰가의 기준도 지역마다 다르다. 인천 지역에서는 3000만 원 초반대 이상을 낙찰받아야 낙찰가의 70~80% 대출을 받을 수 있기도 하고(시기별로도 대출해주는 한도가 다르므로 입찰할 때마다 따져보아야 한다.) 어느 지역에선 1000만 원 미만으로 낙찰을 받아도 대출이 나오는 경우도 있었다. 이런 경우를 살펴보면 해당 부동산이 대부분 보증금이 없는 1년 치 월세를 한꺼번에 내는 주택인 경우였다. 그러므로 무조건 70~80% 정도 대출이 나올 거라고 생각을 해서도 안 되고 너무 적은 금액의 낙찰가라 대출이 나오지 않을 거라고 생각을 해서도 안 된다.

지역별로 부동산이 어떤 부동산이냐에 따라, 그리고 시기별로 대출 가능 여부와 한도가 달라지므로 경매입찰을 하는 사람들이라면 경락잔금대출에 대해 그때그때마다 알아보는 것이 가장 안전하다.

나의 첫 입찰 성공기
## 03

# 정말 내가 입찰한 것 맞나요?

### 실패한 첫 입찰, 덕분에 배웠다!

가슴 설레며 입찰을 하려고 했던 물건에 결국 입찰하지 못하고 법원을 나온 뒤로 한동안 슬럼프에 빠졌다. 투자라는 것을 하기까지 큰 결심을 해야 했고 일을 하면서 첫 입찰을 하기까지 공부하느라, 부동산 보러 다니느라 딴에는 고생을 많이 했던 탓에 첫 입찰을 해보지도 못하고 돌아올 수밖에 없었다는 것에 나는 상심했고, 다시 무기력해져갔다.

'나라는 사람이 결코 할 수 있는 일이 아닌데 매달리고 있는 건 아닌가?'

불안감이 구름 떼같이 머릿속으로 몰려왔다. 하지만 서울에 올라온 이후로 명절에도 부모님 집에 가지 못하며 열심히 했다는 것을 떠올리며 나는 다시금 마음을 다잡고 경매 공부에 매달리기 시작했다.

비록 첫 입찰을 하지도 못했지만 부족한 것이 너무나도 많았다는 것을 절실히 느꼈다. 지금 당장 경제적 여건상 입찰을 하지 못한다 해도 준비는 하고 있어야겠다는 생각이 들었다. 대출 관련 일을 알려주던 여성의 '모르는 것이 그렇게 많으면서 입찰을 할 생각을 하느냐'라는 눈빛에 자존심도 많이 상했다.

그러나 비록 입찰봉투조차 제출해보지 못했지만 입찰을 해보려고 시도를 해보았던 것은 나에게 큰 자극이 되었다. 나는 억지로 했던 권리분석 공부를 다시 하기 시작했고 경제의 흐름을 알아야겠다는 생각에 경제신문을 하루에 두 개씩 보기 시작했다.

시간도 별로 없는데 두 개의 경제신문을 본다는 것은 욕심이었다. 경매 권리분석 공부를 할 때처럼 경제신문에도 모르는 용어 투성이었다. 지금은 익숙해져서 그냥 읽히는 기사들이 그때는 기사 하나 읽는데도 몇십 분이 소요되었다. 다 이해를 할 수 있었던 것도 아니었다. 그래도 자기계발 서적에서 경제신문은 다양하게 읽어 보아야 한다는 말을 거듭 보았기에 꾸준히 신문을 보려고 애를 썼다.

지금 생각하면 하나라도 그냥 꾸준히 잘 보는 것이 나았다는 생각을 한다. 신문을 읽을 때는 도움이 되는 기사와 광고성으로 흘려보내야 하는 기사를 구별할 줄 알아야 했다. 도움이 되는 기사를 어떻게 받아들이고 그것을 토대로 무엇을 조사해야 하는지가 중요한 것이다.

그때는 그저 경제신문을 보아야 한다고 하니 보는 수준에 불과했지만 그것은 내가 반드시 거쳐야 하는 관문 중 하나였다. 그렇게라도 경제신문을 보지 않았다면 지금처럼 어렵지 않게 경제기사를 읽으며 부동산 시장의 흐름을 파악할 수 있는 단계까지는 오지 못했을 것이다.

## 입찰하지 않아도 괜찮아, 현장으로, 현장으로!

　나는 다시 전력을 가다듬고 열심히 경매 공부를 하고 경제신문을 보고 틈틈이 자기계발 서적들을 읽어가며 경매정보사이트를 매일 들여다보았다. 내가 입찰할 수 있는 물건이 없을까 해서였다. 하지만 여전히 금액이 2000만 원만 넘어가도 그냥 보기만 하고 넘어가곤 했다.
　그런데 뜻밖의 일이 일어났다. 혼자서 공부하는 데 한계를 느낀 나는 경매 강의에 등록을 했다. 같은 관심을 가진 사람들이 모여 있는 곳에 있자 확실히 전과 달리 적극적으로 경매에 임하게 되었다. 공부도 열심히 하고 입찰할 물건이 아닌데도 더 열심히 현장조사를 다니게 되었다.
　이미 첫 입찰의 경험도 있었고 혼자서 나름의 공부를 하고 있었던지라 사람들에게 이런저런 나의 경험 이야기를 들려주기도 했다. 그러자 사람들이 궁금한 부분들을 나에게 물어오기 시작했다. 나는 아는 것은 이야기해주고 몰랐던 부분들은 밤을 새서라도 알아보고 난 뒤 답을 해주곤 했다. 그러자 현장조사를 갈 때 함께 가자는 사람들도 생겨났다.
　함께 현장조사를 가자 내가 보지 못했거나 생각하지 못했던 부분들을 알게 되는 경우도 많았다. 그렇게 나는 사람들과 친목을 다져가기 시작하면서 그들이 입찰하고 낙찰을 받는 데까지 함께하게 되었다. 누군가 입찰을 한다면 먼

거리라도 시간을 내어 함께 동행해 법원 참관을 했다.

입찰할 때만 법원의 경매법정으로 가는 것으로 생각했었는데 입찰을 하지 않더라도 법정에서 다른 사람들이 낙찰받는 모습을 보면서 많은 것을 배울 수 있었다.

의외로 많은 사람들이 입찰표를 잘못 작성해서 입찰이 무효가 되거나 입찰가 1억 원을 쓴다는 것을 0 하나를 더 쓰는 바람에 10억 원을 써 내는 등의 경우가 종종 생긴다는 것을 알게 되었다. 그래서 나는 입찰표를 쓸 때 최소 두 번 이상은 내가 제대로 작성했는지 확인하고 또 확인하는 편이다. 그 덕분에 여태껏 입찰표를 잘못 작성한 경우는 없었다.

준비해와야 하는 인감증명서 등을 갖고 오지 않아 입찰이 무효가 되는 경우도 흔했다. 그 모습을 보면서 입찰 전날 입찰에 필요한 것들을 제대로 챙겼는지도 늘 세심하게 신경을 쓰게 되었다. 물론 나도 입찰할 때 창피를 당한 적도 있었다. 모자 쓰기를 즐겨하는 나는 아무 생각 없이 모자를 쓰고 입찰을 하러 갔다가 사무관으로부터 모자를 벗으라는 지적을 받기도 했다.

그리고 입찰보증금을 잔돈까지 정확하게 현찰로 준비했다가 묵직한 봉투를 들어본 사무관이 잔돈까지 넣었느냐며 시간을 줄 테니 은행에 가서 수표로 바꾸어 오라는 지적을 받기도 했다. 은행에 달려가 허겁지겁 수표를 바꾸는 데 진땀을 무척이나 흘렸다. 이후로 나는 되도록 입찰보증금도 수표로 미리미리 준비를 해두는 편이다.

그리고 이런 사람도 있었다. 입찰표와 입찰보증금 봉투를 넣은 입찰봉투를 사무관에 제출하면 사무관은 봉투 입구에 붙어 있는 수취증을 찢어 건네주는데 나중에 개찰*을 하고 난 뒤 패찰*이 되면 수취증을 내밀고 입찰봉투를 돌려받게 된다. 그

**개찰**
입찰한 사람들이 제출한 입찰봉투를 열어 최고가로 쓴 신고인을 정하는 절차

**패찰**
입찰에서 떨어진 것

런데 그 수취증을 잃어버려 입찰봉투를 바로 돌려받지 못해 쩔쩔매는 여성 분을 보고 난 뒤 나는 수취증은 받자마자 지갑에 넣어두는 습관이 생겼다. 그래서 수취증을 잃어버려 당황하는 일이 없다.

## 소극적이고 자신감 없던 내게 경매가 준 선물

법정에서 사람들이 입찰하는 모습을 참관하면서 많은 것을 배울 수 있었다. 무엇보다 가장 큰 수확은 어떤 부동산에 사람들이 몰리는지, 그리고 어느 가격대에 낙찰이 되는지를 보면서 사람들이 선호하는 물건과 낙찰대를 알게 된 것이다. 이렇게 얻은 정보는 이후 내가 낙찰을 받는 데 많은 도움이 되어주었다.

내가 입찰을 하지 않는데도 입찰하는 지인들이 있으면 달려갔던 일은 간접경험을 쌓는 데 많은 도움이 되었다. 사람들도 나의 동행을 많이 좋아해주었고 간접경험이 쌓이고 아는 부분들이 많아지자 적절한 낙찰가를 잘 맞춘다는 평이 나기 시작했다.

그러자 여기저기서 사람들이 나를 부르기 시작했다. 사람들과 동행하면서 가장 좋았던 점은 그들이 낙찰을 받고 대금을 어떻게 납부하는지 그리고 명도과정은 어떻게 진행되는지를 이론이 아니라 몸으로 체험할 수 있었던 점이었다. 거기에서 배울 수 있는 것들은 책을 30여 권 읽는 것보다 더 값진 것들이었다.

무엇보다 좋았던 것은 정말 돈이 별로 없어도 부동산을 낙찰받고 임대를 놓거나 매도를 할 수 있다는 것이 현실적으로 가능하다는 사실을 느낄 수 있었던 점이었다. 무척이나 소극적이고 겁 많던 나는 점점 더 적극적인 사람이 되어가고 있었다. 미래를 불안해하며 늘 주눅 들어 있던 내가 일을 하나하나 해결해가면서 조금씩 자신감이 생기기 시작했다.

'아무것도 가진 것이 없어도 누군가를 도와줄 수 있구나. 그것이 나의 자산이 되는 거였어.'

## 드디어 기회가 왔다, 확인 또 확인!

나는 점점 많은 경험이 쌓여갔고 보다 많은 것을 알게 되었다. 그렇게 사람들을 쫓아다니며 열정적으로 경매를 하고 있던 나의 눈에 어느 날 물건 하나가 들어왔다.

"와! 지은 지 얼마 되지 않은 빌라가 역이랑 무척 가까이에 있네."

지인들이 낙찰받았던 물건들은 대부분 서울 지역의 아파트와 빌라였고 가격대도 1억 원대가 넘는 물건이 많았다. 그래서 나는 혼자서 입찰할 물건들은 가격이 다소 저렴한 인천 지역이나 부천 지역 위주로 보고 있었다.

그런데 서울 강서구에 전철역에서 도보로 10분도 떨어지지 않은 거리에 있는 빌라가 저렴하게 나온 것을 발견하고 눈이 번쩍 뜨였다. 감정가 5000만 원에서 2번이나 유찰되어 최저가 3200만 원에 진행되는 빌라였다. 전용면적을 살펴보니 40제곱미터가 넘었다. 감정평가서에 올라와 있는 도면을 보니 방이 2개가 있고 거실이 있었는데 거실이 다소 좁게 있었지만 방 2개의 면적이 마음에 들었다.

보통 전용면적이 작은 소형주택의 내부에 방이 2~3개가 있는 경우, 방 하나가 유달리 크고 작은 방은 짐 몇 가지만 놓을 수 있을 정도로 무척이나 작은 경우가 많았지만 경매로 나와 있는 집의 방 2개는 둘 다 적정한 크기라는 것이 무척 마음에 들었던 것이다.

  나는 일이 없는 일요일에 현장조사를 가기로 마음을 먹었다. 그런데 토요일이 되자 너무 무리한 탓인지 오한이 나면서 열이 심하게 나기 시작했다. 나는 1년에 한두 번씩 크게 아플 때가 있다. 무언가에 빠지면 시간 가는 줄 모르고 하는 경향이 있어서 일을 하거나 무엇을 할 때는 몇 달이고 몰입해서 하곤 한다. 그러다 피로가 누적되면서 연례행사처럼 병이 온다.

  입찰 날이 얼마 남아 있지 않았기 때문에 다음 날인 일요일에는 꼭 현장조사를 가야 했다. 역에서도 가깝고 이전의 경험들로 인해 임대도 잘 나갈 것 같다는 생각이 들면서 현장조사 없이 바로 입찰을 할까 하는 생각도 문득 들었다.

  하지만 어떤 일이든 잘못 되어가는 것을 극도로 싫어하는 나는 입찰을 한다면 꼭 현장조사를 가야 된다는 생각을 바꾸지 않았다. 해열제와 몸살 약을 먹었지만 온몸이 떨리는 것은 일요일이 되어도 멈추지 않았다. 나는 끙끙 앓는 소리를 내며 물건지로 향했다.

  무척이나 더웠던 여름날이었다. 걸어가다 쓰러질지도 모른다는 생각까지 들 정도로 상태가 말이 아니었다. 사람들은 이렇게 생각할지도 모른다. 왜 그렇게까지 해야 하냐고. 그런데 기회가 왔을 때는 잡아야 한다. 그렇다고 기회가 보인다고 해서 덥석 물어서도 안 된다. 반드시 확인 또 확인해야 한다. 이렇게 한 덕분에 나는 경매로 받은 부동산을 임대를 못 놓게 되어 손실이 났던 적은 없었다.

  어쨌든 당시 나는 처음부터 흙수저로 태어난 인생이 성공하려면 한두 번은 죽을힘까지 짜내 전력을 다해야 하며, 그렇지 않고는 절대 정해진 운명을 바꿀 수가 없다고 믿었다. 전생에 지은 업보 때문인지, 하나님의 깊은 뜻이 있어서

인지는 잘 모르겠지만 태어날 때부터 갖게 된 운명에서 벗어나려면 한 번쯤은 목숨을 걸어야 할지 모른다는 막연한 믿음이 있었던 것이다.

그래서 경매를 하는 한동안은 두려움이 일거나 뒤로 물러나고 싶을 때마다 어금니를 꽉 깨물고 주먹을 쥐곤 했다. 어떤 이는 경매를 하는 것 가지고 좀 유별나다고 생각할 수도 있다. 그러나 가진 것이 없고 기댈 곳조차 없는 사람은 이 세상을 거센 비바람을 맞으며 벼랑 끝에 홀로 서 있는 기분으로 내내 살아가게 된다. 그래서 독하게 마음을 먹지 않으면 금방이라도 거센 비바람에 날아가버릴 것만 같아 있는 힘을 다해 나아가는 것이다(무엇을 하는 데 있어서 독하게 마음을 먹었다는 것이지 경매를 하면서 사람들에게 독하게 대했다는 오해는 하지 말았으면 좋겠다).

## '나도 살고 싶은 집'이라면 입찰 도전!

현장조사를 갈 때는 입찰할 물건이 아닌데도 인근에 나와 있는 물건들도 함께 조사하곤 한다. 같은 지역에 위치하고 있는 물건들과 비교하면서 장점과 단점을 파악하고 적정한 가격대를 산정하기 위해서였고 괜찮으면 입찰도 하기 위해서였다. 입찰하고 싶은 물건을 보기 전에 우선 역에서 좀 떨어져 있는 물건을 먼저 보기로 했다.

강서구 화곡동은 전철역에서 좀 떨어진 곳은 구릉진 곳에 위치해 가파른 길을 걸어야 하는 곳들이 많다. 하늘 위로 떠오른 태양이 이글거릴 정도로 불볕더위가 기승을 부리고 있었다. 그래서인지 거리에 걸어 다니는 사람들도 찾아보기 힘들었다. 헉헉 거리며 올라간 언덕 위에 있는 건물은 지은 지 얼마 되지 않아 외관은 좋아보였다.

하지만 전철역에서 버스를 타고 가기에도 애매한 거리에 있었다. 애매한 위치에 있는 부동산은 임대가 잘 나가지 않거나 임대료를 보다 저렴하게 받아야 한다. 건물이 위치하고 있는 지역과 거기에 주로 사는 사람들, 그리고 그들이 내는 임대료와 소득 수준을 맞추어 생각해보면 사람들이 자가용으로 다닐지 버스로 다닐지 걸어 다니는 것을 선호할지가 보인다. 그래서 나는 요즘도 처음 가는 지역은 자가용을 두고 도보로 걸어 다녀 보는 편이다.

언덕 위에 위치하고 있는 건물을 보고 난 뒤 전철역 가까이에 위치해 있는 건물을 가보니 나라도 여기에 살겠다는 생각이 들었다. 반지층의 건물에 하자가 없는지 살펴보니 크게 문제가 있어 보이지는 않았다.

하지만 그때까지 나는 반지층의 건물에 대해 유의해서 보아야 할 점들을 아직 잘 모르고 있었다. 나는 복도 계단을 내려가보았다. 반지층이지만 계단으로 내려가는 폭이 많이 깊지 않았다.

문을 노크하니 한 젊은 남성이 문을 열었다. 일요일이어서 집에 사람이 있었던 것이다. 나는 그에게 인사를 하며 경매 때문에 왔다고 말했다. 그러자 그는 자신도 이번에 입찰을 할 거라고 했다. 그는 법원에 신고되어 있는 임차인이었다. 그가 신고한 보증금액은 모두 배당으로 받아가는 상황이어서인지 나에게 반감을 갖고 대하지는 않았다. 나는 그에게 사는 데는 크게 문제가 없었는지 물었다. 현관문이 열리면 들어가서 보면 안 되겠냐고 물어보는 편이지만 젊은 부부가 지내고 있는 집에 일요일에 들어가 보는 것은 실례일 것 같다는 생각이 들었다. 그래서 곁눈질로만 안을 살펴보았다. 내부는 생각했던 것보다 훨씬 괜찮았다. '나도 이런 집에 살고 싶다'는 마음이 들 정도였다.

'입찰을 해야겠구나.'

나는 그에게 웃으며 고맙다는 말과 함께 법원에서 다시 보자는 말을 건넸다. 그도 그러자는 대답을 하고는 문을 닫았다. 나는 건물에서 나와 주변을 둘러보았다. 인근에 슈퍼가 있고 조금 떨어진 곳에 시장이 있는 것이 맘에 들었다.

이제 시세조사를 해야 하는데 부동산 사무실 문이 모두 닫혀 있었다. 나는 부동산 사무실의 간판에서 전화번호를 메모한 후 집으로 돌아왔다. 그리고 다음 날 전화로 시세를 물어보았다. 역 근처에 있는 빌라는 월세가 잘 나가는 편이라고 사무실 직원이 심드렁한 목소리로 대답을 해주었다. 더 자세히 묻고 싶었지만 나라도 들어가서 살고 싶다는 생각이 들었으므로 나의 감을 믿어보기로 했다.

## 다리가 후들 심장이 쿵쿵, 입찰 첫 성공!

입찰할 마음을 굳히고 난 다음 잔금이 어느 정도 필요할지 계산을 해보았다. 그동안 법원에서 받아둔 대출을 알선해주는 연락처가 적힌 명함들이 명함첩에 가득했다. 나는 몇 군데 전화를 걸어 대출이 어느 정도 나올지 물어보았다. 반지하라서 50%밖에 나오지 않는다고 했다.

살고 있는 임차인도 입찰하겠다고 했으니 입찰하려는 사람들이 많을 것이다. 그래서 나는 낙찰가가 높아질 것으로 예상하고 최저가에서 다소 높게 쓰려고 하고 있었다. 그런데 대출을 50%밖에 받지 못한다면 잔금을 치를 여력이 없었다. 나는 재차 물어봤다. 반지하이지만 지하 같지 않은 지하이며 건물 상태도 좋고 임대도 잘 나갈 거라고 말했다. 전화를 받은 여성은 그런 상황이라면 낙찰가의 80% 정도도 받을 수 있겠다고 했다.

'내가 설득하며 설명했기 때문에 대출이 80%까지 나온다고 하는 것이지 처음 들었던 대로 50%밖에 대출이 나오지 않는다면 어떡하지?'

다른 곳에도 물어보니 답변의 내용은 다 비슷했다. 한동안 마음의 결정을 하지 못해 고민을 했지만 현장조사에서 든 확신을 따르기로 했다. 나는 미리 가져다 둔 입찰표를 앞에 놓고 두 손을 모으고 기도를 했다.

"이 물건에 낙찰을 받아도 된다고 여기신다면 낙찰가를 저에게 주십시오."

특정 종교를 믿는 것도 아닌데 나는 입찰표에 입찰가액을 적을 때 이렇게 기도를 하곤 한다. 그리고 그때 떠오른 금액을 입찰가로 적는 편이다(처음 기재했던 입찰가액을 변경하면 차순위와 차이가 많이 나거나 패찰이 된다는 징크스를 갖고 있다. 처음 떠오른 직감을 따르는 것이 가장 좋았다고 말하는 사람들이 의외로 많다).

법원 입찰 날, 반지하라서 경락잔금대출을 제대로 받지 못할까 봐 전전긍긍했지만 입찰한 사람들이 많은 것을 보고 제발 내가 낙찰받았으면 하는 바람이 간절해졌다. 입찰한 사람들을 둘러보니 입찰하겠다던 임차인의 모습도 보였다. 지인들과 낙찰받을 때와 달리 온전히 나의 물건에 낙찰을 받는다고 생각을 하자 심장이 쿵쿵거리기 시작했다.

드디어 최고가매수신고인(낙찰자)의 이름을 사무관이 호명했다. 호명된 이름은 나의 이름이었다. 많은 사람들을 헤치고 앞으로 걸어갈 때 다리가 후들거릴 정도로 떨렸다. 잔금을 납부하고 부동산을 인도받기까지 또 다른 어려움이 기다리고 있지만 그 순간만은 노력의 보상을 받는 것 같아 기분이 짜릿해진다. 그래서 경매를 계속하게 되는지도 모른다.

1년 1건 도전기
**04**

# 경매투자의
# 성공 공식을 터득하다

## 투자금이 부족할수록 이것만은 따져라

나는 4700여 만 원을 써서 낙찰을 받았다. 감정가인 5000만 원의 94%나 되는 금액이었다. 이렇게 입찰가를 썼던 이유는 비슷한 연도와 전용면적인 빌라의 매매가가 6000만 원대에 시세가 형성되어 있었기 때문이었다. 역에서 조금 떨어진 곳의 빌라도 4000만 원 중후반대에 낙찰되고 있었다. 무엇보다 월세 시세가 보증금 500만 원, 월차임 30만 원에서 35만 원으로 형성되어 있었

| | 2005타경 34***(임의) | | 매각기일 : 2006-07-18  10:00~(화) | | 경매4계 02-2192-1334 |
|---|---|---|---|---|---|
| 소재지 | (157-872) 서울특별시 강서구 화곡동 *** 지하층 ***호 [도로명주소] 서울특별시 강서구 까치산로 ***(화곡동) | | | | |
| 현황용도 | 다세대(빌라) | 채 권 자 | 한국외환은행 | 감 정 가 | 50,000,000원 |
| 대지권 | 9.45㎡ (2.86평) | 채무자 | *** | 최 저 가 | (64%) 32,000,000원 |
| 전용면적 | | 소유자 | *** | 보 증 금 | (10%)3,200,000원 |
| 사건접수 | 2005-09-27 | 매각대상 | 토지/건물일괄매각 | 청구금액 | 29,000,000원 |
| 입찰방법 | 기일입찰 | 배당종기일 | 2006-01-14 | 개시결정 | 2005-09-29 |

**기일현황**

| 회차 | 매각기일 | 최저매각금액 | 결과 |
|---|---|---|---|
| 신건 | 2006-05-08 | 50,000,000원 | 유찰 |
| 2차 | 2006-06-12 | 40,000,000원 | 유찰 |
| 3차 | 2006-07-18 | 32,000,000원 | 매각 |

낙찰 47,111,000원(94%)
배당종결된 사건입니다.

이 물건을 낙찰받을 당시 반지하라서 대출이 50%밖에 나오지 않을까 봐 걱정을 많이 했지만 법정에서 낙찰을 받고 나오자 대출을 알선해주는 사람들이 내게 몰려와 70~80% 대출 가능하다고 명함을 내밀었다. 나는 대출과 새로 구한 임차인으로부터 받은 보증금액 500만 원 덕분에 실제로 부동산에 들어간 자금은 1000만 원 미만이 되었다. 이자를 제외하고 월 수익도 10여 만 원 정도 넘게 들어왔다.

다. 이는 입찰가를 정하는 데 아주 중요한 기준이 된다.

내가 경매투자를 하던 초창기에는 투자할 자금이 늘 부족했기 때문에 투자한 금액을 바로 회수할 수 있는지, 그리고 월세를 받게 되면 저축했을 때 받는 이자율보다 높을지, 앞으로 가격 상승률이 있을지 꼼꼼하게 따져보고 입찰을 했다.

보증금 500만 원에서 월세 30만 원 혹은 35만 원을 받을 수 있다고 할 때 5000만 원대의 부동산 가격이면 꽤 괜찮은 수익률을 안겨준다. 그래서 최저가인 3200만 원에 대해서는 잊어버리고 시세와 주변 낙찰가를 참조하여 입찰가를 정했던 것이다.

그 계산이 적절했는지 확인하기 위해 낙찰을 받고 인근 부동산 사무실에 들르자 6500만 원에 바로 자신에게 매도하라고 하는 중개인도 있었다. 하지만 나는 그렇게 하지 않고 월세를 놓기로 했다.

몇 년이 지나고 부동산 시장이 좋지 않았을 때 '그때 매도를 할 걸' 하고 잠시 후회를 하기도 했지만 이후 빌라의 매매가와 임대료는 계속 상승했다. 얼마 전 9500만 원에 구입하고자 하는 사람이 있었지만 거절하고 현재 전세 7200만 원에 계속 보유하고 있다. 그리고 10년은 더 보유할 계획을 갖고 있다.

### 씨앗을 심는 마음으로 투자하라!

여러 가지 고생 끝에 낙찰을 받고 나서 겨우 10여 만 원이 조금 넘는 수익이 들어온다고 하면 많은 사람들이 허탈해한다. 겨우 월 10만 원씩 벌자고 갖은 고생을 했나 싶어 경매를 그만두는 사람들도 있다.

그런 분들이 잊지 말아야 하는 것이 있다. 부동산의 가격은 제자리에 있지 않는다는 점이다. 물론 10여년이 넘도록 가격 변동이 없는 부동산도 있다. 최악의 경우 가격이 오히려 내려가기도 한다.

하지만 제대로 투자를 했다면 부동산에 적은 금액의 자본금이 투입되고 그 투입된 금액은 부동산에 묶여 있지만 대신 대출이자를 빼고도 월세에서 남는 돈이 들어온다. 그 금액은 시중 은행에 자금을 넣어두었을 때 받는 이자보다 높다.

그렇게 저축으로 받는 이자보다 높은 이자를 받으면서 부동산을 보유하고 있다면 그 부동산의 가격도 시간이 흐르면서 매매가와 임대가가 상승한다. 그 때 보증금액을 좀 더 올려 받으면 처음 투자한 금액을 회수할 수 있다.

그러면 투입된 금액은 줄어들지만 월세는 그대로 받거나 혹은 오히려 월세를 더 올려 받을 수 있다. 이때부터 수익금액이 늘어나기 시작한다.

이 부분에서 사람들은 이렇게 반문할 것이다.

"하지만 그것은 투자가 잘된 경우를 말하는 거잖아요. 그렇게 한다 하더라도 보증금액을 올려 받거나 월세를 올려 받으려면 몇 년의 시간이 걸릴 뿐만 아니라 여전히 실제 내 손에 쥐어지는 금액은 얼마 안 되지 않나요?"

그리고 '여전히 경매투자를 하는 데 들이는 수고가 너무 많은 것 같다'라고 말하고 싶을 것이다.

그렇다. 충분히 그렇게 보일 것이다. 아주 운이 좋은 편이 아니라면 부동산 투자로 큰 수익을 얻기 위해서는 어느 정도의 시간이 필요하다. 그래서 부동산 투자는 '씨앗을 심는 일과 같다'고 많이 비유되기도 한다. 당장의 큰 수익을 보겠다고 덤비다가 큰 손해를 보는 사람들도 있다. 하지만 임대 수익이 나는지를 기준으로 투자를 한다면 안전하고 성공적인 투자를 해나갈 수 있다.

투자가 잘못되는 경우들을 들여다보면 개발 호재 등을 믿고 임대가보다 훨씬 높은 금액으로 부동산을 한꺼번에 많이 사들인 경우가 많다. 그리고 임대가 잘 나갈 거라고 막연하게 생각하고 조사를 제대로 하지 않고 투자를 했다가 임대가 나가지 않아 낭패를 보는 경우들이었다.

## 1년에 1건씩, 10년이면 10건!

시세조사와 임대가 조사를 잘하고 적정한 금액으로 부동산을 매입한다면 언제나 안전한 투자를 할 수 있다. 그리고 비록 적은 금액일지라도 하나의 성공한 투자는 더 많은 성공하는 투자를 만드는 시초가 될 수 있다.

앤서니 라빈스가 어마어마한 금액을 벌게 된 백만장자를 만나 인터뷰를 했다. 그는 백만장자에게 부자가 되는 비결에 대해 물었다.

"아! 그거요? 아주 간단합니다. 먼저 1달러를 버는 것입니다."

"네? 1달러요?"

"네! 사람들은 당장에 100만 달러를 벌려고 덤빕니다. 하지만 가장 먼저 해야 할 일은 가장 적은 단위인 1달러를 벌어보는 것입니다. 1달러를 성공적으로 벌 수 있으면 점점 더 큰 단위의 돈을 벌 수 있게 될 것입니다. 그런데 사람들은 적은 단위의 금액에 대해선 무시하는 경향이 있습니다. 그리고 큰돈을 벌려고 덤비죠. 그러면 돈을 벌 수 있는 성공의 법칙을 배울 수가 없어요. 그래서 결국 1달러도 못 벌게 되는 것이죠."

앤서니 라빈스도, 그에게 큰 영향을 주었다는 짐 론도 그리고 인터뷰를 한 백만장자도 공통적으로 강조했다.

'먼저 작은 것부터 성공을 해보라! 그래야 더 큰 성공을 할 수 있게 된다.'

부자가 되는 전략대로 하면 우리도 부자가 될 수 있다고 한다. 하지만 당장 큰돈을 벌겠다고 무모하게 덤비는 것은 결코 부자의 전략이 아니다. 크게 성공한 부자들은 대부분 작은 단위의 돈을 중요하게 생각한다. 하지만 의외로 많은 사람들이 바로 큰 수익이 나지 않는다면 쉽게 흥미를 잃어버리는 경우가 많다.

> 부자가 되는 것은 단순하고 지루한 과정이다. 인간은 금방 지루함을 느끼고 무언가 더 흥미롭고 재미있는 것을 찾으려 한다. 그렇기 때문에 100명 중에서 3명만이 부자가 되는 것이다. 그들은 처음에는 계획을 따르지만 곧 지루함을 느낀다. 그래서 그들은 부자가 되지 못한다. 그들은 부자가 되는 간단하고 단순한 계획을 따르는 지루함을 견디지 못한다.
> - 『부자 아빠 가난한 아빠 3』 중에서

적절한 금액으로 부동산을 매입했다면 부동산에 매입자금도 많이 투입되지 않을 것이며 그리고 많은 돈은 아니어도 매월 들어오는 수익이 생기게 된다. 만약 투입된 자본금이 1000만 원이고 대출이자를 뺀 월세 수익이 15만 원 정도가 된다고 가정하자. 1000만 원을 넣어두고 월 10% 이상 수익을 거두는 셈이 된다.

하지만 어려운 경매 공부를 하고 어렵게 부동산을 보러 다니고 몇 번의 입찰 후에 낙찰받은 부동산에서 겨우 들어오는 수익금액이 10% 정도라면 허탈감이 많이 들 수 있다. '겨우 이 수익을 얻자고 내가 이 고생을 했나' 하는 생각이 절로 들 것이다. 하지만 이렇게 투자하는 것이 1년에 1건씩이라고 가정하자. 10년이면 10건이 된다.

그러면 10년 후부터는 일하지 않고도 부동산에서 매월 100만 원 이상의 수익이 들어온다. 그런 데다 10년 동안 보유하고 있다 보면 10개의 부동산 중 하나 정도는 가격이 많이 올라서 다소 큰 수익을 거둘 수 있다. 만약 당신이 이보다 조금만 더 나은 투자를 10년 동안 했다면 매년 대기업 연봉보다 더 많은 금액이 당신에게 흘러들어오기 시작할 것이다.

## 출렁이는 부동산 시장, 한 발 물러나서 보라

　현명한 부동산투자자들은 매입한 부동산을 빨리 매도하지 않고 되도록 장기 보유하려고 한다. 반면에 대부분의 사람들은 투자하는 즉시, 혹은 1~2년 안에 큰 수익을 얻고 싶어 한다. 그래서 부동산 시장이 출렁일 때마다 샀다 팔았다를 반복한다.

　가장 운이 나쁜 경우는 꼭지에서 매입하고 바닥에서 매도하는 경우다. 이런 사람은 부동산투자를 했다가 큰 손해를 보았기 때문에 다시는 부동산투자에 눈을 돌리고 싶어 하지 않는다. 투자는 모두 위험한 것이라는 확신을 하게 된다. 이렇게 되면 영영 성공적인 투자를 할 수 있는 기회를 잃게 되는 것이다.

　성공하는 투자자는 출렁이는 부동산 시장에서 한 발 물러나 크게 바라볼 줄 안다. 끊임없는 공부와 경험을 통해 먼 훗날을 내다보는 안목이 생겼기 때문이다. 그래서 매입시기와 매도시기를 가늠할 줄 알게 되어 부동산투자로 큰 손해를 보지 않게 된다.

　물론 소유하는 부동산이 늘어날수록 신경이 쓰이는 일도 많아진다. 겨울이 되면 보일러가 고장이 났다고 연락이 오고 수도가 동파되었다고 다급한 전화가 걸려오기도 한다. 벽에서 금이 가서 비가 세어 벽지며 장판이며 다 엉망이 되었다는 임차인의 항의를 들어야 한다. 그리고 계약기간이 끝나고 새로운 임차인을 구할 때는 여간 신경이 쓰이는 일이 아니다. 간혹 사소한 일로 감정다툼을 하게 되기도 한다.

　하지만 이런 일들은 부동산투자를 하게 되면 당연히 따라오는 일로 여겨야 한다. 그리고 경매로 부동산을 매입하는 경우는 더더욱 그렇다. 일반 매매로 부동산을 구입할 때는 그래도 육안으로 내부를 확인할 수 있지만 경매로 나온 부동산은 내부를 꼼꼼히 보고 낙찰을 받는 것이 아닌 데다 오랫동안 관리가 잘되고 있지 않는 경우가 많다.

그래서 여러 가지 손을 봐야 할 곳들이 많다. 그런데 낙찰을 받고 나서 이래저래 들어가는 비용도 많은데 수리까지 해야 한다면 스트레스가 몰려온다. 경매로 돈 벌었다는 사람들의 이야기를 들으면 당장 떼돈을 벌 것 같은데 막상 해보니 신경 쓰일 일만 늘어나고 돈 들어가는 곳이 한두 군데가 아니다. 이런 이유로 경매를 한두 번 해보고 관두는 사람들도 있다. 숨어 있는 하자가 무엇인지 모른 채 낙찰을 받는다는 것이 께름칙하고 몇 번 심하게 시달리고 나면 경매에 진저리를 내는 사람들도 있다.

## 겨우 10만 원 벌자고 이 고생을 해야 하나?

나도 처음 한동안은 경매를 하면서 100% 확신을 가지진 못했다. 겨울이 되면 임차인으로부터 보일러가 고장이 났다는 전화가 올까 봐 걱정이 되고, 수도가 동파되지는 않는지 신경이 쓰이곤 했다. 임대를 놓으면서 도배며 장판이며 새로 다 했는데, 몇 달이 되지 않아 벽에 온통 곰팡이가 생겼다는 연락을 받았을 때는 머리털이 곤두서기까지 했다. 수도관이 녹슬어 대대적인 바닥공사를 해야 할 때는 들어가는 비용에 한숨이 절로 나왔.

'과연 이렇게 해서 부동산으로 돈을 벌 수 있을까?'

현재 고작 10만 원 정도 수익을 보고 있는데 각종 수리비에 각종 세금, 그리고 높아진 의료보험료를 내면 남는 것이 없을 것 같았다.

그런데 이렇게 회의적이고 부정적인 감정 상태를 잘 넘기면 임차인로부터 보일러가 고장이 났다는 전화를 받아도 스트레스를 전보다는 덜 받게 된다. 수리비로 나가는 비용 등이 당장은 많이 나가는 것 같아도 차후 부동산에서 들어오는 돈을 생각하면 되도록 빨리 해결하고 잊어버리려고 한다.

화곡동에 낙찰받은 물건은 처음엔 임대가 바로 나갔다. 500만 원의 보증금액에 월세 35만 원으로 부동산 사무실에 내놓았더니 일주일도 되지 않아 새로운 임차인과 계약을 할 수 있었다.

'반지하라서 임대가 안 나가면 어떡하지?' 하고 무척이나 걱정을 했는데 부동산을 인도받고 청소를 깨끗하게 하고 도배를 말끔하게 해놓은 탓인지 부동산에 내놓은 지 얼마 되지 않아 바로 임차인을 구할 수 있었다.

## 습기, 결로, 역류, 악취…
## 반지하는 두 배 더 꼼꼼히 살펴라

그런데 얼마 되지 않아 임차인으로부터 연락이 왔다. 작은 방에 곰팡이가 너무 많이 피어서 옷장 안에 있는 옷들마저 곰팡이가 피었다는 것이다. 그 말을 듣는 순간 심한 두통이 몰려 왔다. 임차인이 거세게 항의를 할까 긴장이 되었기 때문이다.

그런데 몹시 감사하게도 임차인은 옷장에 걸어 둔 옷들을 버리게 되었다고 화를 내지 않았다. 그냥 차분하게 상황이 그러니 어떻게 조치를 해줄 수 없냐고 물었다. 나는 몇 번이고 죄송하다는 말과 함께 당장 알아보고 조치를 하겠다고 했다. 부동산 사무실에 전화를 걸어 집수리를 잘하는 업체를 소개해달라고 한 뒤 자세히 문의했다. 들어보니 벽에 결로가 생겨서 물기가 맺힌다는 것이다. 그래서 방수 공사를 하지 않으면 벽지를 바꾸어도 또 곰팡이는 생길 거라고 했다.

비용을 물어보니 생각보다 금액이 컸다. 그리고 지금 대기자들이 많아서 당장 공사를 할 수도 없었다. 어떤 문제를 해결하지 않고 그대로 두는 것을 싫어하는 나의 성격이 발동되었다.

나는 몇 군데 다른 업체를 더 알아본 다음 비용이 더 저렴하고 당장 공사를 할 수 있는 곳으로 공사를 맡겼다. 임차인에게 양해를 구하고 며칠 동안 이어지는 공사를 했다. 공사를 하고 난 후 벽지도 새로 했다.

이제는 괜찮겠지 했는데 얼마 지나지 않아 임차인로부터 또 연락이 왔다. 여전히 벽에 물기가 맺힌다는 것이다. 아직 곰팡이는 생기지 않았지만 그대로 두면 다시 벽 전체에 생길 것 같다는 것이다. 몇 달이 되지 않아 똑같은 문제가 발생했다면 그건 처음 공사가 제대로 되지 않았다는 것을 의미했다.

나는 고심 끝에 처음 전화했던 업체 사장님께 전화를 했고 상황을 설명했다. 상황 이야기를 하니 제대로 공사를 했어야 했는데 그렇지 않아서 다시 문제가 발생한 것이라고 했다. 나는 이번에는 기다릴 테니 시간이 나실 때 꼭 공사를 해달라고 의뢰를 했다.

2주 정도를 더 기다렸다가 다시 공사를 할 수 있었다. 다행히 두 번째 공사를 하고부터는 벽에 문제가 생기질 않았다. 그 일로 나는 수리 등을 맡길 때 다른 사람들의 평가 등을 인터넷을 통해 꼼꼼히 확인하는 편이다. 그래서 비용이 조금 더 들지라도 수리를 잘하는 곳에 맡기려고 한다. 그래야 두세 번 일을 다시 하지 않게 되고 비용면으로도 훨씬 절약된다는 것을 이 일을 통해 절실히 깨달았다.

이렇게 두 번의 벽공사를 하느라 임차인이 여러 가지 일로 많이 불편했음에도 한 번도 짜증을 낸 적이 없었다. 내겐 무척이나 감사한 분이었다. 이 분은 이후 6년은 더 넘게 이 집에 거주하다가 직장 일로 다른 곳으로 이사를 갔다. 이사를 나가면서 그동안 덕분에 잘 살았다는 문자를 받았다. 내가 오히려 더 감사하다는 답문을 드렸다. 정말 진심으로 감사한 분이었다.

나는 이 물건을 계기로 반지하를 볼 때는 습기 문제나 결로 문제 등에 대해 더 신경을 써서 조사를 하는 편이다. 왜냐하면 월세는 지상의 건물보다 적게 받는데도 이래저래 손봐야 할 일은 더 많을 수 있기 때문이다. 집안 내부에 곰팡이가 쉽게 생길 수 있는 문제도 문제이거니와 가장 머리를 아프게 하는 문제는 하수구가 역류되는 일과 악취가 올라오는 경우다. 이런 문제는 한 번에 잘 해결되지 않아 계속 신경을 써야 하므로 반지하의 물건에 투자를 할 때는 더 세심하게 건물 상태를 알아보고 입찰을 하는 것이 좋다. 이런 것은 살고 있는 사람에게 물어보는 것이 가장 좋다.

그런데 살고 있는 사람으로부터 자세한 이야기를 들을 수 있는 경우는 많지 않다. 그래서 만약 반지하의 물건이라면 건물 근처에 하수구 냄새가 심하게 나는지 주의 깊게 살펴보는 것도 방법이 될 수 있다. 그리고 벽에 곰팡이가 심하게 나는 경우는 결로가 생기는 탓인데 이는 같은 층 라인에 있는 집에서 공통적으로 발생할 수 있으므로 건물에 방수 공사를 해야 하는지 혹은 한 적이 있는지 등을 탐문을 통해 알아보는 것이 좋다.

## 관리·유지비는 손해가 아니다!

지방에 있는 한 빌라의 새로운 임차인과 얼마 전에 계약을 했다. 현 상태로 임대한다는 조항이 있음에도 불구하고 이사를 한 지 며칠 후에 전화가 왔다. 계약을 할 때는 몰랐는데, 방 하나의 벽지에 얼룩이 많다는 것이었다.

전에 살던 사람들이 이사를 나갈 때 내가 직접 내려가서 확인하지 않고 사진을 찍어서 보내달라고 했다. 사진으로 보이는 얼룩이 안그래도 마음에 걸렸지만 이사 들어오는 사람이 아무런 이야기를 하지 않아 괜찮을 줄 알았다. 그런데 그 사람도 상태가 심각한지 모르고 이사를 하고 나서야 작은 방에 얼룩이 있다는 것을 알게 된 것이다. 상태가 심각하냐고 물으니 좀 심각하다는 것이다.

"아이고, 이사하시고 많이 속상하셨겠어요. 바로 도배하는 곳 알아보겠습니다."

나는 바로 벽지를 새로 해주겠다고 했다. 40만 원의 비용이 나갔다. 현 상태로 임대한다는 조항을 넣고 계약서를 썼기 때문에 나는 충분히 도배는 임차인이 해야 한다고 할 수 있었다. 그런데 그렇게 하면 임차인은 얼룩이 있는 상태에서 살 것 같았다. 나중에 새로운 임차인을 구하거나 매매를 할 때 어차피 해야 하는 일이라면 미리 해두는 것이 더 낫겠다는 생각이 들어 나는 바로 도배를 해주기로 했던 것이다.

이후에 새로운 계약을 하면서 1000만 원의 보증금을 올려 받았다. 그만큼 받는 대가로 40만 원 비용이 나가는 것은 괜찮은 것이다.

경매투자를 하던 초창기 때는 임대인의 의무와 책임을 잘 생각하지 못했다. 나는 늘 수익 위주로만 생각을 했고 부동산을 잘 관리하고 유지하고 수리하는 데 드는 비용에 대해선 손해라는 생각이 강했다. 그래서 수리를 해야 하는 일이 있으면 곧바로 수리를 하곤 했지만 심적으론 스트레스를 많이 받곤 했다.

부동산투자자라면 어떤 마음과 자세를 가져야 하는지를 진지하게 생각을 해 본 적이 없었기 때문이었다. 임대한 부동산에 살고 있는 임차인이 불편 없이 살 수 있도록 관리하는 것, 그것은 임대인의 의무이고 책임이라는 것을 이해하기까지 나는 좀 더 시간이 필요했다.

어쨌든 부동산투자는 일반 매매로 구입을 했든 경매로 구입을 했든 부동산을 보유하는 순간부터 여러 가지 신경 쓸 일이 생긴다. 그리고 보유를 하는 기간이 길어지면 건물이 노후해지면서 이곳저곳 수리할 일이 당연히 생긴다.

그리고 관리를 더 잘하기 위해서 때론 문제가 없더라도 리모델링할 일도 생긴다. 그래서 부동산투자를 하면서 당연히 따르는 문제점이라는 것을 감안하고 투자를 할 것인지를 잘 결정해야 한다.

시세의 비밀
**05**

# 나도 드디어
# 월세받는 임대인이 되었다

### 부동산 명도, 나도 가장 어려웠다

　경매투자는 잘하기만 한다면 수익이 꽤 괜찮은 데 반해 일반 매매와는 달리 여러 가지 애로사항들이 있다. 첫째는 권리분석 공부이고, 둘째는 현장조사이며, 셋째는 낙찰받기 그리고 마지막으로 부동산을 인도받는 일이다.
　이 중에서도 부동산을 인도받는 일을 사람들은 가장 어려워하곤 한다. 내게도 부동산을 인도받는 일(명도)이 경매를 할 때 가장 어려운 점 중에 하나였다.

화곡동의 빌라는 임차인이 자신의 보증금액에 대해 모두 배당을 받아가는 상황이었기 때문에 쉽게 부동산을 인도 받을 수 있었다. 임차인은 배당금을 받을 수 있도록 명도확인서를 이사할 날에 맞추어달라는 요구를 했고 이사도 일찍 나가주었다. 그리고 임대를 내놓자마자 바로 새로운 임차인을 구할 수 있어서 다음 물건을 투자할 수 있는 종잣돈도 다시 마련할 수 있었다.

대출이라는 레버리지를 이용한 덕에 실제 투입된 자금은 얼마 되지 않았다. 그리고 매월 들어오는 수익금액은 저축으로 얻는 이자보다 높았다. 그래서 부동산 가격이 상승할 때까지 무리 없이 보유할 수 있었다.

## 왜 그 가격에 낙찰받아, 급매로 사지?

불과 몇 년 전만 해도 오갈 데도 없고 통장에는 겨우 몇 십만 원만 가진 상태였는데, 이제는 월세를 받는 임대인이 되었다는 것이 참 신기할 따름이었다. 처음에는 희뿌연 안개 속을 걷는 느낌이었고 또 지인들과 함께 입찰할 때는 그것이 온전히 나의 부동산이 아니었던 탓인지 경매를 통해 돈으로부터 자유로워지겠다는 꿈을 이룰 수 있을지 100% 확신을 가지지 못했다.

하지만 온전한 임대인이 되고부터는 좀 더 자신감을 가질 수 있었다. 그리고 더욱더 경매투자에 집중하기 시작했다. 지인들과 그룹으로 투자를 하기도 하면서 경매를 계속하던 중에 나는 서울 지역의 낡은 연립 한 채를 낙찰받았다. 이전까지 보증금액에 대해서 배당을 모두 받아가거나 배당금을 어느 정도 받아가는 임차인이 있는 물건들을 위주로 낙찰을 받았었는데 이번 건은 소유자가 점유하고 있는 물건이었다.

| 2005 타경45*** (임의) | | 매각기일 : 2006-10-31  10:00~(화) | | 경매6계 02-530-1818 | |
|---|---|---|---|---|---|
| 소재지 | (087-96) 서울특별시 관악구 봉천동 *** 1층 ***호 [도로명주소] 서울특별시 관악구 낙성대역 *** (봉천동) | | | | |
| 현황용도 | 다세대(빌라) | 채 권 자 | *** | 감 정 가 | 80,000,000원 |
| 대지권 | 35.58㎡ (10.76평) | 채무자 | *** | 최 저 가 | (80%) 64,000,000원 |
| 전용면적 | 62.11㎡ (18.79평) | 소유자 | *** | 보 증 금 | (10%)6,400,000원 |
| 사건번호 | 2005-12-05 | 매각대상 | 토지/건물일괄매각 | 청구금액 | 65,000,000원 |
| 입찰방법 | 기일입찰 | 배당종기일 | 2006-03-22 | 개시결정 | 2005-12-06 |

기일현황

| 회차 | 매각기일 | 최저매각금액 | 결과 |
|---|---|---|---|
| 신건 | 2006-07-25 | 80,000,000원 | 유찰 |
| | 2006-08-29 | 64,000,000원 | 변경 |
| 2차 | 2006-10-31 | 64,400,000원 | 매각 |

낙찰 84,111,000원(105%)
배당종결된 사건입니다.

이 물건이 무척이나 마음에 들었던 것은 연립의 위치가 전철 2호선의 낙성대역에서 도보로 갈 수 있는 거리에 있었기 때문이다. 전철을 타고 낙성대역에서 강남역으로 가는 거리는 고작 15분 정도였다.

강남에 갈 일이 많았던 나는 강남과 가까운 곳에 살고 있는 사람들은 참 좋겠다는 생각을 평소에 많이 하고 있던 차였다. 강남이라는 여러 가지 문화 혜택을 근거리에서 누릴 수 있다는 것이 너무 부러웠기 때문이다. 그런데 이 물건은 전철만 타면 15분 만에 강남에 접근 가능했다.

이 물건을 낙찰받기 몇 년 전에 낙성대역 근처 부동산중개사무실에 들러 나온 매물이 없었는지 살펴본 적이 있었다. 그때 중개사무실에서는 거래도 잘되지 않지만 그렇다고 주인이 팔려고 내놓은 매물도 없다고 했다. 임대가 그만큼 잘 나간다고 했다.

그래서 낙성대역 인근에 연립 하나가 경매로 나온 것을 보고 꼭 낙찰을 받아야겠다는 생각을 했던 것이다. 감정가 8000만 원에서 한 번 유찰되어 최저가 6400만 원에 진행됐고 나는 8411만 원대에 낙찰을 받았다. 감정가에서 105%나 높게 받은 것이다. 한 번 유찰이 되었음에도 100% 넘은 가격을 쓴 내가 법정 앞으로 나가자 사람들의 웅성거림이 들렸다.

"저 가격이면 그냥 급매로 사는 게 낫지 왜 경매로 낙찰을 받아?"

## 관리비 내는 연립이라고? 좋지!

당시 내가 조사를 갔을 때는 매물이 거의 없는 상태였다. 그나마 매물로 나와 있는 것은 건물 면적이 너무 적거나 건물 상태가 몹시 좋지 않은 매물들이었다. 그런 데다 강남역에서 멀리 떨어져 있는 인천 지역과 화곡동의 빌라 낙찰가격과 매물가격을 비교했을 때 낙성대 인근의 주택가격이 너무 낮게 형성되어 있다는 생각을 했다.

나는 낙찰을 받자마자 법원에 기재되어 있는 소유자의 연락처로 낙찰자라는 소개와 함께 시간이 되실 때 연락을 부탁드린다는 문자를 보냈다. 하지만 하루가 지나도록 연락이 오지 않았다.

건물 상태가 어떠한지 몹시 걱정을 했던 터라 다른 집에 양해를 구하고 내부를 보았다. 외관은 많이 노후했지만 내부 구조가 꽤 괜찮았다. 하지만 옛날식 여닫이문과 내부 마감자재가 무척이나 오래되고 어두워 보였다. 그래도 거주하는 데는 불편함이 없고 살기 좋다는 말을 들어서 안심을 했다.

연립 단지에 거주하고 있는 사람들이 관리비를 내고 있었고 그것으로 건물에 문제가 있을 때 보수를 한다고 했다. 그것도 마음에 드는 점이었다. 빌라나 연립 등은 호수별 주인이 다 다르기 때문에 관리하는 주체가 따로 없다면 건물에 문제가 생길 때 난감한 상황이 되기 때문이다. 건물 전체에 문제가 있는데 거기에 피해를 보는 호수가 있고 피해가 없는 호수가 있을 때 건물 전체 공사에 대한 합의를 이끌어내기가 어렵다. 피해가 없는 집에선 되도록 공사비를 부담하는 것에서 빠지려고 하는 경향이 많기 때문에 이를 설득해서 일을 진행해야 한다.

곤란한 일을 맡아 나서서 하려는 사람이 있다면 참 좋겠지만 현실에선 그렇지 않은 경우가 많다. 건물 외벽 방수공사를 해야 한다거나 지붕에 방수 페인트칠을 해야 한다면 이때는 각 호수가 모두 적극적으로 동참하는 것이 가장 좋다. 당장 자신의 호수에 문제가 없다고 해도 건물 어느 곳에 하자가 있다면 나중에 문제가 커져서 자신의 호수에도 영향이 갈 수도 있고 그리고 무엇보다 건물의 전체 가격이 그만큼 내려갈 여지가 있기 때문이다.

여러 가지 조건이 마음에 들어 나는 해당 호수에 살고 있는 점유자를 만나보지 못하고 대금납부를 했다. 대출을 낙찰가의 80%로 받을 수 있었지만 겨우 잔금을 치를 정도였다. 점유자가 오랫 동안 살았던 집이어서 이곳저곳을 손을 봐야 하는데 그 사이 낙찰받은 다른 물건들에 잔금을 치러야 하는 상황이라 대대적으로 인테리어를 할 자금이 별로 없는 상태였다.

그래서 임대를 바로 놓지 않고 우리 가족이 들어가 사는 쪽으로 가닥을 잡았다. 하지만 대금납부를 하고 점유자에게 여러 번 전화를 해보았지만 계속 받지 않았다.

나는 실례를 무릅쓰고 밤늦게 찾아가보기로 했다. 날이 어둑한 날 찾아가 노크를 하니 한 노인분이 문을 열어 주었다. 얼굴이 무척이나 어둡고 수척해 보이는 그 분에게 인사를 드리고 낙찰받은 사람이라고 하니 걱정했던 것과 달리 집으로 들어오라고 했다.

## 아니, 집 내부가 이 꼴이란 말이야?

　집 내부에 들어서자 나는 가슴이 철렁 내려앉았다. 내부 상태가 생각했던 것보다 훨씬 열악했기 때문이다. 무척이나 낡고 오래된 싱크대와 어떤 무늬였는지 파악하기 힘들 정도로 누렇게 바랜 벽지 그리고 10년이 넘는 묵은 때로 뒤덮인 창문. 타일이 떨어져나가고 있는 화장실 벽, 아주 오래되고 귀퉁이는 깨져 있는 화장실 변기와 세면대…….
　나는 내부를 파악하지 못하고 낙찰을 받을 수밖에 없었던 현실을 탓해야 했다. 울적해지는 마음을 가까이 추스르고 노인에게 정중하게 이사에 관해 물어보았다. 돌아오는 대답은 당분간은 이사를 갈 수가 없다는 말이었다. 소유자인 노인은 아들과 함께 지내고 있었는데 아들이 채무가 많아 살고 있는 집마저 경매로 넘어갔다는 것이다. 경매를 막아보려고 애를 썼지만 그렇게 되지 않았고 이사를 가려고 해도 이사 갈 돈이 전혀 없는 상태라고 담배를 연거푸 피우시며 한숨을 쉬셨다. 참으로 딱한 상황이었다. 그런 데다 막 겨울이 시작되고 있었다. 나는 살고 있던 집에서 나와야 했기 때문에 노인 가족을 계속 있게 할 수는 없었다.
　나는 최대한 돈을 모아 이사비를 드릴 테니 날짜를 되도록 빨리 잡아달라고 부탁을 드렸다. 이사 갈 비용과 혹시 수리를 해야 한다면 들게 되는 비용 등을 감안하여 갖고 있던 비상금을 이사비로 드리기로 한 것이다. 엄동설한에 노인의 식구들이 작은 방이라도 구할 수 있었으면 해서였다.
　비록 상태가 좀 심각하지만 그래도 우리는 이사를 갈 수 있는 집이라도 있었기 때문에 그 정도는 해드려도 될 것 같다고 생각했다. 이사비를 좀 넉넉하게 드리겠다고 해서였는지 노인 가족은 처음 말했던 날짜보다 더 일찍 이사를 가주었다.

　이사를 가고 나서 얼마 지나지 않아 노인에게서 전화가 왔다. 공과금을 미처 정산하지 못했다고 미안하다는 말과 함께 이사를 무사히 잘 갔다고 덕분에 고마웠다는 말씀을 하셨다. 우리 가족은 도배, 장판만 기본적으로 하고 창문은 직접 물로 청소를 해서 이사를 했다. 그리고 살면서 하나씩 고쳐나갔다.

　몇 달이 되지 않아 낙찰받은 집을 구입하겠다는 사람이 생겼다. 시세를 물어보기 위해 부동산 사무실에 연락처를 남겨두었는데 매수자가 나섰다는 것이다. 당장 이사를 갈 수 있는 상황이 아니라고 거절을 했더니 금액을 점점 올려 급기야 1억 6500만 원까지 제안을 해왔다. 무척 갈등을 하고 난 후 나는 결국 매도하지 않았고 지금도 이 부동산을 보유하고 있다.

　이 지역의 주택 가격이 단기간에(사실 내가 낙찰받기 전까지 10여 년간은 가격 변동이 별로 없었다고 한다) 올랐던 이유는 재개발·재건축으로 빌라 가격이 고공행진을 하기 시작한 데다, 낙성대역 인근으로 강남순환고속도로를 착공한다는 이슈와 인근에 영어마을이 들어선다는 호재가 있었기 때문이었다.

　이 부동산은 현재 1억 4500만 원에 전세를 두어 매입할 때 들인 비용은 모두 회수한 상태다. 그리고 앞으로도 10년은 더 계속 보유할 계획을 갖고 있다. 이 글을 쓰기 얼마 전에 강남순환고속도로가 개통이 되면서 이 인근 지역의 주택 가격은 또 한 번 급등했다. 현재 강남재건축 시장의 한파와 주변 지역의 신규 입주 물량의 급증으로 관악구 일대까지 부동산 가격이 주춤하고 매도 가격과 전세 가격도 내려가고 있는 상황이지만 장기적으로 부동산 가격이 계속 상승할 것으로 내다보고 있다.

## 오래 거주하는 소유주들은 모르는
## 시세의 비밀

이 물건에 대해 한 가지 더 이야기해야 할 부분이 있다. 이 연립을 낙찰받고 나서 청소를 하고 있던 나에게 이웃주민들이 와서 물었다.

"아니 뭣 하러 이 집을 그렇게 비싸게 낙찰을 받았어? 요 윗집에서 얼마 전에 8000만 원에 매매로 팔았는데 말이야."

내가 왜 굳이 힘들게 경매로 노후한 연립을 시세보다 높게 낙찰을 받았는지 다들 의아해했다.

이런 경우는 부동산 거래와 부동산 경매를 하면서 종종 있는 일이다. 의아한 눈으로 나를 쳐다보던 이웃주민들에게 설명을 하지 않았지만 사정은 이랬다. 당시 한국의 부동산 시장은 침체기를 벗어나 서서히 거래가 살아나고 있던 상황이었다.

하지만 대부분 아파트매매 거래에 국한되었을 뿐 빌라나 연립은 오랜 기간 동안 매매 거래가 잘되지 않다 보니 가격이 조금 오르거나 제자리인 상태가 꽤 오래갔다. 하지만 투자자들 사이에선 이미 재개발·재건축과 뉴타운 등의 호재로 서울 지역 등의 오래된 빌라나 연립에 투자가 들썩이고 있었다.

한 집에 오래 거주하고 있던 소유자들은 이런 사실을 잘 알지 못하고 있었다. 당시 내가 낙찰받았을 때 그 지역의 빌라와 연립의 매물이 거의 나와 있지 않았다(매물이 없는 경우는 공급에 비해 수요가 많은 경우기도 하고 내놓아봤자 팔리지 않기 때문인 경우도 있다. 여기에선 후자의 경우였다). 그러던 사이 빌라와 연립의 가격이 이미 상승기류에 올라탔다는 것을 몰랐던 한 소유자가 8000만 원의 가격에 자신의 집을 처분했던 것이다. 내가 8400여 만 원에 낙찰을 받고 부동산을

| 명칭(매매) | 전용면적(㎡) | 거래년월 | 계약일 | 해당층 | 거래금액 |
|---|---|---|---|---|---|
| **빌라 | 61.81 | 2014.11 | (11~20) | 1 | 147,000,000 원 |
| **빌라 | 55.54 | 2009.7 | (11~20) | 1 | 150,000,000 원 |
| **빌라 | 56.65 | 2009.4 | (11~20) | 2 | 139,000,000 원 |
| **빌라 | 55.54 | 2008.9 | (11~20) | 2 | 160,000,000 원 |
| **빌라 | 55.26 | 2007.10 | (11~20) | 2 | 135,000,000 원 |
| **빌라 | 55.26 | 2007.9 | (11~20) | 3 | 110,000,000 원 |
| **빌라 | 55.26 | 2007.8 | (11~20) | 2 | 130,000,000 원 |
| **빌라 | 55.26 | 2007.3 | (21~31) | 2 | 120,000,000 원 |
| **빌라 | 55.54 | 2007.3 | (11~20) | 2 | 135,000,000 원 |
| **빌라 | 55.54 | 2006.12 | (21~31) | 1 | 80,000,000 원 |

2006년 12월에 해당 건물의 한 호수를 누군가 8000만 원에 매매를 한 것을 볼 수 있다.

인도 받고 있던 시기에 말이다. 그 이후 몇 달도 채 되지 않아 그 지역의 빌라와 연립의 가격은 몇 천 만원씩 급등했다.

 부동산 거래에서 이러한 상황은 자주 일어난다. 부동산 시장이 오랜 기간 침체기를 겪으면 부동산을 보유하고 있는 사람들은 불안해하고 그러다가 매수자가 나타나면 침체기 때 가격으로 급하게 처분하게 된다. 부동산 시장이 혹은 자신이 사는 지역의 부동산 가격이 상승기에 접어들었다는 것을 모른 채 말이다. 그리고 얼마 지나지 않아 가격이 상승하는 것을 지켜만 보고 있어야 된다.

 만약 부동산 시장의 흐름을 예의주시하고 있었다면 내놓았던 부동산을 거둬들이거나 더 높은 가격으로 매매를 할 수 있었을 것이다. 그런데 부동산 시장에 대한 흐름을 모른다면 같은 시기에도 낮은 가격으로 부동산을 매도하게 된다. 이런 현상은 부동산 시장이 침체기에서 막 벗어날 때 가장 많이 일어난다. 그런데 이런 흐름에 대한 이해가 없으면 사람들은 시세보다 높은 가격으로 낙찰을 받는 것에 대해 잘 납득하지 못하는 것이다.

 부동산 시장이 몹시 과열되었을 때도 시세보다 높게 낙찰을 받는 경우가 있다. 한 지역의 가격이 급등하기 시작하면 그동안 관심을 주지 않았던 사람들도 관심을 가지게 되고 매물이 나오자마자 팔려나가기 시작한다. 짧은 기간 동안 수천만 원에서 많게는 억 단위의 돈을 벌었다는 이야기가 들린다.

그러면 높은 가격에라도 낙찰을 받으려는 사람들이 늘어나기 때문에 경쟁률도 높아지고 낙찰가도 높아진다. 하지만 이런 상황이라면 부동산 가격의 꼭지가 머지않았음을 알려주는 신호이기도 하다.

이럴 때는 앞으로 가격이 상승할지라도 한 발 물러나 있는 자세가 중요하다. 그렇게 오르는 가격은 거품일 가능성이 크고 거품으로 올라간 가격은 다시 내려오기 쉽기 때문이다. 그러면 매입한 가격에서 가격이 계속 내려가는 것을 지켜보며 매도하지도 못하고 보유하고 있어야 한다.

부동산에 거품이 많이 끼었을 때는 매입가격에 비해 임대가가 낮는 경우가 많아 임대를 놓더라도 손해를 감수해야 하는 상황이 발생할 수 있다. 그러므로 언제나 투자의 목적을 잊지 말고 자신의 투자 철학을 잘 정립하여 부동산 시장의 열기 속에서도 차분히 투자를 할 수 있어야 한다.

매수 매도 타이밍
## 06

# 수익 나는 물건,
# 어느 선에서 매도할 것인가?

### 다세대 밀집 지역에 있는 오피스텔 물건 발견!

그날도 나는 열심히 물건을 검색하던 중이었다. 내가 주목한 지역은 인천 서구 심곡동. 당시 인천 지역은 뉴타운과 재개발이라는 이슈로 인해 소형주택의 가격이 가파르게 상승하고 있었다. 경매로 나온 물건은 상가를 제외하면 오피스텔 27건. 나는 반가운 마음에 물건을 자세히 살펴보기 시작했다.

감정가가 5900만 원에서 7600만 원이었고 한 번 유찰되어 30% 저감된 최

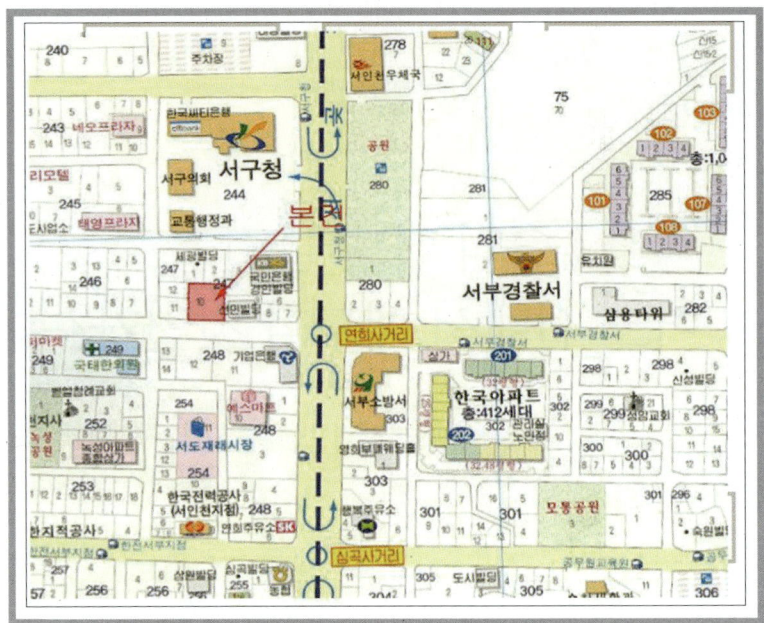

출처: 대법원법원경매의 감정평가서

본건 ***스카이빌
건물내 3층 301호 외
28개호

출처: 대법원법원경매의 감정평가서

저가격으로 경매(매각)가 진행될 예정이었다. 입찰일까지 약 일주일 정도 남아 있었다. 오피스텔의 건물 면적은 전용 8평에서 10평 정도였고, 2003년도에 보존등기* 된 건물이어서(그당시가 2008년이었다) 많이 노후한 건물도 아니었다. 그런데 교통 환경이 흠이었다. 근처 전철역이 없는 것도 아쉬웠고, 버스를 이용한다 하더라도 인천 1호선까지 제법 거리가 있어 보였다.

하지만 나는 오피스텔 건물이 있는 주변 지역이 대부분 다세대 주택으로 주거용 건물이 구성되어 있다는 부분이 흥미로웠다. 다세대 밀집 지역에 오피스텔 건물이 있다는 점이 나름 경쟁력 있어 보였던 것이다. 주변 환경도 나쁘지 않았다. 나름 큰 마트와 은행 등 살기엔 편리한 점이 많았다.

**보존등기**
소유권을 보존하기 위해 하는 등기를 말한다. 일반적으로 미등기 부동산을 처음 등기하는 것을 지칭한다.

## 임차인 미상? 현장조사 시 꼭 확인하기

각 세대마다 신고되어 있는 임차인 내역서를 확인해보았다. 임차인이 신고되어 있는 곳들도 있었고, 미상으로 되어 있는 곳들도 있었다. 임차인 미상으로 되어 있어도 전입신고를 하지 않은 채 실제로 거주하고 있는 임차인이 있을 수 있기 때문에 나는 체크할 항목에 '임차인 미상, 실제 여부 확인하기'라고 수첩에 적어두었다.

임차인들이 보증금 500만 원에 월세 30~35만 원을 내고 있다는 것도 체크하고 이 역시 '다시 한 번 확인하기'라고 기록했다. 경매로 나온 물건들 중에는 최우선변제를 받으려고 소

**소액임차보증금 최우선변제**
주택임대차보호법과 상가건물임대차보호법에 의해 주택이나 상가의 경매 혹은 공매 시 보증금이 일정 금액 이하인 임차인이 다른 선순위자(근저당권자, 가압류권자)보다 우선하여 배당받을 수 있다. 그 우선 받게 되는 보증금이 소액임차보증금의 최우선 변제금이다.

| 번호 | 소재지 | 임대차관계 |
|---|---|---|
| 1 | 인천광역시 서구 심곡동 247-10 ***스카이빌 3층 301호 | 0명 |
| 2 | 인천광역시 서구 심곡동 247-10 ***스카이빌 3층 302호 | 0명 |
| 3 | 인천광역시 서구 심곡동 247-10 ***스카이빌 3층 303호 | 0명 |
| 4 | 인천광역시 서구 심곡동 247-10 ***스카이빌 4층 407호 | 0명 |
| 5 | 인천광역시 서구 심곡동 247-10 ***스카이빌 4층 409호 | 1명 |
| 6 | 인천광역시 서구 심곡동 247-10 ***스카이빌 4층 412호 | 1명 |
| 7 | 인천광역시 서구 심곡동 247-10 ***스카이빌 5층 503호 | 1명 |
| 8 | 인천광역시 서구 심곡동 247-10 ***스카이빌 5층 504호 | 1명 |
| 9 | 인천광역시 서구 심곡동 247-10 ***스카이빌 5층 506호 | 1명 |
| 10 | 인천광역시 서구 심곡동 247-10 ***스카이빌 5층 509호 | 1명 |
| 11 | 인천광역시 서구 심곡동 247-10 ***스카이빌 5층 510호 | 1명 |
| 12 | 인천광역시 서구 심곡동 247-10 ***스카이빌 5층 512호 | 1명 |
| 13 | 인천광역시 서구 심곡동 247-10 ***스카이빌 6층 601호 | 1명 |
| 14 | 인천광역시 서구 심곡동 247-10 ***스카이빌 7층 705호 | 1명 |
| 15 | 인천광역시 서구 심곡동 247-10 ***스카이빌 7층 706호 | 1명 |
| 16 | 인천광역시 서구 심곡동 247-10 ***스카이빌 8층 801호 | 1명 |

출처: 대법원법원경매의 현장조사서

| 소재지 | 인천광역시 서구 심곡동 247-10 ***스카이빌 4층 ***호 | | | |
|---|---|---|---|---|
| 점유관계 | [ 2007타경 53152 ] 임 대 차 관 계 조 사 서 | | | |
| | 1. 임차 목적물의 용도 및 임대차 계약등의 내용 | | | |
| | [소재지] 인천광역시 서구 심곡동 247-10 ***스카이빌 4층 ***호 | | | |
| | | 점유인 | 박미영 | 당사자구분 | 임차인 |
| | 1 | 점유부분 | | 용도 | 주거 |
| | | 점유기간 | | | |
| | | 보증(전세)금 | 5,000,000원 | 차임 | 350,000원 |
| | | 전입일자 | 2007.06.26. | 확정일자 | 필 |

출처: 대법원법원경매의 부동산 현황 및 점유관계조사서

액임차보증금액*으로 허위 신고되는 경우가 있기 때문에 임차인의 보증금액과 월차임 여부는 반드시 현장조사 때 확인해보아야 했다. 생각했던 수익보다 낮거나 임대가 나가지 않는다면 여러모로 골치가 아프기 때문이었다.

## 면적, 향, 옵션 여부 등 필수 체크사항들

그런 후에 나는 최대한 오피스텔에 관련된 정보를 모으기 시작했다. 우선, 감정평가서를 통해 오피스텔의 도면을 살펴보았다.

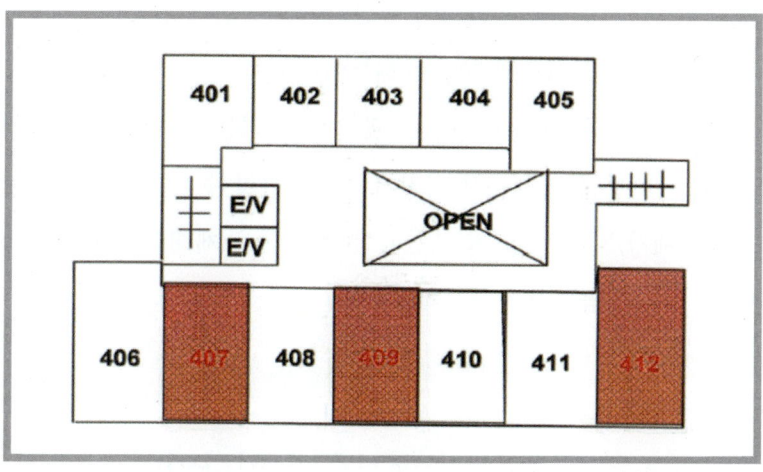

출처: 대법원법원경매의 감정평가서

도면으로 보니 세대 면적이 다 제각각이었다. 층별로도 면적이 달라서 현장에서 임차인들이 어떤 면적을 더 선호하는지, 어떤 방향을 더 선호하는지 꼭 확인해봐야 했다. 각 지역별로 임차인들이 선호하는 면적이 다르기 때문이다.

무조건 큰 면적이 더 좋을 거라고 막연하게 생각했다가 막상 좀 더 높은 가격에 낙찰받고 나니 면적에 상관없이 임대료가 같은 경우도 있었다. 또 어떤 지역은 넓은 면적의 오피스텔을, 어떤 지역은 작은 면적의 오피스텔을 선호하는 경우도 있었다. 감정은 건물 면적에 따라 가격이 더 높이 책정되는 반면 실제 선호하는 면적이 다르다면 쓸데없이 더 높은 가격을 주고 더 넓은 면적대의 오피스텔을 낙찰받을 필요가 없기 때문이다. 그리고 향에 따라 매매가가 1000만 원 이상 차이가 나는 곳도 종종 있어서 창문이 어느 방향으로 나 있어야 더 선호하는지도 꼭 알아봐야 했다.

옵션 부분도 반드시 체크를 해야 했다. 오피스텔 등 분양 당시 옵션으로 에어컨, 냉장고, 세탁기 등이 포함되어 있었다면 낙찰받게 될 경우 그것도 포함해서 매입하는 것이기 때문에 확인을 해두어야 한다.

이렇게 여러 가지 체크할 사항들을 정리한 후 나는 각 호수별로 권리상 문제가 없는지 살펴보았다. 대부분 낙찰자에게 대항할 수 없는 임차인들이 살고 있어 크게 문제가 될 것이 없어 보였지만, 보증금을 제대로 반환받지 못하는 임차인들이 있는지 꼼꼼하게 분석해보았다.

## 소액보증금 임차인이 왜 배당요구를 하지 않았을까?

임차인 신고가 되어 있는 409호와 412호를 보니 두 임차인 모두 말소기준권리*보다 늦게 전입신고가 되어 있었다. 그래서 보증금에 대해 법원으로부터 다 변제받지 못한다 하더라도 낙찰자에게 대항할 수 없는 상황이었다. 하지만 둘 다 소액임차보증금에 속해서 최우선변제를 받을 수 있는 임차인들이었다. 즉 배당으로 보증금 전액에 대해 변제받을 수 있는 임차인들이다.

**말소기준권리**
경매 부동산에 있는 많은 권리들의 말소와 인수 여부를 판단하는 기준이 되는 권리를 말한다. 저당권, 근저당권, 압류, 가압류, 담보가등기, 집합건물의 전세권 중 배당요구를 하거나 경매를 신청한 전세권, 경매 개시결정 등기가 그에 해당한다. 이들 중 등기일자가 제일 빠른 권리가 말소기준권리가 되며, 그 이전에 설정된 권리는 낙찰자가 인수해야 하고 이후에 설정된 권리는 소멸된다.

그런데 409호는 법원으로부터 배당을 받겠다는 배당요구를 하지 않은 상태였다. 아무리 법원으로부터 배당을 받을 수 있는 임차인이라 하더라도 배당요구를 따로 하지 않으면 임차인은 보증금에 대해 법원으로부터 변제받을 수 없다. 그리고 자신이 배당받지 못하는 보증금액에 대해 낙찰자에게 주장하지도 못하고 오피스텔을 비워주어야 한다.

'왜 409호의 임차인은 배당요구를 하지 않았을까……?'

나는 해당 임차인의 전입날짜에 동그라미를 치며 생각했다.

| 매각물건명세서 | | | | | | |
|---|---|---|---|---|---|---|
| 사건 | 2007타경53152 부동산임의경매 | | 매각물건번호 | 3 | 작성일자 | 2008.05.15 | 담임법관 |
| 부동산 및 감정평가액 최저매각가격의 표시 | | 부동산표시목록 참조 | | 최선순위 설정 일자 | 2003.4.25. 근저당권 | |

부동산의 점유자와 점유의 권원, 점유할 수 있는 기간, 차임 또는 보증금에 관한 관계인의 진술 및 임차인이 있는 경우 배당요구 여부와 그 일자, 전입신고일자 또는 사업자등록신청일자와 확정일자의 유무와 그 일자

| 점유자의 성명 | 점유부분 | 정보출처 구분 | 점유의 권원 | 임대차기간 (점유기간) | 보증금 | 차임 | 전입신고일자 사업자등록신청일자 | 확정일자 | 배당요구여부 (배당요구일자) |
|---|---|---|---|---|---|---|---|---|---|
| 박미영 | | 현황조사 | 임차인 | | 5,000,000원 | 350,000원 | 2007.06.26. | 필 | |

〈 비고 〉

※ 최선순위 설정일자보다 대항요건을 먼저 갖춘 주택·상가건물 임차인의 임차보증금은 매수인에게 인수되는 경우가 발생할 수 있고, 대항력과 우선변제권이 있는 주택·상가건물 임차인이 배당요구를 하였으나 보증금 전액에 관하여 배당을 받지 아니한 경우에는 배당받지 못한 잔액이 매수인에게 인수되게 됨을 주의하시기 바랍니다.

■ 등기된 부동산에 관한 권리 또는 가처분으로 매각허가에 의하여 그 효력이 소멸되지 아니하는 것

　해당사항없음

■ 매각허가에 의하여 설정된 것으로 보는 지상권의 개요

　해당사항없음

■ 비고란

　배당요구종기 2008.3.17

전입날짜 이후 경매가 진행되고 있는 시점까지 1년 정도 흘렀다. 이사를 온 뒤 경매가 진행될 것을 알고 더 이상 월차임을 내지 않은 걸까 싶었지만, 월 35만 원을 12개월 정도 내지 않았다고 하더라도 420만 원이니 여전히 자신이 낸 보증금 500만 원이 전부 변제되지 않는다. 어쩌면 법원의 현황조사와 달리, 임대인으로부터 보증금을 미리 받고 이사를 나갔을 수도 있다. 어쨌거나 모두 다

추측일 뿐 현장에 가서 조사를 해봐야 했다.

## 인천도시철도 2호선? 뜻밖에 교통 호재!

나는 다시 교통에 대해 생각을 해보았다. 전철을 타고 서울 지역이나 타 지역으로 이동하려면 오피스텔에서 버스를 타고 한참을 가야 했다. 그 부분이 가장 마음에 걸렸다. 직장에 다니면서 월세를 내고 있는 사람들은 되도록 전철역에서 가까운 곳에 집을 구하려는 경향이 강하다. 그래서 전철역에서 많이 떨어진 곳에 위치한 오피스텔인 경우 임대가 잘 나가지 않아 공실로 남아 있는 경우가 종종 있다.

그러나 계속 조사를 하던 중 한 가지 흥미로운 기사가 눈에 들어왔다. 오피스텔이 위치해 있는 곳에서 도보로 불과 5분에서 10분 거리에 인천도시철도 2호선의 노선 계획이 잡혀 있었던 것이다. 착공이 언제 될지는 모르겠지만 지역의 교통 환경을 보니 이곳으로 도시철도가 지나가면 무척 좋을 것 같다는 생각이 들었다.

나는 서구 심곡동에 살고 있는 인구 현황 등을 인천시 홈페이지에 들어가 살펴보았다. 꽤 많은 인구가 살고 있었고 또 계속 늘어나고 있었다. 오피스텔이 위치해 있는 지역에 이런 좋은 호재가 있다는 것이 맘에 들었다.

나는 생각을 정리한 후 우리 회사의 고문님 한 분과 함께 현장조사를 나갔다.

## 살고 있는 사람에게 듣는 생생한 정보

현장에 도착하니 생각보다 오피스텔 건물이 주변의 건물보다 제법 컸다. 먼저 주차장부터 살펴봤는데 오랫동안 관리가 안 된 것 같았다. 엘리베이터를 타고 오피스텔 1층으로 올라갔다. 1층엔 상가들이 자리 잡고 있었고 나름 상권이 괜찮아 보였다. 부동산 사무실도 보였다.

'건물을 다 둘러보고 부동산 사무실에 들러야겠다.'

먼저 건물을 다 둘러봐야 부동산 중개인에게 질문할 것들을 염두에 둘 수 있기 때문이다.

경매로 나온 호수가 여러 층에 걸쳐 있었기 때문에 층별로 다 둘러보았다. 건물 상태가 아주 좋아보이지는 않았지만 그렇다고 나빠 보이지도 않았다. 관리가 잘 안 된 탓에 쓰레기가 여기저기 쌓여 있었지만 그건 청소하면 되는 것이었다. 고문님과 나는 이 건물이 앞으로 좋아질 수 있느냐 없느냐에 대해 의논하며 경매로 나온 호수에 차례로 벨을 눌러 보았다. 하지만 낮에 방문한 탓인지 사람이 없는 집이 많았다.

그러던 중 한 호수에서 젊은 여성분이 문을 열어주었다. 우리는 설명을 한 뒤 오피스텔 내부를 좀 보고 싶다고 했고, 그녀는 흔쾌히 들어오라고 했다. 안을 살펴보니 구조가 제법 좋았다. 건물의 복도는 청소가 되지 않아 지저분해 보였지만 오피스텔 내부는 말끔하고 옵션 등도 모두 괜찮아 보였다. 내부를 보고 나니 입찰을 해도 괜찮겠다는 생각이 들었다. 그래도 그곳에 살고 있는 임차인에게 오피스텔의 상황을 자세히 들어봐야 했다.

"여기, 살기는 좀 어때요?"

"뭐 다 괜찮은 편이에요. 그런데 교통이 좀 불편하기는 해요. 전철역까지 가려면 버스를 타야 하니까…… 아무래도 좀 멀기는 하죠."

지도상으로 보면서도 염려했던 부분이었는데 역시 살고 있는 사람도 실제 불편함을 느끼는 모양이었다.

"그래도 다른 곳보다는 월세가 저렴한 편이고 일단 오피스텔이 괜찮아서 제법 임대는 잘되는 것 같더라고요. 경매 끝나고 관리만 더 잘된다면 임대 놓으시기에 더 좋을 거 같아요."

"네. 그렇겠네요. 아 참, 여기 오피스텔은 혹시 방향에 따라 가격 차이가 좀 있나요?"

"아마 그럴 거예요. 북향은 500만 원 정도 더 저렴한 걸로 알고 있어요."

우리는 그녀에게 고맙다는 인사를 하고 나왔다.

## 인근 부동산에 내걸린 급매물의 실체는?

여기저기 건물을 마저 둘러본 뒤 1층에 있는 부동산 사무실에 들렀다. 사장님으로부터 들은 이야기도 비슷했다. 건물 주인이 사업을 하다가 잘 안 되었는데 해당 오피스텔에 각종 권리가 등기되어 있어 경매로 넘어간 것이지 임대는 잘 나간다고 했다. 그리고 법원에 신고되어 있듯이 임대가격은 보증금 500만 원에 월세 30만 원에서 35만 원 선이라고 했다. 5000만 원 초반 대에 낙찰을 받는다면 500만 원에 30만 원으로 월세를 받아도 꽤 괜찮은 수익률이 나오는 셈이었다.

나는 오길 잘했다는 생각을 하며 고문님과 함께 한 번 더 다른 부동산 사무실에 들러 이야기를 들어보기로 했다. 해당 건물에서 좀 떨어진 한 부동산 사무실을 찾았다. 바깥에 걸린 급매물건 홍보 문구가 눈에 들어왔다.

'○○ 스카이빌 급매 5000만 원.'

입찰가 5000만 원 초반대로 생각하고 임장을 갔던지라 우리는 조금 혼란스러웠다.

"경매로 낙찰받고 어렵게 명도를 하느니 차라리 이 급매 물건을 매입해 보증금 500만 원에 월 35만 원을 받으면 꽤 괜찮은 수익률이지 않나?"

"그러게 말이에요."

어쨌든 입찰가를 정하는 데 아주 중요한 문제였기 때문에 우리는 사무실 안으로 들어가 급매물이 나온 것을 보고 싶다고 했다. 그런데 부동산 중개인의 태도가 영 이상했다. 주인이랑 연락이 되지 않는다면서 보여주길 꺼리는 눈치였다.

'헛매물이구나.'

간혹 인근의 부동산이 경매로 나오면 입찰자들이 낮게 입찰가를 쓰게 하려고 해당 건물 호수의 매매가를 실제 거래가격보다 훨씬 낮은 가격으로 홍보하는 경우가 있다. 나는 확실히 해두고 싶어 부동산 중개인에게 다시 한 번 강조하며 얘기했다.

"꼭 매입하고 싶어서 그런데 오피스텔 보여주세요."

"아니. 그게…… 살 것처럼 안 보이시는데 뭘……."

부동산 중개인은 이러저러한 말로 빙빙 돌리며 끝까지 주인에게 연락하지 않았다. 우리는 더 이상 묻지 않고 부동산 사무실을 나왔다.

## 문제는 얼마에 입찰가를 쓰는가다!

**전입세대 열람**
경매 물건의 전입 현황을 정확하게 파악하기 위해 필요하다. 법원의 경매 기록에 임차인에 관한 정보도 나와 있지만 정확성 여부는 꼭 다시 확인해야 한다. 정상적인 임차인인지 가장 임차인인지, 주택임차보호법 대상자가 아닌지(채무자나 보증인의 가족인 경우) 등을 분석하여 정확한 대항력의 유무와 명도 진행의 방향을 판단한다.

우리는 주변 일대를 다시 둘러보고 난 뒤 '전입세대 열람*'을 위해 주민센터에 들렀다. 지금은 어느 지역의 경매물건이든 모든 주민센터에서 전입세대 열람이 가능하지만 당시에는 반드시 경매로 나온 물건이 위치하고 있는 해당 지역의 주민센터에서만 열람을 할 수 있었다. 27건의 전입세대 열람을 모두 하는 데 시간이 제법 소요되었다.

그렇게 전입세대 열람까지 마치고 난 뒤 고문님과 나는 각자의 집으로 돌아왔다. 그날 밤까지 나는 확신이 서지 않았다.

'전철역에서 먼 게 마음에 걸리긴 해. 건물 관리도 잘 되지 않고…… 근데 그건 오피스텔 건물의 부동산 사무실에서 오피스텔 주인들만 허락하면 소정의 관리비만 받고 건물 관리를 직접 하겠다고 했으니…….'

'입찰을 한다면 입찰가는 얼마에 쓰는 게 좋을까?'

나는 급매 물건을 써 붙여놓았던 부동산 중개인의 말보다 살고 있던 사람들 말에 중점을 두었다. 그들의 말처럼 임대가 잘 나간다면 5000만 원대를 넘겨 입찰가를 써야 했다.

다음 날, 나는 한 번 더 오피스텔 건물을 둘러보고 최종 결정을 내리기로 마음을 먹고 직접 전철을 타고 버스를 타고 해당 오피스텔에 다시 가보았다. 이번에는 일부러 늦은 시간에 찾았다. 저녁 시간이면 살고 있는 사람들이 오피스텔로 돌아올 것이다. 이미 날은 어둑어둑해지고 있었다.

오피스텔에 도착했다. 나는 건물을 한번 쭉 올려다봤다. 여기저기 집집마다 불이 켜지고 있었다. 입가에 빙그레 미소가 퍼졌다. 건물 안으로 들어가보니 역시 낮 시간과 달리 오가는 사람들도 많았다. 나는 한 번 더 건물과 몇몇 호수에서 살고 있는 사람들에게 양해를 구하고 둘러보고 난 뒤 입찰을 해도 되겠다는 마음을 굳혔다.

## 같은 감정가, 다른 낙찰가

27개의 오피스텔 중 13개의 오피스텔에 입찰했지만 아쉽게도 우리 측에서 낙찰받은 것은 두 개의 호수밖에 되지 않았다. 감정가 5900만 원에서 하나는 4600여 만 원, 다른 호수는 5300여 만 원에 낙찰을 받았다.

같은 감정가임에도 불구하고 낙찰가가 차이 나는 데에는 이유가 있다. 4600만 원에 낙찰받은 것은 물건번호*가 2번인데 상가를 제외하고서는 오피스텔의 첫 번째 물건이다. 같은 건물에서 여러 호수가 경매로 진행되면 이상하게도 첫 번째 물건에는 입찰자가 많이 몰리지 않는 경향이 있었다. 더욱이 이 호수의 경우는 '임차인 미상'으로 신고되어 있었기 때문에 입찰하려는 사람이 많지 않았다. 아니나 다를까 단독입찰로, 다른 호수에 비해 낮은 가격으로 낙찰받을 수 있었다.

유달리 입찰자가 없었던 물건을 낙찰받은 것에 내심 걱정도 했지만 훗날 이 호수가 확실히 다른 호수에 비해 수익률이 좋았다.

배당요구를 하지 못한 임차인의 호수를 낙찰받았던 터라 명

**물건번호**

경매법원은 경매 물건마다 사건번호를 붙인다. 일반적으로 하나의 물건에 대해 경매 신청이 있으면 사건번호 하나만 붙이는데 만약 누군가 한꺼번에 한 건물에 있는 여러 개의 호수에 경매 신청을 하게 되면 한꺼번에 경매진행을 하면서 사건번호 하나를 붙이고 이것을 '일괄경매'로 진행시킨다. 그런데 이렇게 한꺼번에 경매를 진행하면 단위가 커서 입찰자가 적어 낙찰금액이 그만큼 낮아지기 때문에 상황에 따라 각 호수별로 개별적으로 경매를 진행하는 편이다. 이를 '개별경매'라고 한다. 이렇게 진행되면 한 경매 신청에 관한 사건번호 이외에 각 호수별로 '물건번호'를 붙인다.

사건번호 외에 물건번호가 붙어 있는 경우 입찰자는 반드시 자신이 입찰하는 물건번호를 입찰표에 기재해야 입찰이 무효가 되지 않는다.

| | 사건번호 | 소재지 | 용도 | 감정가/최저가/매각가 | 매각기일 | 배당종결 | 조회수 |
|---|---|---|---|---|---|---|---|
| ☐ | 인천<br>2007-22***<br>물번[2] | 인천광역시 강화군 하점면 부근리 ***<br>[토지 207.5평]<br>[지분매각,토지거래허가구역] | 전 | 30,870,000<br>21,809,000<br>매각 25,980,800 | 2008-06-30 | 배당종결<br>1회<br>(70%)<br>(84%) | 435 |
| ☑ | 인천<br>2007-53***<br>물번[2] | 인천광역시 서구 심곡동 247-10***  4층<br>407호<br>[대지권 2.4평] [전용 8.6평]<br>[관련사건,임금채권] | 오피스텔<br>(주거) | 59,000,000<br>41,300,000<br>매각 46,211,000 | 2008-06-30 | 배당종결<br>1회<br>(70%)<br>(78%) | 190 |
| ☑ | 인천<br>2007-53***<br>물번[3] | 인천광역시 서구 심곡동 247-10***  4층<br>409호<br>[대지권 2.4평] [전용 8.6평]<br>[관련사건,임금채권] | 오피스텔<br>(주거) | 59,000,000<br>41,300,000<br>매각 53,110,000 | 2008-06-30 | 배당종결<br>1회<br>(70%)<br>(90%) | 132 |
| ☐ | 인천<br>2007-53***<br>물번[4] | 인천광역시 서구 심곡동 247-10***  4층<br>412호<br>[대지권 2.9평] [전용 10.6평]<br>[관련사건,임금채권] | 오피스텔<br>(주거) | 74,000,000<br>51,800,000<br>매각 65,640,000 | 2008-06-30 | 배당종결<br>1회<br>(70%)<br>(89%) | 109 |
| ☐ | 인천<br>2007-53***<br>물번[5] | 인천광역시 서구 심곡동 247-10***  5층<br>503호<br>[대지권 2.4평] [전용 8.6평]<br>[관련사건,임금채권] | 오피스텔<br>(주거) | 56,000,000<br>39,200,000<br>매각 51,800,000 | 2008-06-30 | 배당종결<br>1회<br>(70%)<br>(93%) | 156 |

도에 어려움이 있을 거라고 생각했는데 두 곳 모두 이사비 30만 원으로 합의를 보았고 다른 사람들이 낙찰받은 다른 호수들보다 먼저 임대를 놓은 탓에 일찍 새로운 임차인을 구할 수 있었다. 임대는 500만 원에 35만 원으로 금방 나갔다.

## 목표 수익을 얻었다면 그걸로 충분하다!

부동산을 인도받는 일도 무난하게 끝났지만 우리는 몇 달 후 이 오피스텔에 대해 고민하기 시작했다. 인천 지역의 소형 오피스텔에선 1년 단위로 임대차 계약을 많이 한다. 그런데 몇 달만 살고 이사를 나가는 경우도 많았다. 그래서 새로운 임차인을 몇 달 만에 다시 구하는 일이 종종 생겼는데 이 오피스텔도 그랬다.

당시 회사 사람들이 모두 너무 바쁜 생활을 하던 중이어서 유달리 임차인이 자주 바뀌는 이 오피스텔에 대해 신경을 쓰기가 쉽지가 않았다. 오피스텔 건물 안에 있는 부동산 사무실에서 나름 임차인을 들이는 일에 관리를 하고 있었고 임대료도 40만 원으로 올려 받고 있었지만 그래도 신경이 쓰이는 것은 마찬가지였다. 그래서 가격이 오르고 있는 시점에서 오피스텔을 정리해야 할지 고민했던 것이다.

오피스텔을 낙찰받고 두어 달이 지났을 즈음 오피스텔 근처로 역이 들어서는 인천도시철도 2호선의 착공 기사가 났다. 게다가 인천 지역의 주택가격은 날이 갈수록 오르고 있었다. 당장 팔기엔 아쉬움이 있었다. 우리는 조금만 더 기다리다가 한 호수 당 1000만 원의 수익이 나는 선에서 매도하기로 결정했다.

얼마 지나지 않아 수익이 1000만 원 정도 되는 가격대에 돌입했다. 인천 지역의 부동산 가격은 여전히 상승세를 멈추지 않고 있었지만 욕심을 부리지 않기로 했다. 곧바로 부동산 사무실에 매물로 내놓았고 금세 원하는 가격대에 매도를 할 수 있었다.

그런데 신기하게도 그로부터 1년여 정도가 지나자 인천 지역 부동산 가격의 상승세는 꺾이기 시작했고 몇 년 동안 하락세가 멈추지 않았다. 결과적으로 적당한 시기에 잘 매도를 한 셈이 된 것이다.

2016년 7월 30일, 인천도시철도 2호선이 개통됐다. 예상했던 것처럼 오피스텔에서 도보로 얼마 걸리지 않는 위치에 지하철역이 들어섰지만 나는 그때 매도한 것을 후회하지 않는다. 내 손을 떠난 일에 연연할 필요가 없다. 이미 지나간 것에 욕심을 부릴 이유도 없다. 우리는 충분히 목표했던 수익을 얻었다. 그것 말고 뭐가 더 필요하겠는가!

유치권이 인정되지 않는 점유자
**07**

# 4000만 원의 이사비 요구, 이렇게 마무리했다

### 어머니를 위해 발 벗고 나선 투자

어머니는 내가 부동산 경매투자를 하는 걸 처음에는 무척 탐탁지 않게 여기셨다. 위험하기도 한 데다 별로 좋지 않은 일이라고 생각해서다. 그러나 내가 경매로 경제적 안정을 찾고 책도 쓰며 여러 사람들에게 도움을 주자 어머니의 생각도 많이 달라지셨다. 심지어 어느 날은 당신도 경매투자를 한번 해보고 싶다고 하셨다. 나는 어머니의 경매투자를 발 벗고 나서서 도와드렸고, 그 경험담을 쓴 게 『나는 쇼핑보다 경매투자가 좋다 2』다. 이번에 소개할 사례는 어머니의 투자를 도와드렸던 건으로, 『나는 쇼핑보다 경매투자가 좋다 2』에서 다뤘던 물건의 뒷이야기이기도 하다.

어머니가 투자할 만한 물건을 검색하다가 지은 지 얼마 안 된 건물에서 여러 호수가 경매로 나와 있는 건을 발견했다. 봉천동에 있는 한 동짜리 아파트였는데, 나는 그 물건의 위치를 잘 알고 있었다. 주변 지역에 있는 건 대부분 노후한 주택들이어서 낮은 가격에 낙찰받으면 괜찮을 것 같았다. 여러 호수가 경매로 나왔지만 다른 호수는 이미 다 낙찰됐고, 마지막 하나가 남아 있었다. 그런데 4000여 만 원의 금액으로 유치권* 신고가 되어 있었다.

**유치권**
타인의 물건에 비용이나 수고를 들인 대가를 전액 받을 때까지 타인의 물건을 점유할 수 있는 권리를 말한다. 가장 많이 신고되는 유치권은 대개 공사대금에 관한 것인데, 건물을 지은 건축업자가 건물 소유주에게서 공사대금을 전액 받지 못하는 경우 그 건물을 건물 소유주에게 넘겨주지 않고 공사대금을 전액 돌려받을 때까지 해당 건물을 점유하여 유치권을 주장할 수 있다.

유치권 신고가 되어 있는 신축 건물 중에는 공사가 중단되었거나 마무리 공사가 덜 된 경우가 있기 때문에 현장에 가서 건물을 자세히 조사해야 한다. 살펴보니 유치권 신고는 경매가 진행되고도 한참 후에나 이뤄진 데다 해당 호수에만 해당되는 것이 아니라 몇 호수에 동시에 신고된 것이어서 실제 유치권이 성립한다 하더라도 실제 부담할 금액은 그리 커 보이지 않았다. 게다가 경매를 신청한 은행권에 문의를 해보니 유치권을 주장하는 사람들에 대해 유치권배제 신청을 할 예정이라고 했다. 그렇다면 어떻게든 유치권 부분은 해결할 수 있을 것 같았다.

## 27:1의 입찰경쟁률을 뚫고 낙찰받다

어머니와 나는 해당 물건지로 가서 현장조사를 해보았다. 해당 호수는 5층

3번 유찰되면서 최저가가 감정가의 51%로 떨어진 물건이었다. 유치권이 신고된 건이라 여러 차례 유찰된 것인데 4차로 진행된 경매에서는 입찰경쟁률이 27:1이나 됐다.

　에 위치하고 있었다. 건물이 경사진 곳에 위치하고 있고 층이 3층 이상이면 계단을 오르내리기가 쉽지 않아 사람들이 많이 꺼리는데 이 건물은 다행히도 엘리베이터가 있었다. 서울의 다세대 밀집 지역에 위치하고 있는 건물이어서 주차하는 데 어려움이 있을지도 모르겠다고 생각했는데 지하 1, 2층에 주차장까지 갖추고 있는 빌라형 아파트 건물이었다. 조사하기 전 염려했던 것과 달리 외관상 마무리 공사까지 다 되어 있었고 건물 자체도 깨끗하게 관리되고 있었다.

　해당 호수에 가서 벨을 눌렀지만 인기척이 없었다. 우리는 조금 그 주위를 서성였다. 현관문 옆에 창문이 눈에 들어왔다. 그 창문으로 내려다본 전경이 마음에 들었다. 주위에 이 건물을 막고 있는 건물이 없는 것도 좋았다. 이런저런 조사를 하고 난 뒤 어머니는 입찰을 하기로 결정을 내리셨다.

입찰 날, 나는 어머니 대신 대리입찰을 했고, 감정가 1억 7500만 원의 81% 대인 1억 4200여 만 원에 낙찰받았다. 입찰자가 27명이나 몰려 낙찰받을 수 있을까 싶었는데 최고가매수신고인으로 어머니 이름이 호명됐다.

## 어쨌거나 명도는 전적으로 낙찰자의 몫

경매신청을 했던 은행에서 유치권 신고에 대해 유치권배제 신청을 했다. 그렇다고 해서 다 해결된 건 아니다. 점유자에 대한 명도는 전적으로 낙찰자의 몫이었다. 낙찰받은 호수에는 법원에 신고된 점유자는 없었다. 하지만 주위 탐문을 통해 유치권을 주장하는 사람들이 해당 호수에 살고 있다는 이야기를 들을 수 있었다.

나는 우선 다른 호수를 낙찰받은 사람들 중 한 사람의 연락처를 알아내 연락을 해보았다. 그분이 낙찰받은 호수에도 유치권을 주장하는 사람이 점유를 했다고 들었기 때문이다. 그 분은 어머니가 낙찰받은 날보다 한 달여 정도 일찍 낙찰받았던 터라 명도가 어떻게 되어가는지 알고 싶었다.

"아, 안녕하세요. 저는 5층에 있는 경매물건을 낙찰받은 사람의 딸인데요. 혹시 선생님이 낙찰받은 호수에 유치권 신고를 한 사람들은 어떻게 되고 있나요?"

전화를 받은 건 중년 남성이었다. 그는 심드렁하게 말했다.

"저는 점유하고 있는 사람 안 만나봤습니다. 그냥 강제집행 할 거예요. 허위 유치권을 주장하는 사람들과 별로 협상하고 싶지 않네요."

나는 감사하다는 말을 하고 끊었다. 한숨이 나왔다.

'어떻게 할 것인가?'

한참을 고민하다가 그래도 점유하고 있는 사람들을 만나봐야겠다는 결론을 내렸다. 점유자의 연락처를 알 수 없었던 상황이라 나는 일부러 늦은 저녁 시간에 낙찰받은 호수에 다시 방문했다. 집 안에서 텔레비전 소리가 들려왔다. 벨을 눌렀다. 분명히 집에 누군가 있는 것 같은데도 문을 열어주는 사람이 없었다. 몇 번 문을 더 두드려보았지만 여전히 문은 열리지 않았다. 난 가방에서 펜을 꺼내어 연락을 달라는 메모와 함께 핸드폰 번호를 적은 메모지를 문에 붙여놓고 집으로 돌아왔다.

## 점유이전금지가처분 신청, 직접 해볼 만하다

**점유이전금지가처분 신청**
명도소송을 하려면 꼭 준비해야 하는 과정으로, 부동산의 점유자가 바뀌게 될 상황을 대비한 절차다. 현재 점유자를 상대로 재판을 진행하는 사이 점유자가 바뀌게 되면 바뀐 점유자를 상대로 다시 소송을 진행해야 하는 것을 예방하기 위한 것이다. 명도소송에 승소한 뒤 강제집행 절차를 진행해야 하는데 이때 해당 부동산을 점유한 사람이 제3자면 강제집행을 할 수가 없다.

며칠이 지났지만 점유자에게선 아무런 연락도 오지 않았다. 나는 하는 수 없이 점유이전금지가처분*을 신청하기로 했다.

지금은 점유이전금지가처분 신청을 전자소송 사이트를 통해 할 수 있지만 당시만 해도 직접 법원에 가서 신청을 하고 난 뒤 일주일 정도 기다렸다가 다시 법원에 가야 했다. 시간적 여유가 없던 나는 법원 인근의 한 법무사 사무실에 점유이전금지가처분 신청과 관련된 일을 맡겼다.

그런데 2주가 넘도록 법원으로부터 아무런 연락이 없었다. 법무사 사무실에 문의를 하니 아직 신청을 못 했다면서 수수료를 더 줬으면 좋겠다고 했다. 나는 수수료를 더 보내줄 테니 빨리 신청을 해달라고 거듭 독촉했다. 하지만 또 2주일이 지나도록 아무 진척이 없었다. 법무사 측에선 가처분 집행 신청을 위해 법원에 두 번이나 가야 하니 출장비를 더 보내줄 것을 요구했다. 그제야 나는 법무사가 점유이전금지가처분을 해본 적이 없다는 걸 눈치 챘다. 시간이 없어 맡겼는데 도리어 문제만 더한 꼴이었다.

계속 그곳에 맡겼다간 도무지 일이 제대로 진행될 것 같지 않았다. 내가 알아서 할 테니 관련된 서류들을 돌려달라고 했다. 나는 직접 법원의 집행관사무실에 가서 가처분 집행 신청을 했다. 그리고 일주일 후, 집행관으로부터 연락이 왔다.

"내일 가처분 집행을 할 거예요. 해당 물건지에 아무도 없을 경우 강제로 문을 열 수 있게 미리 열쇠수리업체에 연락해서 시간 맞춰 와달라고 하세요. 증인으로 참석할 두 사람도 함께, 늦지 않게 오시고요."

"네. 알겠습니다."

## 아무도 없는 집, 신속히 진행된 가처분 집행

다음 날, 나는 증인이 되어줄 지인들과 함께 물건지에 도착했다. 그리고 얼마 지나지 않아 집행관 세 분이 왔다. 열쇠수리업체 직원도 시간 맞춰 왔다. 집행관 중 한 사람이 현관 벨을 몇 번 눌러봤지만 문을 열어주는 사람은 없었다. 결국 열쇠수리업체 직원에게 강제적으로 문을 열게 했다. 10여 분 만에 번호키 잠금장치가 해제되었다.

집행관들이 문을 열었다. 집 안에는 아무도 없었다. 집행관들이 가처분 집행문을 신발장 옆 벽에 부착하는 동안 나는 재빠르게 실내를 살폈다. 건물 내부에 문제가 많으면 어떡하나 걱정을 했는데 다행히 내부는 말끔하고 괜찮았다. 생각보다 실내가 더 넓어 보이는 것도 마음에 들었다.

집행관이 신발장 옆 벽에 집행문을 부착한 것을 사진으로 찍으라고 해서 사진을 찍었다. 이로써 가처분 집행이 끝났다. 이제 점유자는 다른 사람들에게 점유를 이전할 수 없다. 설령 점유를 이전한다 하더라도 승계집행문을 받아 강제집행을 할 수 있게 된다.

가처분 집행을 하더라도 집 안팎의 모든 것은 원래의 상태로 보존하고 있어야 했다. 집행이 완료된 후, 모든 사람들이 집 밖으로 나오고 현관문이 닫히자 무슨 일이 있었냐는 듯싶게 조용해졌다. 점유자가 집으로 돌아와 신발장 옆에 붙어 있는 가처분 집행문을 발견하기 전에는 누가 왔다 간지도 모를 거였다.

가처분 집행을 다 해둔 데다 집안 내부도 보고 와서 나는 마음이 조금은 놓였다. 유치권을 주장하고 있는 사람들이 집을 엉망으로 사용하고 있으면 어떡하나 걱정하고 있었는데 내부를 보니 다행히도 그렇지 않았다. 아마도 일반 가정집으로 사용하고 있었던 것 같았다.

## 검은 양복 차림의 건장한 남자를 대동하고 나타난 점유자

가처분 집행을 하고 난 당일 저녁에 점유자로부터 연락이 왔다. 구수한 사투리가 느껴지는 중년의 남성이었다. 그는 현재 가족과 함께 살고 있고, 이사 갈 집을 알아보고 있으니 우선 만났으면 좋겠다고 했다. 나는 인근 지하철역의 도넛가게로 약속 장소를 정했다. 혹시라도 과도한 이사비를 요구하면서 협박을 할지도 모른다는 생각에 사람들이 많이 오가는 곳에서 만나기로 한 것이다.

약속 당일, 도넛가게에 도착한 나는 헛웃음이 나왔다. 가게 출입문 옆에 몸집이 제법 큰 한 젊은 남성이 어깨에 힘을 주고 서 있었기 때문이었다. 하얀 셔츠에 검은 양복 차림. 유치권 신고가 되어 있는 물건의 현장에 가보면 간혹 보게 되는 바로 그 의상이다.

나는 전화로 통화했던 남성이 일부러 겁을 주기 위해 건장한 젊은 남성을 도넛가게 앞에 세워두었다는 것을 직감할 수 있었다. 가게 안에는 몹시 깡마른 50대 후반의 남성이 혼자 앉아 있었다. 나는 그에게 인사를 하고 난 뒤 어머니 대신 왔다고 소개를 했다. 내가 의자에 앉으니 문 앞에 서 있던 그 젊은 남성이 곁으로 와 자리에 앉지도 않고 중년 남성의 뒤편에 가 섰다.

그 중년 남성은 자신이 한때 잘나가던 조폭이었다고 했다. 그런데 암 수술을 몇 번 받고 나니 이 모양 이 꼴이 되었다며 자신의 과거 이야기를 들려주었다. 나는 점유자와 만날 때 되도록 말을 아끼는 편이라 고개를 끄덕이며 그의 이야기를 듣기만 했다.

그는 점유이전금지가처분 집행문을 보고 깜짝 놀랐다고 했다. 어떻게 그렇게 감쪽같이 문을 열고 들어와 붙여놓고 나갈 수 있느냐며 아직도 가슴이 벌렁거린다고 했다. 나는 그가 과도하게 놀랐다는 것이 좀 의아했는데, 그가 얼마 전 다른 호수에서 벌어졌던 강제집행 이야기를 들려주었다. 아마도 이전에 전화 통화했던 낙찰자가 결국 강제집행을 한 모양이었다.

그 집에는 그의 동료의 가족이 살고 있었다고 한다. 낙찰이 되었다는 것은 알았지만 낙찰자가 한 번도 찾아온 적이 없었기 때문에 일이 벌어질 줄은 전혀 예상치 못했다고 한다. 그런데 이른 아침 집행관들이 들이닥쳐서 가족 모두가 잠을 자다 뛰쳐나갔다고 했다. 살고 있던 사람들은 옷도 제대로 입지 못한 상태에서 온몸으로 막았고, 결국 집행관들은 집행을 못 하고 돌아갔다. 그렇게 된 이후 그 집은 낙찰자한테서 이사비를 받고 이사를 가기로 합의했다고 했다.

그는 그때를 생각하면 아직도 가슴이 벌렁거린다며 고개를 저었다. 그의 이야기가 모두 사실인지는 알 수 없었지만 다른 호수에서 강제집행이 있었던 일로 적잖이 놀란 듯했다. 그런데 자신의 가족이 거주하고 있는 집에도 가처분 집행문이 부착되어 있으니 머지않아 강제집행이 있을 거라는 생각이 들었던 것이다. 그런 연유로 나에게 만나자고 연락을 한 것이었다.

## 이사비 4000만 원을 달라고요?

"유치권으로 신고된 금액 4000만 원을 주면 이사 가리다."

'4000만 원이라니……. 어떻게 건물에 신고한 유치권 금액의 전부인 4000만 원을 요구한단 말인가!'

나는 많이 놀란 표정을 지어 보이며 말했다.

"그렇게 할 수는 없습니다. 낙찰받고 잔금을 치르느라 어머니한테 그럴 돈은 정말 없으세요."

하지만 그는 단호했다.

"그래도 나는 꼭 그 금액을 받아야겠소. 그래야 이사 갈 수 있어."

나는 입을 다물고 아무 말도 하지 않았다. 그렇게 침묵이 이어졌다. 한참을 그러고 있으니 그가 입을 열었다.

"어휴, 답답하네. 뭐라 말을 해보란 말이오."

하지만 나는 고개를 떨군 채 아무 말도 하지 않았다. 나에게서 어떤 말도 들지 못할 것 같다는 생각이 들었는지 그는 잘 생각해보고 연락을 달라고 했다. 하지만 나는 그날 이후로 연락을 하지 않았다. 4000만 원에서 협상을 해야 하는데 먼저 전화를 하면 협상하기가 더 쉽지 않게 될 것이기 때문이다.

이사비를 그렇게 많이 줘야 한다면 한 달 이자를 감안하고 버틸 수 있을 만큼 버티기로 했다. 그렇게 한 주가 지나니 결국 그로부터 연락이 왔다. 다시 만나서 이야기를 해보자는 것이었다. 나는 이번에도 역 인근에 있는 쇼핑몰에 위치한 커피숍으로 약속 장소를 잡고 나갔다.

## 때로는 침묵과 버티기도 전략이 될 수 있다

그가 나를 보더니 한숨부터 쉬고 물었다.
"그래, 생각은 좀 해보았습니까?"
나는 또 입을 굳게 다물고 아무런 말을 하지 않았다. 그렇게 다시 침묵의 시간이 흐르고 그가 입을 열었다.
"좋소. 그럼 많이 양보해서 2000만 원만 받기로 합시다."
하지만 나는 그의 말에 또 아무 대답도 하지 않았다. 그가 속이 타는 모양인지 주먹으로 가슴을 치며 말했다.
"정말 답답해 죽겠네. 원래 그렇게 말이 없어요?"
나는 한숨을 크게 쉬고 난 뒤 입을 열었다.
"정말 이사비를 많이 드리고 싶어도 드릴 수 있는 돈이 없어서 그래요."
내 말이 끝나자 그는 한탄 섞인 목소리로 내뱉었다.
"왜 이렇게 재수가 없는 건지…… 나 원 참!"

어떡하겠나? 그의 상황도 딱하지만 힘들게 일해서 돈을 모으신 어머니의 입장도 있는 것이었다. 그가 반 체념 상태로 물었다.

"그럼 대체 줄 수 있는 돈이 얼마요?"

내가 거의 없다고 하자, 그는 단호한 어조로 말했다.

"500만 원 이하는 절대 안 되니까 그렇게 아쇼. 강제집행을 해볼 테면 해보시던지. 나는 최대한 할 수 있는 조치를 취할 거고, 여하튼 온몸으로 막을 거니까 쉽지는 않을 거요."

힘주어 말을 끝내고 그는 자리에서 일어섰다.

나는 생각을 거듭해보았다.

'더 협상을 해볼 것인가? 아니면 정말 강제집행?'

나에게는 원칙이 있다. 강제집행을 할 거라면 차라리 그 금액에서 조금 더 감안해서 이사비를 주는 쪽을 택하는 것이다. 그렇게 해야 한결 마음이 편했다. 또 만일 유치권을 주장하는 쪽에서 인도명령 결정 등에 대해 항고를 해서 명도소송으로 넘어가는 일이 생긴다면 낙찰자 입장에서도 곤란한 상황이 될 수 있다.

나는 다음 날 그에게 최대한 빨리 이사를 나가준다면 500만 원을 마련해보겠다고 했다. 그리고 먼저 집 안 내부부터 살펴보고 싶다고 했다. 그는 흔쾌히 그러라고 했다. 나는 집을 방문하여 집 안 꼼꼼히 살펴보고 이사 날짜도 정했다. 얼마 후 그는 이사비를 받고 약속대로 이사를 나가주었다. 4000만 원에서 시작한 지난했던 이사비 협상은 그렇게 좋게 마무리가 되었다.

이 물건은 어머니가 아직까지 잘 갖고 계신다. 낙찰받고 몇 년 후 부동산 시장이 침체기를 겪을 때 가격이 한풀 꺾이기도 했지만, 그 후 부동산 가격이 다시 상승하며 이 집값도 꽤 올랐고 현재 나쁘지 않은 가격으로 임대를 놓고 있다.

가장 후회되는 명도
**08**

# 임차인이 처한 상황을 백 번 이해하라

"아니, 이제야 연락하면 어떡합니까?"

2008년 1월 몹시도 추웠던 어느 날, 나는 구로동에 있는 감정가 1억 2000만 원인 오피스텔 하나를 1억 100만 원 정도에 낙찰받았다. 차순위 입찰자와 단 1만 원 차이로 낙찰을 받았던 터라 기쁨이 몹시 컸던 물건이었다. 해당 물건에는 임차인이 있었는데 낙찰자에게 대항할 수 있는 임차인은 아니었다. 또 임차 보증금액을 모두 변제받을 수 있는 상황인 듯하여 임차인에게 연락하는 일도

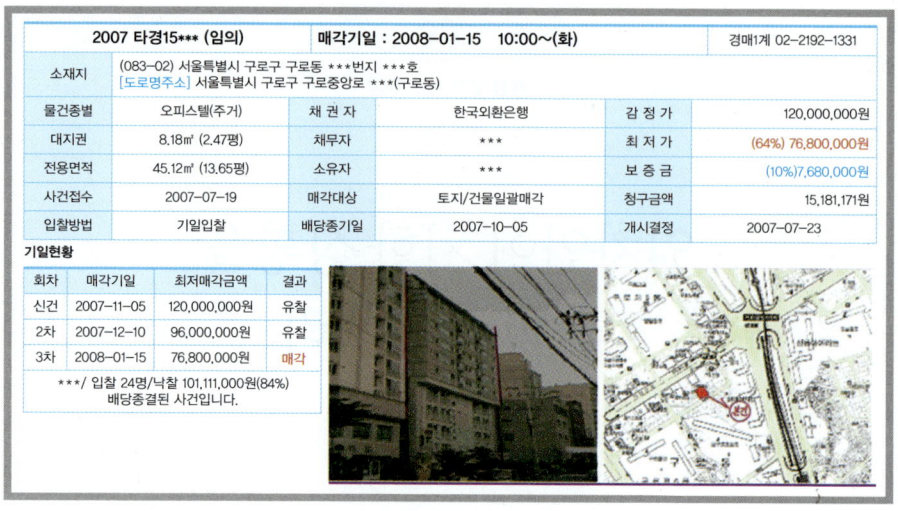

입찰자 24명이었던 만큼 경쟁이 치열했다. 『나는 쇼핑보다 경매투자가 좋다 2』에서 이 물건을 낙찰받기까지의 이야기를 소개했다. 이 물건은 지금도 보유하고 있으며, 현재 1억 7200만 원에 세를 주고 있다.

급하게 생각하지 않았다.

　대금납부를 다 끝내고 처음 임차인에게 연락을 했다. 낙찰자에게 대항할 수 없는 임차인이 법원으로부터 배당금을 받으려면 낙찰자의 명도확인서가 필요하기 때문에 느긋한 마음으로 이사 날짜를 조율할 요량이었다. 그런데 뜻밖의 이유로 임차인은 전화를 받자마자 몹시 화를 냈다.

　"아니, 이제야 연락을 하면 어떡해요? 연락이 없어서 내가 정말, 어휴!"

　전혀 예상치 못한 상황이라 당황스럽기도 했고, 다짜고짜 화부터 내니 나 역시 불쾌한 감정이 일었다. 보통은 왜 이렇게 빨리 연락을 하느냐고 화를 내는 경우가 더 많았다. 그런데 이후 여러 경험을 해보고 나니 낙찰자는 되도록 빨리 임차인에게 연락을 하는 것이 좋다는 생각이다.

## 생각지 못한 배당의 복병, 체납 세금

임차인은 자신의 보증금액 중 대략 600여 만 원 정도를 배당받지 못하게 되었다며 격양된 목소리로 말했다. 나는 의아했다.

"배당금으로 다 받을 수 있는 거 아니었나요?"

이야기를 들어보니, 소유자가 체납한 세금이 너무 많아서 그렇게 되었다는

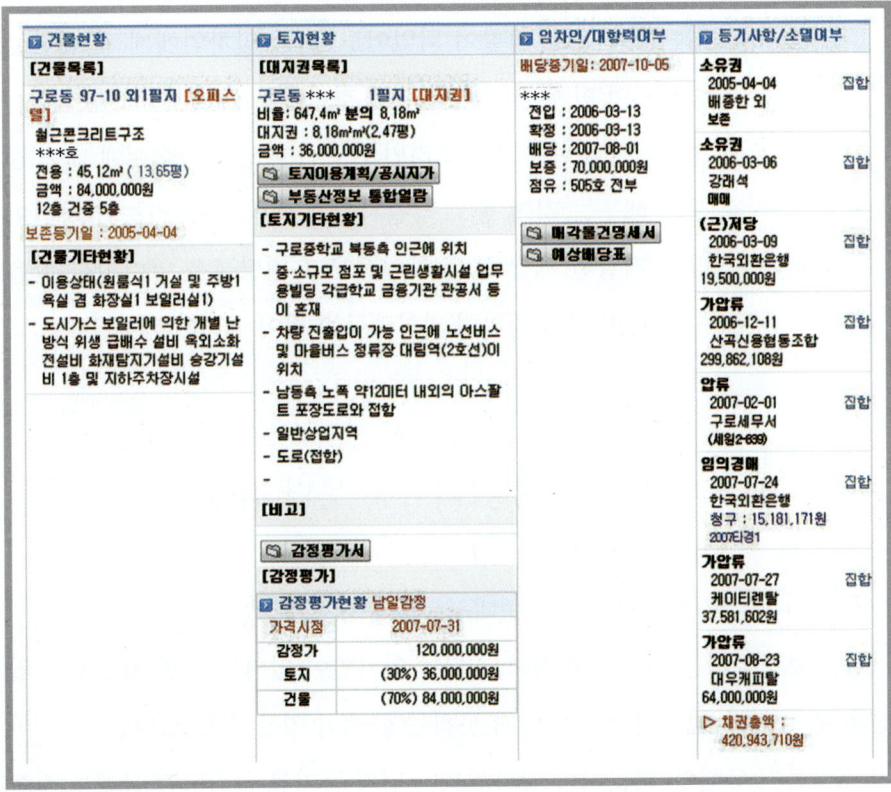

언뜻 보기에 배당금을 받는 순서가 한국외환은행 근저당의 청구금액인 약 1500여 만 원, 그다음이 임차인의 임차보증금액인 7000만 원이라고 생각했다. 그런데 등기사항에 나오는 2007년 2월 1일 자의 구로세무서 압류 금액 중 당해세 부분을 간과했다.

**당해세**

당해 재산에 대해 부과되는 세금이다. 국세로는 상속세, 증여세, 종부세가 있으며 지방세로는 재산세, 지방교육세, 공동시설세, 도시계획세 등이 있다. 당해세는 다른 채권에 비해 우선되는 순위를 보전받는다. 부동산이 경매로 넘어가 낙찰이 되면 낙찰금으로 여러 이해관계자들에게 배당을 하게 되는데, 여기서 채권의 순위에 상관없이 가장 우선되는 채권은 경매진행 절차에 소요된 비용이고, 그 다음으로는 주택임대차보호법의 적용을 받는 최우선변제 임차인의 최우선변제금액이다. 당해세는 그 다음에 순위가 보전되는 채권이다.

것이다. 임차인이 배당받는 순서가 체납금액보다 늦기 때문에 그만큼 덜 받게 되었다는 이야기였다.

그때서야 깨달았다. 체납된 세금 중 당해세*에 해당하는 금액이 경매집행비용 다음으로 가장 먼저 배당되고, 나머지 체납액도 법정기일이 어떠냐에 따라 근저당과 임차인보다 먼저 배당을 해주게 될 수도 있다. 이 물건은 임차인보다 체납금액의 법정기일이 더 빨랐고, 체납금액도 상당해서 1억 원이 넘는 금액으로 낙찰이 되었어도, 결국 임차인에게 갈 배당금 중 600여 만 원이 부족하게 된 것이다.

그래서 경매투자를 하려면 반드시 배당받는 순서에 대해 공부를 해두는 것이 좋고 낙찰자에게 대항할 수 없는 임차인이라도 체납된 세금 등을 확인해보고 배당금을 얼마만큼 받을 수 있는지 미리 정확히 파악해두는 것이 좋다.

## 나도 모르게 튀어나온 못난 감정

'음…… 세금을 확인했어야 했는데…….'

나는 보증금액을 인수하지 않아도 되는 임차인이 있다는 것만 확인하고 입찰을 했던 터라 임차인이 배당받지 못하는 금액이 있을 수도 있다는 것은 미처 생각하지 못했다. 더군다나 임차인보다 먼저 등기된 근저당권 금액도 적어서 임차인이 보증금액에 대해 모두 변제받을 수 있을 거라고 안일하게 생각을 하고 있었다.

'어떻게 해야 하지……?'

임차인의 상황에 대해 생각을 정리하고 있는데, 임차인이 불쑥 내게 먼저 말을 꺼냈다.

"이사비를 주세요. 그럼 이사를 갈 테니까요. 내가 잘 아는 법무사가 그러는데, 낙찰자한테서 이사비를 받아야 한다고 했어요."

임차인 입장에서는 충분히 그렇게 말을 해볼 수 있는 거였는데, 그 순간에는 나도 모르게 그만 화가 나고 말았다.

"아니, 그런 법적 근거가 어디 있어요? 그런 근거가 있으면 그 법무사한테 말해보라고 하세요. 이만 끊겠습니다."

내가 그때 왜 그랬을까? 평소에는 달라고 하지 않아도 상황이 좋지 않은 점유자에게 이사비를 쥐어주던 나였는데, 그때는 왜 그렇게 화를 냈는지 지금 생각하면 정말 두고두고 아쉬움이 남는 순간이었다.

내가 쏘아붙이듯 말을 하고 전화를 끊어서였는지 임차인은 그 이후로 이사비 이야기는 꺼내지 않았다. 명도확인서를 써주면 이사를 가겠다고 해서 예상했던 것보다 이사 날도 일찍 잡고 나가게 되었다.

임차인이 이사 가기로 한 날, 나는 일이 있어 다른 사람에게 명도확인서를 전해달라고 부탁을 했다. 그런데 임차인을 만나러 간 사람에게서 연락이 왔다. 이삿짐센터에서 나온 트럭에 짐이 옮겨지고 있는 것을 확인하고 임차인에게 명도확인서를 건네주었는데, 그 명도확인서를 들고 법원으로 갔던 임차인이 담당자가 없어 배당금을 수령하지 못한다고 연락이 왔다는 것이다. 주말을 보내고 월요일에 다시 오라고 했다고 한다.

'당장 이사를 나갈 수 없다고 주말까지만 더 있겠다는데 어떡하지?'

나는 난감했다.

'이미 명도확인서도 주었는데 이삿짐을 다시 내려야 한다니……'

혹시라도 임차인 짐을 다시 내리고 나서 마음이 바뀌어 이사를 나가지 않겠다고 할지도 모르는 일이다. 게다가 이미 주말에는 그 오피스텔로 이사를 들어오기로 한 사람이 있었다. 어쩔 수 없었다. 나는 안 된다고 거절을 했다. 임차인은 결국 이삿짐을 내리지 않고 그대로 이사를 나갔다.

## 10년이 지나도 부끄러운 그때 그 사건

그 일에 대해 나는 오랫동안 잊고 지냈다. 그런데 몇 년이 지난 어느 날, 또 다른 명도 건을 진행하면서 나는 그날의 일이 다시금 떠올랐다. 그리고 임차인에게 한 그때 나의 행동이 너무 한심스럽게 느껴졌다. 임차인이 인간적으로 받을 상처는 생각해보지 않고 지레 손사래부터 쳤기 때문이다.

'며칠만 더 있겠다는 임차인을 야박하게 내쫓듯 보냈으니…… 어렵게 모은 수백만 원의 돈을 잃고 이사를 나가야 하는 임차인의 심정이 어땠을까……?'

안 그래도 힘들었을 텐데 낙찰자인 나마저 야박하게 굴었으니 자존심도 무척 상했을 것이고 원망스러운 마음도 들었을 것이다. 그 사람이 느꼈을 감정을 생각하니 정말 나 자신이 부끄럽기 그지없었다.

'그렇게 차갑게만 말할 게 아니었는데…….'

상황을 좀 더 넓게 보고, 충분히 친절하게 설명할 수 있는 일이었다. 이삿짐을 내리면 나중에 또 이삿짐을 싸야 해서 이사비도 이중으로 나가니 그러는 것보다 이사 들어가는 집에 보증금을 월요일에 주겠다고 말해보는 게 더 좋지 않겠느냐고 그 사람 입장에서 바라보고 말할 수 있었다. 만일 이사 들어가는 집에서 믿지 않으면 법원 경매계의 전화번호를 전해주고 월요일에 분명 배당금을 받을 수 있다는 확인도 해줄 수 있다는 방식으로 해결할 수 있음을 임차인에게 귀띔해줄 수도 있었다.

  벌써 10년 가까이 지난 일이지만 그때의 일을 생각하면 아직도 몹시 창피한 감정을 느끼곤 한다. 이래저래 두고두고 후회로 남는다. 그때 이후로 나는 명도를 할 때 더욱 신경을 쓴다. 되도록 상대의 감정을 다치지 않게 마무리 지으려고 최선의 노력을 하는 편이다. 또한 임차인이 배당금을 수령해야 한다면 미리 법원에 전화를 해서 이사 날에 임차인이 배당금을 받을 수 있는지도 꼭 확인을 해둔다.

아무리 급해도 지켜야 하는 절차
**09**

# 내 생애 처음으로
# 경찰서에 출석하다

### 악순환에 빠진 상가도 살아날 수 있어!

2009년, 정신없이 바쁘던 나날이었다. 경매로 나온 상가 건물 하나가 눈에 들어왔다. 주변에 아파트 단지가 많은데 비해 상가 건물이 부족해 보였다. 거기다 새로운 큰 단지가 또 분양 예정에 있었고, 몇 년 후 개통될 분당선 망포역과도 많이 멀지 않았다. 상가 건물의 위치가 두 개의 초등학교 사이에 있었고 큰 대로변에 있지 않아 조용한 곳에 있는 것도 좋아 보였다. 하지만 한꺼번에

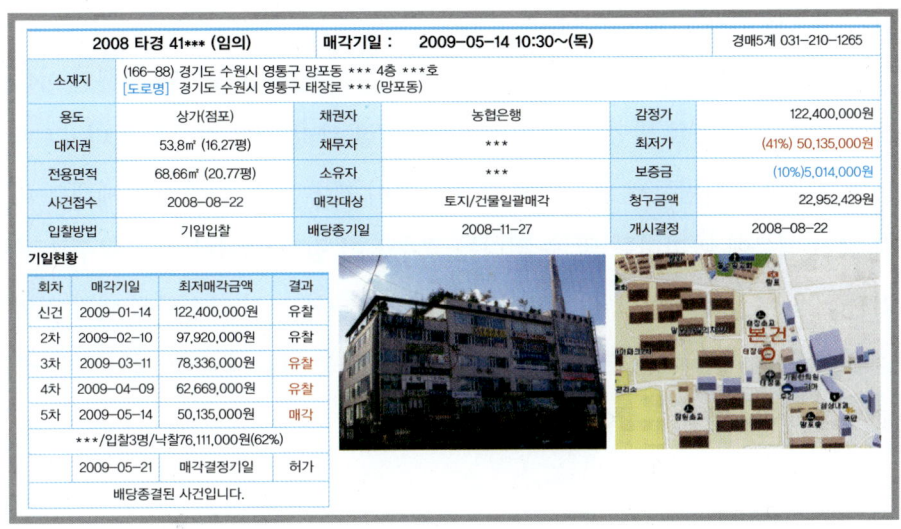

당시 경매로 나온 상가 건물. 앞서 4차례나 유찰되어 최저가가 감정가의 41%금액으로 떨어져 있었다.

인근 상가 건물들이 지어져 분양이 된 탓인지 비어 있는 호수들이 많았다. 상대적으로 대로변에서 떨어져 있고 건물 규모도 다른 상가 건물들에 비해 작아서인 듯했다.

상가는 주택처럼 임차인을 구하기가 쉽지 않다. 임차인을 구하지 못할 경우 직접 들어가 살 수 있는 것도 아니다. 임차인을 구할 때까지 관리비를 상가 주인이 내야 하는데 그 비용이 만만치가 않다. 그래서 상가 건물은 꼼꼼히 여러 가지를 잘 탐문해보고 신중하게 결정해야 한다.

나는 이 상가 건물이 나름 장점이 많은 곳이라는 생각이 들었다. 침체된 상가 건물도 경매를 통해 살아나는 경우가 있다. 한꺼번에 경매로 나온 상가를 싸게 낙찰받은 사람들이 싸게 임대를 놓으면, 저렴한 만큼 임차인들이 관심을 갖게 되고, 그렇게 하나둘 임차인이 들어오면서 상가 건물 전체가 다시 활기를 찾는 경우를 실제로 많이 봤다.

 훗날 안 사실이지만, 여기 상가 건물의 문제는 분양가가 높았던 것뿐만 아니라 처음 건물 관리를 맡았던 관리업체의 부실한 관리 탓이 컸다고 한다. 그 때문에 분양받은 사람들과 관리업체 간의 분쟁이 계속 있었고, 관리를 제대로 하지 않기 때문에 관리비를 낼 수 없다는 호수들이 점점 늘어나고, 그럴수록 관리는 더욱 부실해지고, 결국 임차인들도 떠나게 되는 그런 악순환에 빠져 있었던 것이다. 하지만 나는 경매로 나온 호수가 대부분 낙찰이 되고 나면 많은 부분 달라질 것이라는 확신이 들었다.

## 일이 뜻대로만 흘러가는 게 아니더라

"선생님, 낙찰가가 너무 높아요."
 입찰 당일, 도저히 시간을 낼 수 없어 다른 사람에게 대리입찰을 부탁했는데 그녀가 몹시 당황스런 목소리로 내게 전화를 했다.
 입찰자는 단 3명. 차순위와 무려 2000만 원 정도 차이 나게 낙찰을 받게 되었다. 나는 입찰자가 많지 않았다는 사실에 적잖이 놀랐다. 그 상가 건물 한 동에서 10여 개가 넘는 호수가 경매로 진행됐다. 이미 다른 상가들은 대부분 50~60%대에 낙찰을 받아간 상태였고, 남아 있는 것은 내가 본 상가 하나였다.
 나는 평형대와 임대가격 등을 따져 입찰가를 정했다. 처음에는 그보다 훨씬 낮은 가격으로 입찰가를 정했는데 관리실에서 그간 문의하고 간 사람이 너무 많았다는 이야기를 듣고 마지막에 입찰가를 높여야겠다고 생각했다. 고민

끝에 최저가에서 2000만 원을 올린 7600여 만 원으로 입찰했는데 차순위는 5600여 만 원 정도에 입찰가를 쓴 거였다.

차순위와 가격 차이가 많이 난 것이 못내 아쉬웠지만, 어쨌든 감정가인 1억 2000여 만 원에 비하면 훨씬 낮게 낙찰을 받은 것이니 임대만 잘 나가주면 바랄 게 없는 물건이었다. 이후로 들어가는 비용을 최소화하려면 빨리 상가를 인도받고 임대를 놓아야 했다. 그런데 일은 뜻대로 흘러가지 않았다.

## 이 집 주인은 누구인가요? 점유자는 누구죠?

몹시 바빴던 탓에 나는 상가를 인도받고 임대를 놓는 일 모두 다른 사람들에게 일임을 했다.

그런데 해당 상가를 인도받는 일이 녹록하지 않았다. 알루미늄 문으로 단단히 닫혀 있는 상가. 거기에 점유자로 법원에 신고된 사람은 이미 나가고 없는 상태. 그 사람에게 연락해서 물어보니 본인은 이미 나온 게 맞지만, 사무실용으로 쓴 짐은 그대로 남아 있고, 그 짐은 자신의 것이 아니라고 했다. 짐 주인이라는 사람의 연락처를 전달받고 연락해보니 그도 또한 자신의 짐이 아니라는 것이다.

그 상황에 대한 이야기를 전해들은 나는 큰 고민에 빠졌다.

'사무실에는 짐이 남아 있는데 서로가 짐 주인이 아니라고 하는 상황이라니. 그렇다면 법원에선 이럴 경우 어떻게 일을 처리하겠는가?'

나는 차근히 상상을 해보았다. 우선 법원에 신고되어 있는 사람의 명의로 인도명령 송달이 갈 것이다. 하지만 사무실에는 아무도 받을 사람이 없기 때문에 다시 돌아올 것이다. 그러면 한 번 더 송달, 그런 후에도 또 돌아오면 그땐 특별송달, 공시송달. 그래도 결국 아무도 받지 않을 것이기에 종국에는 사무실 짐에 대해 강제집행을 해야 할 것이다. 강제집행을 하면 짐의 주인이 나타날 때까지 그 짐을 컨테이너에 보관하고 있어야 하는데 그 비용을 또 내야 한다. 그 비용을 더 이상 지불하지 않으려면 또다시 동산집행.

'아······.'

생각을 할수록 머리가 아팠다. 상가를 오래 비워두고 싶지 않았다. 좋은 방법이 없을까 궁리하던 끝에 문득 입찰 전 상가에 임장 갔을 때 마주쳤던 한 남자가 기억이 났다.

임장 갔던 날, 상가 문이 굳게 닫혀 있어 아무것도 보지 못한 채 엘리베이터를 기다리고 있는데 어디선가 문이 열리는 소리가 들렸다. 복도에서 울려 나오는 문소리가 바로 그 상가의 문인 것 같았다. 잠시 후 한 남성이 엘리베이터 쪽으로 왔고 우리는 함께 엘리베이터에 탔다. 나는 직감적으로 그가 필시 해당 상가에서 나온 사람이 확실하다는 생각이 들었다. 1층으로 내려와 관리실에 가서 사무실에 점유하고 있는 사람이 누구냐고 물었을 때 관리소에 있는 직원이 그랬다.

"40*호요? 거기 지금 주인이 있을 거예요."

"네? 주인이요? 법원에선 주인이 아니라 임차인이 있다고 하던데요."

법원의 매각물건명세서에 적힌 내용으로는 분명 임차인이었다.

"그 임차인은 누군지 모르겠는데요. 처음부터 주인이 분양받아서 거기 쭉 사용하고 있어요."

## 최후통첩, 그러나 내가 덫에 빠지다

원래 상가 주인이었던 사람은 잠적하고 사라진 상태였다. 나 대신에 현장조사를 갔던 대리인은 상가 주인으로 기재되어 있는 집을 찾아가 물었을 때 이사를 나갔고 어디로 갔는지 모른다는 답변만 들었다고 한다. 상가 주인의 짐이 그대로 남아 있는 건지 아니면 법원에 신고되어 있는 임차인의 짐이 남아 있는 건지, 서로 자신의 짐이 아니라고 하니 도통 상황이 어떻게 된 건지 짐작할 수가 없었다.

'대체 입찰 전 내가 만났던 그 남자는 누구란 말인가?'

분명 사무실에 있는 짐은 잠적한 주인의 짐이 아니라 그날 상가에서 나온 사람의 짐이 틀림없었다. 그리고 주인인지 임차인인지 그중 한 사람이 전화를 받고 있는데도 자신의 짐이 아니라고 우기고 있다는 생각이 들었다.

나는 신고되어 있는 임차인과 소유자를 상대로 법원에 **인도명령*** 신청서를 제출했다. 예상했던 대로 인도명령결정정본이 송달되지 못하고 모두 돌아왔다. 법원에 찾아가 계장님께 상황에 대해 설명을 하니 다시 한 번 인도명령결정정본을 송달해보겠다고 했다. 그런데 2주가 지나서도 송달됐다는 말을 들을 수가 없었다.

이렇게 가다간 시간이 너무 오래 걸릴 것 같았다. 분명 통화가 되는 사람들 중 한 사람, 어쩌면 둘 다 집 주인인데 낙찰자를 우롱하고 있다는 생각밖에 들지 않았다. 그래서 최후통첩을 했다. 나는 두 사람의 휴대폰으로 다음과 같은 내용의 문자

**인도명령 신청**
낙찰자가 대금을 전부 납부한 뒤에도 채무자나 대항력이 없는 임차인 등이 계속 점유하면서 인도해주지 않는 경우, 낙찰자는 점유자를 대상으로 경매법원에 인도명령을 신청할 수 있다. 인도명령 신청은 대금을 낸 뒤 6개월 이내에 해야 한다. 잔금 납부일로부터 6개월이 경과되면 낙찰자는 인도명령 신청권을 상실하게 된다.
인도명령이 내려지고 강제집행을 신청하려면 인도명령결정정본이 상대방에게 송달되었음을 확인 받고 송달증명원을 발급받아야 한다.

를 보냈다.

'○○일까지 짐을 치워주세요. 그러지 않으면 월세 청구를 하겠습니다. 만약 아무 답변이 없으시면 짐을 포기하겠다는 것으로 알겠습니다. 또 짐을 임의대로 처분하는 것에도 동의하는 것으로 간주하겠으니 꼭 답변을 해주시기 바랍니다.'

하지만 두 사람에게서는 아무런 답변도 들을 수가 없었다. 나는 그들이 짐을 포기하겠다는 의사를 밝힌 것으로 간주하고 열쇠 수리업체 직원을 불렀다. 결국 문이 열렸다. 하지만 내부 모습을 본 나는 깜짝 놀랐다. 사무실 안은 너무나 잘 정돈되어 있었다. 책상, 의자, 컴퓨터 등 모든 집기들이 문을 열기 직전까지도 사용하고 있었던 것처럼 자리를 잡고 놓여 있었다. 갑자기 불안이 엄습해왔다.

'내가 덫에 빠진 걸까?'

짐 주인일 것 같다고 직감이 들던 두 남자 중 한 사람에게 전화를 했다. 아니나 다를까 10분도 되지 않아 일전에 엘리베이터에서 만났던 남자가 나타났다. 파출소 경찰관 두 명과 함께. 나 그리고 나와 함께 동행했던 대리인은 근처 파출소로 연행됐다.

## 불길한 예감은 틀리지 않는다

파출소장은 우리와 우리를 신고한 그 남자 중간에서 난감해했다. 다행히 그때 나는 낙찰받은 서류들을 넣은 파일을 들고 있었다. 나는 문서들을 보이며 내가 그 상가를 낙찰받은 주인이라고 설명했다. 또한 상대 남자가 나에게 몇 차례나 집 주인이 아니라고 했으며 상가를 오래 전에 비웠다고 했는데 갑자기 나타나 우리를 신고한 거라고 항변했다. 그러나 그 남자는 조금도 꿈쩍 않고 우리가 막무가내로 문을 열었다는 주장을 굽히지 않았다. 여러 차례 대질 심문을 거친 뒤에야 우리는 혐의 없음으로 풀려났다. 나에게는 상가 주인이라는 것을 밝힐 증거가 있었지만, 그에게는 상가와 관련하여 증명할 수 있는 것이 아무것도 없었기 때문이다. 하지만 상대는 끝까지 자신의 기세를 굽히지 않았다.

"어디 두고 봐! 가만두지 않겠어."

그는 거친 말을 남기고 사라졌다. 그렇게 자신은 집 주인이 아니라고 해놓고 이제 와서 집 주인이라고 큰소리니 정말 어이가 없었다.

'나는 그에게 피해를 준 게 아무것도 없는데 왜 나를 가만두지 않겠다고 으름장을 놓는가!'

불길한 예감이 쉽게 가시지 않았다. 그가 이번 기회에 한몫 잡으려고 단단히 벼르고 있다는 생각도 들었다.

## "박수진 씨, 경찰서로 한번 와주셔야겠는데요."

다음 날, 나는 여기저기 임장을 하러 다니느라 운전하는 와중에 전화 한 통을 받았다. ○○남부경찰서 형사였다. 그는 친절한 목소리로 말했다.

"한번 서에 와주셔야겠는데요."

'아니, 영화나 드라마에서 듣던 말을 지금 내가 듣고 있다니……'

나는 짐짓 아무렇지 않은 척 물었다.

"아이고 형사님, 제가 요즘 너무 바빠서요. 급한 일인가요?"

"아, 아닙니다. 아주 급한 건 아니고요, 시간 되실 때 와주시면 됩니다."

"아, 그럼 일주일 후에 가면 안 될까요? 제가 아주 급하게 처리해야 할 일이 있어서요."

전화를 끊고 이 상황을 어떻게 해결해야 할지 마음을 가다듬었다. 그냥 경찰서에 가서는 안 될 것 같았다. 만반의 준비를 하고 가야겠다는 생각에 우선 아는 변호사를 찾아갔다. 자초지종을 설명하니 애매한 상황이라는 답변을 들었다. 운이 안 좋으면 형사처벌을 받을 수도 있다고 했다.

상황이 몹시 좋지 않았다. 하지만 다행히 우리에게도 대응 카드가 있었다. 그날 나와 함께 동행했던 사람의 휴대전화에는 그동안 상대방과 통화했던 모든 내용, 즉 자신의 짐이 아니라고 말하는 것까지 모두 담겨 있었다. 우리는 녹음되어 있는 내용을 녹취록으로 만들기로 했다. 녹취록 전문 공증사무소에 가서 30여 만 원을 내고 녹취록을 만들었다.

그렇게 녹취록을 3부 작성하고 통신사에 가서 휴대전화 통화기록도 받았다. 일목요연하게 상황을 정리한 문서도 준비한 뒤 우리는 경찰서에 출석했다. 텔레비전에서 볼 때보다 더 분위기가 살벌한 곳이었다. 하지만 준비해간 자료로 내 입장을 충분히 소명하자 상대방으로부터 고소 취하를 받을 수 있었다.

## 진실하게, 적극적으로 문제를 해결하라

다음 날 상대로부터 연락이 왔다. 최대한 빨리 사무실의 짐을 치우겠다고 했다. 그렇게 사무실의 짐이 다 나간 후 나는 부동산에 상가 임대를 곧바로 내놓았다. 보증금 1000만 원에 58만 원의 월세를 받고 이 험난했던 여정의 길을 무사히 마쳤다. 낙찰가에 비해 임대수익률이 나쁘지 않은 편이다.

  모든 것이 잘 마무리 되기까지 마음고생도 많이 했지만, 결과적으로 이 일로 배운 것도 많았다. 아무리 급해도 지켜야 할 절차가 있다. 나는 점유이전금지 가처분 집행을 해보지 않고 무작정 일을 진행했던 점을 반성했다. 시간이 걸리더라도 뭐든 순리대로 차근차근 해가는 것이 가장 좋다. 그게 가장 효율적이고 가장 빠른 지름길이라는 것을 나는 이때의 경험으로 절실히 깨달았다.

  그리고 또 한 가지, 문제가 생기면 피하는 것이 아니라 적극적으로 해결하기 위해 나서야 한다. 성실하고 진실하게 대응하는 사람이 결국은 마지막에 웃는 법이다.

경매 협상의 기술
10

# 유치권 신고된 오피스텔, 어떻게 풀어야 할까?

### 400여 채가 한꺼번에 경매로 나오다

'도대체 이 물건은 무슨 문제가 있기에 이렇게 많은 오피스텔이 유찰이 되고 있는 거지?'

경매정보 사이트에서 물건 검색을 하다가 사이트 화면을 가득 채운 한 사건이 눈에 들어왔다. 안산 한대앞역에 있는 한 동 건물의 오피스텔들이 대부분 경매로 나왔는데 몇 페이지를 넘겨도 끝이 없을 정도였다. 물건번호가 400번이 넘어갈 정도였다. 즉 400여 개의 호수가 넘게 한 건물에서 경매로 나온 것이다.

유찰이 거듭되고 있는데도 사람들이 검색한 횟수는 몇 되지 않았다. 요즘은 이런 물건이 잘 나오진 않지만 예전엔 이런 물건이 나와도 사람들은 검색조차 잘 하지 않았다. 건물 한 동의 대부분이 경매가 진행된다면 건물에 하자가 많거나 혹은 복잡한 권리가 얽혀 있는 경우가 많기 때문에 일반인들은 그냥 다른 물건으로 넘어가는 경우가 많았기 때문이었다.

아니나 다를까 사건을 열어보니 물건별로 여러 유치권이 신고되어 있었고 그 금액도 50억 원이 넘는 큰 액수였다.

하지만 지은 지 얼마 되지 않은 신축건물이었고, 감정평가서를 보니 대부분의 호수가 건축 완료되어 하자가 크게 있어 보이지는 않았다. 면적도 괜찮았고 무엇보다 위치가 괜찮았다.

### 이런 유치권 물건이라면 오히려 흥미로운데!

당시 안산에는 오피스텔 건물이 많지 않았다. 경매로 나온 오피스텔은 보기 드문 신축 오피스텔이었고 규모도 꽤 컸다. 총 호수는 대략 540여 세대. 2층에 수영장이 딸린 스포츠센터도 있고 꽤나 신경 써서 지었지만 당시 경기 상황이 별로 좋지 못했던 탓에 제대로 분양이 이루어지지 않은 듯했고, 결국 오피스텔 건물의 대부분 호수인 약 400여 채가 경매로 넘어간 것이다.

유치권 신고된 금액도 컸고, 유치권을 주장하는 측도 한 업체나 사람이 아닌 여러 업체와 여러 사람이다 보니 한동안은 사람들의 주목을 받지 못한 채 계속 유찰이 되고 있었다. 대부분의 호수가 감정가 5000만 원 초반대에서 7000만 원 중반대(면적별로 감정가가 달랐다)였는데 계속 유찰되면서 26%에서 33% 금액대로 낮아졌다(사건이 여러 개로 각기 다른 날짜로 진행되어 유찰 횟수 또한 달랐다). 1000만 원 후반대에서 2000만 원 초반대까지 떨어진 것이다.

'어떻게 할 것인가?'

나는 당시 먼저 낙찰받은 물건과 다른 사람들이 낙찰받은 물건들의 명도를 도와주고 있느라 정신없이 바쁜 상황이었다. 그렇다고 이런 물건을 조사도 해보지 않고 넘기기엔 아쉬운 느낌이 많이 들었다. 나는 그날 거의 날밤이 새도록 관련 서류를 들여다보았다. 그리고 날이 밝아오는 새벽녘이 될 즈음, 이 물건에 대해 실제로 조사를 해보기로 결정을 내렸다.

'마무리 공사까지 다 된 오피스텔이라면…… 해볼 만하다!'

신축 빌라나 오피스텔 같은 경우, 건물을 지을 때 기초공사, 전기설비 공사, 내부 마감재 등은 각 업체에서 따로 하는 경우가 많다. 그래서 각 부분별 공사가 마무리될 때마다 각 업체에 대금이 지불되는데, 마감재 공사까지 되었는데도 남아 있는 공사대금 금액이 크다면 유치권에 대해 한번 의심해볼 만했다. 나는 이 점 때문에 오히려 이 물건에 흥미가 생겼다.

## 결코 만만치 않은 상대, 그 이름 유치권자

물건을 직접 조사해보려고 운전을 해서 갔다. 한대역앞 근처에 이르니 다른 건물들에 비해 유달리 큰 오피스텔 건물이 보였다. 전철역에서 가까운 곳이었지만 오피스텔 근처는 황량한 느낌이었다. 지금은 나날이 발전하는 데다 교통의 요충지가 되어가고 있지만, 당시에는 지역 상권도 활성화되지 않았고 오가는 사람들도 많지 않았다. 오피스텔이 위치를 잘못 잡은 것은 아닌가 하는 느낌마저 들 정도였다.

차를 뒤편 주차장에 세우고 걸어가보니 건물 뒤편 상가들 대부분은 비어 있었고, 한 상가 앞에는 검은 양복에 흰 셔츠를 입은 건장한 남성 두 사람이 서 있었다.

'저쪽이 유치권을 주장하는 사람들의 사무실이구나.'

나는 우선 건물부터 살펴보기로 했다. 건물 안은 생각보다 말끔했다. 경매로 많은 호수들이 쏟아져 나온 건물 치고는 깨끗한 편이었다. 엘리베이터도 정상적으로 작동 중이었고, 1층에는 주차장 뒤편 상가들만 대부분 비어 있을 뿐 다른 한 편에는 부동산 사무실, 세탁실, 음식점 등이 이미 들어와 있었다. 상가 사람들의 움직임을 보니 영업이 아예 되지 않는 것도 아닌 듯했다. 1층의 우체통을 살폈다. 우편물이 쌓여 있는 호수도 많아 보이지 않았다. 부동산 사무실이 두 군데나 있는 것을 보아선 실제 거주하고 있는 사람들이 꽤 있는 듯했다. 나는 한 부동산 사무실로 들어갔다.

"저…… 경매 때문에 좀 여쭤볼 게 있어 왔는데요."

사무실에 있는 사람들이 내 얘기를 듣자마자 손을 저었다.

"저쪽으로 가봐요! 저쪽 사람들이 유치권을 주장하는 측에서 운영하는 사무실이에요."

더 이상 말하고 싶지 않다는 표정이었다. 나는 유치권을 주장하는 사람들이 운영하고 있다는 부동산 사무실로 가보았다. 남성 몇 명이 서 있었지만 내가 말을 걸어도 대답을 하지 않았다.

'말을 아낀다…… 게다가 유치권을 주장하는 사람들이 부동산 사무실까지

운영하고 있는 거라면⋯⋯.'

　부동산 사무실을 운영하고 있다면 임차인들 중 유치권을 주장하는 사람들과 계약을 맺고 들어온 사람들이 있다는 것이고, 그렇다면 유치권을 대신해서 점유하는 것이 되므로 유치권의 기본 요건인 '점유의 요건'은 갖춘 셈이었다. 이렇게 직접 부동산 사무실까지 운영하는 것으로 보아선 유치권을 주장하는 사람들도 철저한 사람들인 듯했다. 결코 만만한 사람들이 아니었다.

### 잠입 취재 같은 현장조사

　나는 엘리베이터에 올라탔다. 마침 식사배달을 하러 온 사람이 함께 엘리베이터에 탔다.

"여기 식사배달 시키는 사람들이 많나요?"

"네. 꽤 돼요."

　나는 그에게 고맙다고 하고 중간에 내려 복도를 걷기 시작했다. 나는 건물을 살펴볼 때 고층, 중층, 저층을 나누어 살펴보는 편이다. 대낮인데도 복도는 몹시 어두웠다. 형광등이 켜져 있지 않은 곳이 꽤 됐다. 출입문 앞을 살펴보니 주차위반 딱지처럼 생긴 노란 스티커들이 붙어 있는 곳이 많았다. 어떤 곳은 문을 열지 못하도록 문과 벽 사이에도 스티커들이 붙어 있었다. 스티커 위에 적힌 문구는 대충 이러했다.

"유치권에 기하여 방해배제 가처분. 무단으로 출입 시 형사고소 및 처벌을 받을 수 있음."

　경매 초보자 시절에는 이런 문구를 보는 것만으로도 무섭고 두려웠지만, 별

의별 건물들을 많이 보았던지라 어느덧 덤덤해져 있었다. 어쨌든, 나는 다시 한 번 유치권자들이 정말 철저히 준비해서 주장하고 있다는 생각이 들었다.

나는 혹시라도 안에서 살고 있는 누군가가 나올지도 모른다는 생각에 캄캄한 복도에서 좀 서성거리며 기다려보았다. 잠시 후, 한쪽에서 문이 열리며 한 남자분이 쓰레기봉투를 들고 나왔다. 나는 반갑게 그에게 인사를 하며 말을 걸었다.

"저, 여기 관리실이 어디인가요?"

그는 나를 한번 힐끗 쳐다보고 나더니 말했다.

"여긴 관리실 따로 없어요."

나는 한 번 더 확인 차 물었다.

"그럼, 여기 유치권 사무실은 어디에 있어요?"

"그 사람들 사무실은 1층에도 있고, 2층에도 있어요."

유치권을 주장하는 사람들의 사무실이 나누어져 있다는 것이 흥미로웠다.

"여기 사는 데는 좀 어떠세요?"

그는 더 이상 말하고 싶지 않다는 표정을 짓고는 쓰레기봉투를 들고 엘리베이터 쪽으로 사라졌다.

나는 다시 기다렸다. 이윽고 또 한 집에서 문이 열리고 젊은 남녀 둘이 나왔다. 그들에게 여기 오피스텔을 보러 왔다고 하면서 말을 걸자 두 사람 다 손을 저으며 아무 말 없이 가버렸다. 이렇게 무작정 조사를 하면 안 될 것 같았다. 나는 유치권 사무실이 있는 1층으로 내려가 출입구 앞에 여전히 서 있는 건장한 남성 두 명에게 말을 걸었다.

"저, 경매 때문에 왔는데요."

그들은 안으로 들어가라고 정중하게 손짓을 했다. 그 몸짓에서 나는 감이 왔다. 그들은 낙찰받은 사람들과 어느 정도 유치권 금액을 협상하여 마무리 지으려 할 것 같았다.

## 그럼 얼마를 주면 협상할 수 있겠어요?

나는 조금 긴장된 마음으로 사무실에 들어섰다. 안에는 대여섯 명 정도의 남자들이 있었다. 유치권 때문에 왔다고 하니 그들 중 한 젊은 남성이 앞자리에 앉으라고 손짓을 했다. 그가 유치권에 관련된 모든 실무를 맡아 일을 진행하는 듯했다. 그가 사무적인 말투로 말했다.

"근데 이거 유치권, 법적으로 절대 못 풀 거요. 우리는 누가 낙찰받고 들어오면 끝까지 법적으로 싸울 거거든요. 그러니까 입찰 할 생각, 안 하시는 게 좋을 거 같은데요."

이런 일을 한두 번 해본 게 아닌 거 같았다. 그들은 경매로 나온 물건에 어떻게 유치권을 신고하고 어떻게 대처해야 하는지를 너무 잘 알고 있었다. 유치권이 신고되어 있는 곳에 가보면 의외로 허술한 데가 많았는데 여기는 금액이 크고 워낙 호수가 많다 보니 조직적으로 움직인다는 생각이 들었다. 법적으로 유치권이 성립하느냐 아니냐를 따지며 접근하기엔 위험부담이 클 것 같았다.

신고된 유치권이 허위유치권이든 또는 허위유치권은 아니지만 법적으로 인정받지 못하는 유치권이든 소송으로 계속 싸워야 한다면 차라리 다른 물건을 낙찰받는 것이 더 좋다. 나는 그의 말을 들으며 바보처럼 고개만 끄덕이다가 입을 뗐다.

"그럼, 한 호수당 얼마의 금액을 주면 협상할 수 있겠어요?"

그는 내가 법에 대해 잘 몰라 이 오피스텔을 낙찰받으려는 거란 생각이 들었는지 몸을 다소 풀어 의자에 깊게 기대며 말했다.

"호수당 2000만 원이요. 입찰 전에 2000만 원 입금하면 호수들 중 가장 좋은 호수에 먼저 낙찰받게 해줄 겁니다. 낙찰받으면 바로 열쇠를 넘겨줄 거고요."

"그럼 낙찰받지 못하면요? 2000만 원 입금해드렸는데 낙찰받지 못하면 어떻게 하죠? 그 돈은 돌려받을 수 있나요?"

"아, 그럼요. 돌려드려야죠. 현금차용증을 써줄 거니까 그 문제는 걱정 안 해도 돼요."

그러면서 덧붙였다.

"그런데 2000만 원 입금 안 하면, 낙찰받아도 그 금액에 협상 못 하죠. 신고된 유치권 금액 전부 낙찰자한테서 받기 전까지는 오피스텔 절대 사용 못 하게 할 거예요."

그의 말은 단호해 보였다. 나는 생각을 해보겠다는 말을 남기고 그들의 사무실에서 나왔다. 그리고 2층에 있다는 다른 유치권 사무실에도 가보았다. 그들의 말은 또 달랐다.

"아래 층 사람들은 가짜니까 거기랑은 절대 협상하면 안 돼요. 우리가 진짜인데 엉뚱한 사람들에게 협상 금액 주면, 또 우리랑 다시 협상해야 할 겁니다."

"그럼 협상 금액으로 얼마를 원하시는데요?"

"3000만 원."

나는 이번에도 역시 생각을 해보겠다는 말을 남기고 나왔다.

'서로 자기네가 진짜라고 하니…….'

쓴웃음이 나왔다. 1층 사무실의 사람들을 보건대 워낙 철저히 준비하고 움직이고 있기 때문에 낙찰받고 나서 법적으로 대응하면 시간이 꽤 길어질 것 같았다. 유치권을 주장하는 사람들이 부동산 인도 절차에서 항고를 하면 소송으로 이어질 수 있고, 그러면 소송은 또 몇 번의 엎치락뒤치락을 거친 후에야 조정하는 쪽으로 갈 수도 있다. 그래서 확실한 증거로 유치권이 허위유치권이라는 것을 증명하지 못한다면 차라리 협상으로 접근하는 것이 더 낫다.

이 물건도 협상으로 접근하는 것이 나을 것 같았다. 처음 제시한 금액이 2000만 원이기 때문에 잘하면 그 금액 이하로 협상이 가능할 수도 있을 것 같았다. 설령 2000만 원이라는 돈을 모두 지불한다 해도 유찰된 가격대에서 낙찰을 받으면 더해도 4000만 원 정도에 오피스텔을 구입하는 셈이 된다. 월세가 보증금 500만 원에 30만 원 정도이기 때문에 어느 정도 괜찮겠다는 계산이 나왔다. 인근에 이만 한 오피스텔 건물이 없다는 점이 마음에 들었다. 경매가 모두 완료되고 유치권 문제가 다 해결되면 건물이 앞으로 잘 자리 잡게 될 거라는 생각이었다.

## 제로에 가까운 경쟁률, 감정가의 1/5 가격에 낙찰!

나는 더 적극적으로 내부를 살펴보기로 했다. 저녁 시간쯤이 되자 여기저기에서 문을 열고 나오는 사람들이 많았다. 나는 그들에게 집안 내부를 보면 안 되겠냐고 부탁해 더 자세히 둘러봤고, 여러 이야기도 많이 들을 수 있었.

나는 결국 이 물건에 입찰하기로 마음을 굳혔다. 많은 호수가 경매로 나왔기 때문에 함께 투자하는 사람들과 입찰을 진행했다. 중간에 경매기일이 변경되어 한 달을 더 기다렸고, 그 사이 건물에 대해 더 꼼꼼하게 조사를 할 수 있었

당시 1800만 원 정도에 낙찰받은 부자파로스 회원님의 사례. 현재 전세가는 7000만 원에서 7500만 원, 매매가는 8500만원에서 9500만 원 정도다. 이 분이 낙찰받은 호수는 유치권을 주장하는 사람이 아닌 임차인이 있어서 유치권을 주장하는 사람에게 협상 금액을 줄 필요가 없었다. 낙찰받고 3년 정도 후에 7000만 원에 매도했다고 한다.

다. 주변 사람들에게도 추천을 했다. 처음에는 많은 사람들이 관심을 가졌지만 막상 입찰을 한 사람은 얼마 되지 않았다. 워낙 복잡한 권리가 많은 데다 입찰날이 가까워지자 유치권을 주장하는 측에서 복도마다 사람들을 세워 감시하게 했다. 그런 모습을 보고 입찰을 꺼려한 것이다.

그러다 보니 대부분 물건의 입찰자가 한 명이거나 두 명, 많아야 세 명이었다. 말 그대로 경쟁률이 거의 제로에 가까웠다. 낙찰도 최저가에서 얼마 안 되는 금액으로 되었다. 낙찰된 금액이 감정가의 28%에서 30%대 초중반이었다. 즉 5000만 원 중반 가격에서 7000만 원 중반의 가격대 오피스텔을 1000만 원 후반대에서 2000만 원 초반대에 대부분 낙찰받게 된 것이다.

우리는 총 7건을 입찰해 4건을 낙찰받았다. 유치권이 신고돼 있고 그동안 유찰이 많이 되어 대출이 나오지 않을 것을 감안해야 했다. 낙찰가 금액 모두를 현찰로 지불한다고 생각하고, 최악의 경우 유치권 협상이 잘못될 것을 감안하여 금액 2000만 원을 모두 지불할 것을 예상하여 한 호수당 들어가는 비용은 대략 4500만 원으로 잡았다. 그런데 낙찰받고 나서 유치권자와 관련이 없는 임차인에게는 이사비 30만 원 정도만 지불했고, 나머지 호수들도 결국 300만 원에 협상을 볼 수 있었다.

## 유치권은 협상의 싸움이다

사실 이 오피스텔 경매는 주변에서 정말 많이 말렸던 물건이었다. 어떤 사람들은 해결하기 어려운 물건을 사람들에게 추천까지 한다고 못마땅해하기도 했다. 나를 의심의 눈으로 바라보는 사람까지 생겨서 한동안 마음고생도 많이 했다. 결과가 좋아서 다행이었지만 말이다.

요컨대, 유치권은 법적으로만 접근해서는 길이 안 보일 때가 많다. 장기간 고생하게 되는 경우가 더 많기 때문이다. 그래서 수익이 나는 선을 잘 따져보고 그 안에서 협상으로 풀어나가려는 노력이 필요하다. 우리는 이 건에 대해서도 유치권을 주장하는 사람들과 되도록 법적인 논쟁을 하지 않는 대신 몇 번의 줄다리기 협상을 적극적으로 진행했다.

처음에는 낙찰받은 사람들이 협상하는 데 많이 주저했던 것이 사실이다. 하지만 워낙 많은 호수의 경매가 오래 진행되다 보니 유치권을 주장하는 사람들도 빨리 끝내고 싶은 마음이 들 것이었다. 그래서 협상을 요청해오는 사람들에겐 오히려 호의적으로 대했다.

결국 적은 금액으로 협상이 이뤄졌고 일찍 오피스텔을 인도받을 수 있어서 다른 낙찰자들에 비해 임대도 빨리 놓을 수 있었다. 한꺼번에 400여 채가 낙찰됐기 때문에 늦어질수록 임차인을 구하기가 쉽지 않을 터였다. 그래서 나는 더욱 되도록 모든 일을 빨리 진행시키고 싶었고, 좋은 결과를 잘 만들어낼 수 있었다.

이때의 경험은 정말 두고두고 많은 도움이 되었다. 유치권에 대해 제대로 파악하려고 분석도 탐방도 경험도 많이 한 덕에 유치권이 있는 물건을 잘 해결할 수 있다는 자신감이 생긴 것은 물론이다. 유치권이 있는 물건은 결국 어떻게 협상하느냐의 싸움이다. 그리고 차근차근 쌓은 협상의 노력은 꼭 빛을 발한다.

경매 물건 고르기
11

# 경매는 결혼과 매한가지다

## 경매 법원에 모인 사람들

법원은 생각했던 것보다 더 한산했다. 같이 일하는 실장님과 내가 법원에 너무 일찍 도착한 탓인지 경매 법정의 문도 열려 있지 않았다. 하는 수 없이 우리는 물먹은 모래 포대자루가 된 듯한 몸을 이끌고 이층으로 올라가 복도 의자에 앉았다. 그러자 조금 전부터 눈에 띄던 긴 머리의 젊은 여성도 우리 쪽으로 와 의자 하나를 차지하고 앉았다. 삼삼오오 모인 사람들은 입찰 전이라 모두들 긴장한 얼굴이었지만 그녀만은 무심한 표정이었다. 사람이란 생명체는 참 이상하다. 왜 이리 직감이라는 것이 발동하는지…….

당일 경매가 진행되는 물건은 십여 건이 조금 넘는 정도였다. 그리고 실제 입찰되는 물건도 몇 개 되지 않을 것이다. 그래서 법원에 모여 있는 사람들은 많지 않았지만 무심한 표정으로 앉아 있는 젊은 여성이 우리가 입찰할 물건에 입찰할 또 다른 사람이라는 생각이 들었다. 그리고 그녀의 몸짓에서 느껴지건대, 분명 우리가 쓴 가격이 더 높을 거라는 느낌이었다. 분명 저쪽은 '되면 되고 말면 그만이지' 하는 마음으로 최저가에서 조금 올린 금액으로 입찰가를 정했을 것이다. 이런 생각을 나만 하고 있지는 않았는지 옆에 앉은 실장님이 나의 팔꿈치를 쳤다.

"저 사람도 우리 물건에 입찰할 것 같지 않아?"

실장님과 나는 나이가 동갑이라 친구 사이처럼 편하게 말을 트고 지낸다. 같이 일한 지 오래된 만큼 감각이 발동하는 것도 비슷하다. 나는 동감한다며 히죽 웃으며 답했다.

"어! 그런 것 같아."

실장님도 밤사이 제대로 잠을 못 잔 탓인지 얼굴과 눈두덩이 몹시 부어 있었다.

지방의 물건을 보러 다니거나 입찰할 일이 있으면 실장님과 나는 차를 번갈아 운전해가며 되도록 밤을 지내지 않고 새벽이라도 집으로 돌아오는 편이다. 여자 둘이서 잘 곳도 마땅치 않고 호텔 숙박비는 너무 비싸고, 실장님은 익숙한 곳이 아니면 잠을 잘 못 자는 편이라 무리를 해서라도 당일치기를 한다. 그런데 이번에는 어쩔 수 없이 읍내에 위치하고 있는 작고 허름한 집에서 숙박을 했다. 몇 십 년은 족히 되어 보이는 낡은 건물이지만 목욕탕을 함께 운영하고 읍내 중앙에 위치하고 있는 숙박업소로 정했다. 그곳에서 실장님이나 나나 밤사이 잠을 제대로 자지 못하고 동이 트자마자 나와 김밥 한 줄씩 입에 물고 법원으로 가는 택시에 몸을 실었다.

나는 얼굴을 두 손으로 비비며 생각을 했다.

'음…… 낙찰이 되면 되도록 임대차 건을 해결하고 가야 할 텐데…….'

## 복잡하지만 흥미로운 물건을 발견하다!

당일 입찰할 물건이 나의 눈에 띈 게 겨우 이틀 전 밤이었다. 그리고 서울도 아닌 충북 영동에 위치하고 있는 물건이었다. **매각기일**\*은 바로 코앞이고 조사도 전혀 되지 않은 물건. 평소의 나라면 이런 상황에 그냥 넘겨 버리지만 이번 물건은 상당히 흥미로웠다.

감정가 3400만 원에서 여덟 번이나 유찰되어 최저가 570만 4000원에 9차 경매가 진행되는 것이었다. 여러 번 유찰되는 사이 두 번의 낙찰이 있었지만, 두 번 다 대금미납으로 경매가 다시 진행된 건이다. **토지별도 등기**\*, **선순위 가처분**\*, **선순위 전세권**\*이라는 다소 복잡해 보이는 권리들이 있는 상황이었다.

그래도 **등기부**\*를 열람해서 나름의 분석을 해보니 이래저래 모두 해결할 수 있을 것 같았다(초보자들은 이런 물건에 섣불리 접근하지 않는 것이 좋다). 권리분석을

---

**매각기일**
경매가 진행되는 날. 경매하는 사람들은 입찰 날이라고 부른다.

**토지별도등기**
집합건물 등기부 이외에 토지등기부에만 등기되어 있는 권리. 토지별도등기가 있는 물건은 추가로 인수되는 권리나 금액 등이 발생할 수 있다.

**선순위 가처분**
소송이나 다툼에 관련되어 있는 부동산의 매매 및 임대 등의 행위를 금지하기 위해 해두는 가처분. 이런 물건을 잘못 낙찰받으면 소유권을 잃을 수도 있다.

**선순위 전세권**
일반적인 전세가 아닌 등기부에 전세권등기를 해놓은 경우. 권리분석이 복잡하다. 잘못 분석할 경우 인수되는 금액이 발생할 수 있다.

**등기부**
현재 등기사항전부증명서로 명칭이 바뀌었다.

하고 감정평가서와 매각물건명세서 등을 모두 꼼꼼히 살펴보았고, 그런 후 국토교통부에 들어가 실거래가를 확인했다. 감정가가 최근 거래된 금액보다 현저히 낮았다. 뿐만 아니라 전세가보다도 감정가가 낮았다. 참고로 지방의 빌라 시세를 정확히 파악하는 데는 다소 애로사항이 있다. 나는 빌라나 연립의 시세를 알아볼 때 여러 매물과 다양한 각도로, 나만의 방식으로 시장조사를 한다.

물건지가 위치하고 있는 지역의 신축 빌라 시세 동향을 살펴보니 매매가는 대부분 1억 원이 넘는 상태이고 전세가도 현격히 지금의 빌라보다 높았다. 전용면적 48제곱미터, 감정평가서에 나오는 도면을 살펴보니 구조가 나쁘지 않았다. 방 두 개와 거실, 화장실이 제법 넓고 요즘 임차인들이 많이 찾는 사이즈였다. 주변 부동산들을 살펴보니 이만 한 사이즈와 금액으로 된 부동산이 많지 않았다. 근처에 큰 아파트 단지가 있었지만 대부분 사이즈가 많이 협소하고 건물 연도가 너무 오래되었다. 하지만 이는 모두 인터넷으로 조사를 한 상황이고, 실제 물건도 보아야 하고 주변도 살펴보아야 한다. 그리고 모든 조사를 하루 만에 다 완료해야 한다.

## 입찰을 할 것인가, 말 것인가? 만일 건물에 이상이 있다면?

고개를 들어 벽에 걸려 있는 시계를 보니 밤 11시를 가리키고 있었.
'입찰을 할 것인가? 내일 조사를 하고 그다음 날 법원에서 입찰까지 하려면 총 이틀을 허비해야 한다. 그리고 내려갔다 올라오는 경비를 생각해서라도 낙찰을 받을 수 없다면 그냥 이 물건은 넘기는 것이 좋다. 어떡할 것인가?'

현재 상황으로 봐선 아무도 입찰을 할 것 같지는 않았다. 이런 물건을 어떻게 해결해야 할지 아는 사람들은 의외로 많지 않다. 앞서 두 사람이나 대금미납을 했던 탓에 권리적으로 해결하기 어렵다고 여길 수도 있고, 건물에 문제가 있을 수 있다고 생각하기 때문에 사람들이 선뜻 입찰에 나서지 않는다는 것을 나는 경험으로 잘 알고 있었다. 그래서 입찰한다면 낙찰받을 확률이 매우 높을 것이다.

'그런데 만일 건물에 이상이 있다면?'

유료사이트에 올라온 사진이나 법원의 감정평가서에 있는 사진으로는 제대로 판단할 수 없다. 누누이 사람들에게 말하지 않았던가? 부동산투자는 결혼하는 거나 마찬가지이니 꼼꼼히 조사를 하고 입찰을 해야 한다고.

'어떻게 할까?'

다음 날 하루 동안 조사해야 할 모든 것들을 다 조사할 수 있을지도 확신이 서질 않았다. 나는 여러 가지 상황을 따져보고 나서도 선택하기 어려울 때 하늘의 뜻에 맡기곤 한다. 나는 우스꽝스런 자세로 앉아 두 손을 모으고 기도를 하기 시작했다.

"신이시여, 제가 이 물건에 입찰을 하고 낙찰을 받아도 마땅하다고 생각이 드신다면 빨간색 깃발을 보여주십시오."

이렇게 기도를 하고 난 나는 화장실에 가서 세수를 하고 이빨을 닦으며 생각을 정리해보았다.

'아니, 우리 집에 빨간색 깃발이 어디 있다고……'

그런데 화장실에서 나온 나는 그만 웃음을 터뜨리고야 말았다.

거실에 켜놓은 텔레비전 화면에서 골프장이 보이고 초록색 필드 위에 빨간색 깃발이 깃대에서 나부끼고 있었기 때문이었다.

## 또 하나의 경매물건 파일을 만들다

아직 잠을 자고 있지 않을 실장님께 전화를 걸었다.

"내일 내려 가봐야 할 것 같아. 같이 갈래?"

"뭐? 내일?"

"음, 이틀은 시간을 비워야 해. 내일은 현장조사하고, 그러고 나서 괜찮으면 다음 날 바로 입찰 들어갈 거니까 거기서 잘 거야."

"그래? 알았어. 차는 안 가져가고?"

"응, 근처에 기차역이 있어서 차를 가져가지 않으려고. 오고가며 해야 할 일이 있어."

동행하겠다는 실장님의 대답을 듣고 나는 급하게 승차권을 예매하고 감정평가서 등 대법원 경매사이트에 올라와 있는 문서들을 모두 출력해서 비닐로 된 파일에 정리해 넣었다. 그리고 파일 위에 사건번호와 빌라 명칭, 날짜를 기재했다. 이제 해당 물건에 오고 가며 쓰게 되는 각종 영수증, 자료들, 메모들이 이 파일에 모두 담길 것이다.

현장조사와 시세조사
**12**

# 정해진 대로만 하면 절대 알 수 없는 것들

### 인근에 있는 건물들, 지나다니는 사람들을 살펴라

다음 날 오전에 처리해야 할 일들을 빨리 마무리하고 점심시간 쯤 KTX를 타고 중간에 무궁화호로 한 시간 정도 걸려 영동역에 도착했다. 우리는 무거운 배낭가방을 각자 어깨에 메고 택시에 올랐다. 해당 부동산이 있는 위치에 곧장 가는 대신 그 주변에 내려 이리저리 둘러보았다.

큰 아파트 단지가 있는 인근에는 새로 들어선 신축 원룸도 제법 보였다. 부동산 사무실을 찾아보았지만 근처엔 보이지 않았고 겨우 찾은 부동산 사무실도 문을 닫은 채 외출 중이라는 메모만 붙어 있었다. 메모에 적힌 전화번호로 전화를 해보았지만 연락이 되지 않았다. 차선책으로 한 원룸 건물에 걸려 있는 팻말에 적힌 임대문의 번호로 전화를 걸었다. 그러나 역시 신호만 갈 뿐 번호의 주인은 받질 않았다.

일단 시세조사와 그곳의 거래 상황을 알아보는 것은 잠시 뒤로 미루고, 우리는 다소 거리가 있었지만 목적지까지 걸었다. 걸어가는 동안 버스 정류장, 편의점과 같은 건물 주위에서 제법 많은 젊은 대학생들이 삼삼오오 모여 있는 모습들을 볼 수 있었다. 인근에 있는 대학에 다니는 학생들이었다.

## 반장네 집을 먼저 찾는 이유

물건지에 도착해보니 사진으로 보았던 것과는 달리 외관상으로 보아선 괜찮아 보였다. 바로 인근에서 대형 병원이 신축 확장 공사를 하는 중이었고 빌라 주민들이 주차를 할 수 있도록 제법 넓게 지상 주차장이 마련되어 있었다. 해가 어스름하게 지고 있는 저녁 시간이서인지 주차장 가로등 불빛이 환하게 켜져 있어 밤에 오고가는 것도 위험하지 않겠다는 생각이 들었다. 마침 지나가는 젊은 여성이 있어 물었다.

"여기 빌라 관리하는 반장님 집이 어디에요?"

"반장님은 없고 총무님은 계신데, 왜요?"

"아, 네, 여기 관리비 때문에 뭐 좀 여쭈어보려고요."

나는 빌라로 나온 물건을 임장할 때 해당 호수로 바로 가지 않고 이렇게 건물의 총무나 반장 댁을 먼저 묻곤 한다. 이렇게 말문을 떼면 다른 여러 가지 사안에 대해서 물어볼 때 답변을 듣기가 한결 수월해지기 때문이다.

"저기 20*호 가 총무님 댁이에요. 거기로 가보세요."

궁금한 내용을 좀 더 묻고 싶었지만 그녀는 급한 볼일이 있는지 빠른 걸음으로 건물을 돌아 나갔다. 그녀가 가르쳐준 호수로 가서 문을 두드리며 총무님 계시냐고 하니 남성분이 아직 안 들어왔으니 나중에 오라고 소리를 높여 대답을 했다.

'이 방법으론 건물에 관련된 상황이나 내부 구조 등을 볼 수 없겠어.'

이렇게 생각한 나는 밖으로 나와 해당 호수 쪽으로 올려다보았다. 거실에 불이 켜져 있었다. 우리는 계단을 올라가서 해당 호수의 현관문을 두드렸다.

## 집을 좀 살펴보고 가면 안 될까요?

"누구세요?"

남자의 목소리. '누구세요'라는 소리가 빠르게 커지는 것으로 보아 곧 현관문이 열릴 것이라 생각하는 찰나. 한 남성이 문을 열었다. 40대 중후반으로 보이는 분이었다. '누구죠?'라는 어리둥절한 표정으로 서 있는 그에게 말했다.

"아, 여기 집이 경매로 나와서요, 집을 좀 보고 가면 안 될까요?"

다짜고짜 집이 경매로 나왔으니 집을 보자고 한 것은, 여기 살고 있는 임차인의 보증금을 낙찰자가 모두 인수해야 하는 상황이기 때문에 당당하게 요청했던 것이다.

"경매요?"

그는 우리가 서 있는 모습을 살폈다. 서울말을 쓰는 두 여자가 무거운 가방을 메고 땀을 삐질삐질 흘리고 있는 데다 늦은 저녁 시간 지친 기색을 하고 있어 "안 돼요!"라고 하지는 못하는 눈치였다.

"네, 내일이 입찰 날이에요."

"내일이 입찰 날이라고요? 벌써 그렇게 됐나? 들어오세요."

나는 고개를 숙여 감사를 표하고 집 안으로 들어갔다. 집 안에는 남성 두 명이 더 있었다. 나이대는 각각 달라 보였지만 30대 중후반은 모두 넘긴 사람들이었다. 막 저녁식사를 마쳤는지 한 사람은 설거지를 하고 있었고 한 사람은 집안 내부를 치우고 있었다.

'깨끗하게 쓰고 계시구나.'

## 지금 뭐하는 겁니까? 낙찰받고 나서 오세요!

나는 빠르게 집안 내부를 살폈다. 어디 수리해야 할 때는 없는지, 도배나 장판은 새로 해야 하는지, 새시를 새로 해야 하는지, 싱크대를 새로 교체해야 하는지 등을 두루 살폈다. 세 남자 분이 워낙 깔끔하게 지낸 듯 모든 게 정갈하게 정돈되어 있어 어디 하나 손을 봐야 할 데가 없어 보였다. 무엇이든 문제가 있으면 이 세 남자들이 알아서 고치고 손볼 것 같았다.

"죄송하지만 방 안도 좀 더 보면 안 될까요? 빨리 보고 나갈게요."

문을 열어줬던 분이 그러라고 고개를 끄덕였다. 살펴보니 방이 두 개가 아니라 세 개였다. 거실 한 부분을 막아 또 하나의 방으로 사용하고 있었다. 그렇게 했는데도 방이나 실내 구조가 그렇게 답답해 보이거나 작아 보이지 않았다. 화장실 내부도 작지 않고 깨끗하게 청소가 되어 있었다.

"그런데 여기에 왜 입찰하려는 겁니까? 여기 이미 두 사람이나 낙찰받았다가 다 잔금납부 안 했어요. 그건 알아요?"

그의 말에 고개를 끄덕이며 나는 천장을 살폈다. 물이 샌 흔적이 없나를 찾기 위해서였다.

"여기 이것저것 골치 아픈 문제도 많고 그래요. 뭘 모르고 입찰하신다고 그러는 거 아니에요? 웬만하면 입찰 안 하시는 게 좋을 거예요."

그의 말에 나는 다시 고개를 끄덕여 보이면서 계속 살폈다.

"저 죄송한데 물 좀 틀어볼게요."

예전에 낙찰받은 물건 중 하나가 수압이 낮아 물이 잘 나오지 않아서 무척 고생을 했던 적이 있어서 나는 집을 볼 때 꼭 수압이 어떤지 그 건물의 사람들이나 해당 집에서 확인을 한다. 다행히 물이 시원하게 나왔다. 그런데 이런 나의 행동이 아무 말도 하지 않고 있던 다른 한 사람의 기분을 불쾌하게 한 듯했다.

"지금 뭐 하는 겁니까? 여기 낙찰받았어요? 낙찰받고 나서 오세요. 낙찰도 받지 않고 지금 뭐 하는 거예요?"

"아, 알았어요."

나와 실장님은 뒤로 밀려나며 황급히 인사를 하고 집에서 나왔다. 쌀쌀한 늦가을에 등 뒤로 땀이 줄줄 흘러내렸다.

## 위험하니까 입찰 안 하는 게 좋다고?

우리는 계단으로 내려가 건물 전체를 살펴보았다. 어둑어둑해서 처음에는 잘 알아보지 못했는데 법원에서 감정평가를 했을 때와 달리 건물 전체가 새로 페인트칠이 되어 있었고 밖에서 전체를 바라보니 반지하에까지 불이 모두 켜져 있는 것으로 보아 제법 세대 수가 많은 빌라건물인데도 공실은 거의 없어 보였다. 주차장 바로 인근에 대형 병원 신축건물이 들어서고 있는 것도 다시 한 번 맘에 드는 점이었다. 그렇지 않았다면 건물 빌라가 번화가에서 다소 뚝 떨어져 있는 나 홀로 건물로 계속 있었을 것이다. 그렇게 우리가 주차장에서 두리번거리며 한참을 살펴보고 있는데 계단에서 남자들이 내려왔다. 경매로 나온 바로 그 호수에 살고 있는 사람들이었다. 우리에게 문을 열어주었던 남성이 나에게 다가와서 말했다.

"보아하니 서울서 온 것 같은데, 여기 위험하고 그러니까 입찰 안 하는 게 좋아요. 여기 이것저것 걸려 있는 게 많아서 못 푼다니까. 걱정돼서 말해주는 거니까 입찰하지 않는 게 좋아요."

그는 그렇게 친절하게 말을 하고는 차를 몰아 주차장을 빠져나갔다.

'휴! 진땀 뺐네.'

## 주민들의 이야기가 가장 생생한 정보가 될 수 있다!

몹시 피곤했지만 시세조사가 남아 있었다. 하룻밤 지낼 곳도 아직 알아보지 못했지만 우리는 시세조사를 위해 큰 아파트 단지가 있던 번화한 골목으로 걸어갔다. 늦은 저녁시간임에도 걸어 다니는 젊은 학생들이 많았다. 그래서인지 건물과 건물 사이에 있는 빈 공터 한 귀퉁이에 어묵과 떡볶이, 순대, 호떡 등을 파는 노점 트럭이 있었다. 깨끗한 트럭 위에 펼쳐진 사각 팬에는 호떡이 노릇하게 구워지고 있고 닭꼬치가 맛있는 냄새를 풍기며 익어가고 있었다. 노점 앞에는 제법 많은 손님들이 북적였다. 우리는 그곳으로 가 순대와 호떡을 주문했다.

허기가 졌던 우리는 한동안 말없이 먹기만 했지만 그동안에도 사람들의 대화에 귀를 기울이며 손님들을 살폈다. 아이들을 데리고 나온 젊은 엄마들, 학생들의 대화, 사람들의 몸짓 등. 몇 차례 학생들의 주문이 끝나고 조금 한가해지자 노점 여주인에게 말문을 열었다.

"이 근처에 집을 얻으려고 왔는데요, 부동산 사무실이 모두 문이 닫혀 있더라고요. 근처 부동산 사무실도 많이 없고요. 여기 부동산 시세를 알려면 어떻게 하면 될까요?"

"글쎄, 여긴 부동산 사무실에 안 가고 ○○신문으로 집을 알아보는데."

나는 머릿속으로 ○○신문 이름을 몇 번이고 되뇌었다.

"어떤 거 구하는데요?"

아주머니가 우리의 모습을 살피며 물었고, 옆에 서 있던 아이를 데리고 온 아주머니도 말을 거들었다. 그렇게 시작되어 그들과 오고가는 사람들로부터 인근 아파트와 빌라 원룸 시세, 그리고 어디가 살기가 좋은지, 어디에는 뭐가 문제인지 자세히 들을 수가 있었다. 부동산 사무실에서 얻는 정보도 중요하지만 이렇게 해당 지역에 살고 있는 주민들로부터 직접 이야기를 들어보는 게 더 상세하고 정확한 정보를 얻을 수도 있다(그렇다고 모든 주민이 지역 부동산 시장 상황을 정확하게 아는 것은 아니므로 늘 이야기는 선별해서 들어야 한다).

그들의 이야기를 한참 듣고 나서 나는 경매로 나온 해당 물건이 이 지역에선 나름 장점이 많다는 것을 알 수 있었다. 큰 아파트 단지는 내부가 좁고 관리가 잘 안 되고 있었으며 공실도 많고, 인근 새로 지어진 원룸은 상대적으로 비싸고 역시 건물 내부 면적(전용면적)이 대부분 작은 것이 다수를 차지하고 있었다. 그리고 경매로 나온 물건과 같은 전용면적의 신축빌라는 인터넷 조사 때와 마찬가지로 매매가나 임대가 모두 상대적으로 비쌌다. 그렇다면 이렇게 작은 중소도시에서는 나름 임대를 놓기는 용이할 것 같다는 계산이 나왔다.

  이래저래 조사를 하고 나서도 아니다 싶으면 바로 KTX를 타고 서울로 올라가려고 했지만 우리는 하룻밤을 보내고 그다음 날 입찰까지 하기로 결정을 내렸다.

입찰 그리고 낙찰
**13**

# 눈치 싸움,
# 끝까지 고군분투

### 입찰하기 전 마지막으로 확인한 사항

경매법정문이 열렸는지 복도에 앉아 있던 사람들이 아래층으로 내려가기 시작했다. 실장님이 우리도 내려가자고 눈짓했다.

"잠깐 있어봐."

나는 영동으로 내려오기 전에 알아두었던 번호로 전화를 했다. 해당 물건지에 살고 있는 사람들이 다니는 회사였다. 말하자면 해당 물건지는 한 회사의 사원들이 숙소로 지내고 있는 상황이었던 것이다. 나는 회사 사장님과 통화를 하고 싶었다. 입찰하기 전 마지막으로 배당요구*를 하지 않은 임차인인 선순위 전세권자*에 대해 나름의 판단을 하고 싶어서였다. 전화를 걸어 빌라 건물명을 대며 거기 입찰할 사람이니 사장님을 바꿔달라고 했고 전화를 받은 직원이 사장님과 연결해주었다. 온화한 느낌을 가진 목소리의 사장님이었다. 그에게 인사를 하고 자초지종을 말하며 낙찰이 되면 사원들의 숙소는 어떻게 하실 건지 조심스럽게 물었다.

"글쎄요, 우리 직원들은 웬만하면 거기서 계속 살고 싶어 하는데요. 그런데 얼마 전에 그 근처에 사는 아주머니가 자기가 입찰할 거라고 했어요. 자신이 낙찰받으면 우리를 그냥 계속 살게 해준다고 했거든요."

"네, 잘 알겠습니다. 전화받아주셔서 감사합니다."

나는 정중하게 인사를 한 후 전화를 끊었다. 그와 이야기를 나누어보니 낙찰자를 고의적으로 괴롭힌다거나 하지는 않을 것 같았다. 그리고 우리 옆에 있던 그 젊은 여성이 바로 사장님이 말한 그 아주머니와 관련 있는 사람일 것 같았다.

**배당 요구**
선순위 임차인이나 전세권자는 자신이 살고 있는 부동산에 경매가 진행되면 임차보증금의 매각대금에 대해서 변제받겠다고 배당요구를 할 수 있다. 하지만 배당요구를 하지 않는 경우 낙찰자가 모두 인수해야 한다.

**선순위 전세권자**
말소기준권리(부동산이 낙찰될 경우, 그 부동산에 존재하던 권리가 소멸하는가, 그렇지 않으면 그대로 남아 낙찰자에게 인수되는가를 가늠하는 기준이 되는 권리)보다 먼저 전세권등기를 한 사람을 말한다.

## 입찰보증금액이 최저가의 10%가 정말 맞아요?

우리는 1층 경매법정으로 내려갔다. 채 10여 명이 되지 않은 사람들이 법정 안에 놓여 있는 의자에 앉지도 않고 서성거렸다. 실제 입찰하려는 사람도 많아 보이지 않았다. 우리는 가방을 의자 위에 올려놓고 밖으로 나가 휴게실에 설치

되어 있는 무인민원발급기에서 등기부를 발급받아 다시 한 번 변동 사항이 없는지 확인했다.

법정에 돌아와보니 법원사무관님이 마이크를 잡고 입찰자 주의사항에 대해 안내를 하고 있었다. 11시에 입찰마감을 하겠다는 것을 알리고 주의사항에 대한 안내가 끝나자 사람들이 앞에 놓여 있는 입찰표를 가져갔다. 서울에서 내려오기 전에 대법원 경매사이트에서 출력받은 입찰표 용지로 미리 작성한 것이 있지만 나도 입찰표를 가져와 다시 작성하고 입찰보증금 봉투에 넣을 입찰보증금을 준비했다. 입찰보증금액은 최저가의 10%인 57만 400원이지만, 나는 57만 1000원을 봉투에 넣었다. 예전에 동전을 묵직하게 넣었다가 수표로 다시 끊어 오라고 사무관님이 나를 돌려보냈던 적이 있기 때문에 동전을 입찰보증금 봉투에 넣지 않는다.

그런데 입찰보증금액이 10%라는 게 마음에 걸렸다. 대금미납이 두 번이나 되어 재경매가 이루어진다면 보통 입찰보증금액도 올라 20~30%일 텐데 대법원 경매사이트에서도 확인한 입찰보증금액은 최저가의 10%였다. 찜찜함을 지울 수 없었던 나는 자리에서 일어나 앞에 앉아 있는 사무관에게 입찰표를 보여주며 물었다.

"여기 사건번호 2013타경 ***은 재매각이잖아요, 그런데 입찰보증금액이 최저가의 10%라고 되어 있어요. 맞나요?"

사무관은 나의 말을 듣자마자 바로 답했다.

"네, 맞아요. 그 사건은 입찰보증금액이 최저가의 10%입니다."

워낙 유찰이 많이 되고 두 번이나 낙찰자들이 대금을 미납했던 터라 잘 알고 있는 듯했다. 나는 작성한 입찰표를 꼼꼼하게 살펴보고 나서 입찰표와 입찰보증금 봉투를 누런 입찰봉투에 모두 넣었다. 하지만 나는 입찰봉투를 바로 제출하지 않고 최종적으로 다시 한 번 매각물건명세서를 꼼꼼히 살폈다. 새로운 내용이 없나 마지막까지 살펴보는 것이다.

변동된 사항은 없었다. 그리고 나서야 나는 비로소 입찰봉투를 법원사무관에게 내밀었다. 사무관은 나의 신분증을 살피고 입찰봉투에 번호가 적힌 도장을 찍고 나서 봉투 입구에 붙어 있는 수취증을 찢어 나에게 내밀었다. 나는 수취증을 받아 지갑에 넣고 사무관이 건네준 봉투를 법정 앞 중앙에 놓인 커다란 투명 플라스틱 상자 안에 넣었다. 그렇게 입찰이 완료되었다.

## 매각 절차를 몰라서 손해 본 할아버지

입찰하는 사람들이 별로 없어서 얼마 지나지 않아 곧바로 개찰이 이루어졌다. 10여 건이 좀 넘는 경매 물건 중에서 실제 입찰이 이루진 물건은 5~6건. 아주 조용하고 썰렁한 분위기에서 사람들이 입찰 결과를 기다렸다.

"안 돼!"

조용한 법정에서 한 노인이 목소리를 크게 높였다. 옆에 함께 온 50대 남성도 난처한 표정을 지었다. 하지만 법정의 높은 의자에 앉은 사무관님의 표정은 단호했다.

"그러게 어르신, 그러면 입찰을 하지 말았어야지요."

"아무도 입찰한 사람이 없잖아. 그러면 나도 입찰 안 한 거야."

노인은 계속 강경하게 서 있었다. 하지만 사무관님은 더 단호한 표정을 지으며 목소리를 높였다.

"공유자우선매수신고\*를 하시고 입찰까지 했다면 입찰 무효처리 할 수 없습

**공유자우선매수신고**
부동산을 한 명 이상의 사람들이 공유로 보유하고 있는 경우 각각의 사람들을 공유자라고 한다. 공유자들은 부동산에 대해 공유지분을 가진다. 그런데 그 공유지분 중 하나가 경매가 진행되면 지분경매가 되고, 이때 다른 공유자는 먼저 해당 지분을 우선적으로 매수하겠다는 공유자우선매수신고를 할 수 있다.

니다. 입찰한 것이니 대금납부를 하시던지 아니면 입찰보증금을 포기하셔야지 우리도 어쩔 수 없습니다."

그의 단호한 말에 노인과 그의 아들로 보이는 두 사람은 어깨를 내리고 법정을 나갔다.

공부가 안 되었다면 이와 같은 상황이 무슨 상황인지 알 수 없을 것이다. 하지만 나는 오랜 기간 경매 공부를 하고 경매 교육을 하는 사람이다 보니 그 상황이 어떤 것인지 바로 알 수 있었다. 땅의 일부인 지분이 경매로 나왔고 그 땅의 다른 지분을 가지고 있는 노인이 공유자우선매수신고를 했고 입찰까지 했는데 다른 사람이 아무도 입찰하지 않았던 것이다.

공유자우선매수신고를 미리 한 경우, 아무도 입찰하지 않는다면 그냥 유찰되기를 기다렸다가 다시 공유자우선매수신고를 하면 된다. 유찰이 되면 최저가는 내려간다. 즉 공유자인 노인은 더 낮은 금액으로 지분을 살 수 있었다(요즘은 이렇게 하는 것을 방지하기 위해 공유자우선매수신고를 1회에 한한다는 특별매각조건을 붙이는 경우가 많다). 그런데 본인이 입찰까지 했으므로 자신 외에 다른 누구도 입찰하지 않았다면 공유자인 노인은 공유자우선매수를 할 수밖에 없는 상황이 된 것이다.

경매는 이렇게 부동산 매각 절차에 대한 공부가 제대로 되지 않아 보증금을 잃게 되거나 자신이 뜻하는 대로 되지 않는 경우가 종종 생겨나곤 한다.

이제 다시 나의 입찰 이야기로 돌아와야겠다.

## 낙찰받았다!
## 그러나 이제부터가 본 게임

드디어 입찰한 물건의 개찰이 이루어졌다. 입찰자는 두 사람. 짐작했던 대로 나와 긴 머리의 젊은 여성이 법정 앞으로 나갔다.

"2013타경 *** 사건에 최고가 매수신고인은 671만 1110원을 쓴 ○○회사입니다. 대표 박수진 씨는 앞으로 나와주세요."

나는 서 있던 젊은 여성보다 70여 만 원을 더 써서 낙찰을 받았다. 처음 611만 1110원으로 썼다가 다시 금액을 올려 쓴 것이 아쉬웠지만 나는 신분증을 보여주고 법원 직원이 찍으라는 곳에 도장을 찍고 입찰보증금 영수증과 입찰보증금으로 넣었던 금액의 차액인 600원을 돌려받고 법정에서 나왔다.

우리는 법원 식당으로 가 서둘러 점심을 먹었다. 이제 본격적으로 해야 할 일이 너무 많았다. 당일 처리해야 할 일을 하지 못하면 영동까지 다시 여러 번 발걸음을 해야 한다. 그러면 시간적 소비도 많고 경비도 많이 소요될 뿐만 아니라 신경도 여러 번 써야 하므로 될 수 있으면 당일 할 수 있는 일들은 모두 처리하고 가야 한다. 이것도 오랜 시간 동안 경험이 쌓이다 보니 터득한 노하우들이다.

밥을 먹고 나서 무거운 짐을 실장님에게 맡기고 나는 법정으로 다시 가보았다. 매각 절차가 모두 끝나고 법원은 비어 있었다. 직원 식당으로 가보니 법정에서 보았던 사무관님들과 직원들이 점심식사를 하고 있었다. 어쩔 수 없이 휴게실에 돌아와 그들이 밥을 다 먹을 때까지 기다렸다. 잠시 뒤에 나는 사무관을 찾아갔다.

## 이해관계인 서류 열람 좀 할게요!

집행관사무실에서 사무관들이 분주히 움직이고 있었다. 당일 매각된 물건들에 입찰했던 사람들의 입찰표들을 사건별로 서류철에 정리 작업을 하고 있었다. 나는 그들에게 쭈뼛쭈뼛 다가가 공손하게 두 손을 모으고 물었다.

"저, 제가 저 멀리서 왔는데요. 죄송하지만 이해관계인 서류*를 열람 좀 할 수 있을까요?"

"누구요? 어! 거기! 그 ○○빌라 받으신 분?"

사무관 중 한 분이 나를 이내 알아보았다. 그는 쌀쌀한 날씨에도 땀을 삐질삐질 흘리며 서 있는 나를 살피곤 말했다.

"아직 민사신청과에 보내지 않았습니다. 그때까지 기다리세요. 그리고 절대 임차인 주민번호 같은 거 적으시면 안 됩니다."

"그럼요, 그럼요."

**이해관계인 서류**
낙찰자는 입찰하기 전 법원의 매각물건명세서, 세대현황조사서, 감정평가서 등만 열람할 수 있을 뿐 여러 이해관계인이 제출한 서류들을 볼 수는 없다. 하지만 낙찰자가 되면 이런 서류를 볼 수 있게 된다.

**가처분권자**
가처분 등기를 한 사람.

나는 고맙다는 말을 건네고 의자에 앉아 한참을 기다렸다가 민사신청과에 가서 열람신청서를 작성하고 서류를 보기 시작했다. 이미 전세권자의 연락처는 알고 있으므로 내가 보아야 하는 부분은 가처분권자*의 전화번호였다. 낙찰받고 나서 이해관계인 서류를 열람할 때 이것저것 꼼꼼하게 메모를 해두어야 한다. 그리고 무엇보다 시급한 선순위 가처분권자의 연락처를 메모하고 다른 이상한 내용이 없나 다른 서류들을 빨리 확인하고 나서 직원분들에게 고맙다는 말을 건네고 나왔다.

## 상대를 배려한 확답? 항상 좋은 건 아니다

'낙찰받은 집으로 한 번 더 가볼까, 아니면 서울로 바로 올라갈 것인가?'
해당 집으로 간다고 해도 모두 회사에 나가 있을 테니 낙찰받은 집을 방문하는 일은 무의미했다. 그리고 전날 밤 잠깐 동안이지만 내부를 꼼꼼하게 살폈던 터라 다시 내부를 보는 일도 시급한 일은 아니었다. 우리는 서울로 올라가기로 했다.

영동지원에서 영동역까지 가는 버스 편은 하루에 몇 번밖에 다니지 않아서 우리는 다시 택시를 불렀다. 택시에서 내리자 누군가로부터 전화가 걸려왔다.

| 2013 타경 *** (강제) | | 매각기일 : 2014-10-07 10:00~(화) | | 경매1계 043-740-4040 | |
|---|---|---|---|---|---|
| 용도 | 다세대(빌라) . | 채권자 | *** | 감정가 | 34,000,000원 |
| 대지권 | 64.55㎡ (19.53평) | 채무자 | *** | 최저가 | (17%) 5,704,000원 |
| 전용면적 | 48㎡ (14.52평) | 소유자 | *** | 보증금 | (10%) 571,000원 |
| 사건접수 | 2013-01-18 | 매각대상 | 토지/건물일괄매각 | 청구금액 | 13,636,934원 |
| 입찰방법 | 기일입찰 | 배당종기일 | 2013-04-22 | 개시결정 | 2013-01-21 |

**기일현황**

| 회차 | 매각기일 | 최저매각금액 | 결과 |
|---|---|---|---|
| 신건 | 2013-09-24 | 34,000,000원 | 유찰 |
| 2차 | 2013-10-22 | 27,200,000원 | 매각 |
| 낙찰28,000,000원(82%) | | | |
| | 2013-10-29 | 매각결정기일 | 허가 |
| | 2013-11-26 | 대금지급기한 | 미납 |
| 2차 | 2013-12-17 | 27,200,000원 | 유찰 |
| 3차 | 2014-01-14 | 21,760,000원 | 유찰 |
| 4차 | 2014-02-11 | 17,408,000원 | 매각 |
| ***/입찰1명/낙찰18,060,000원(53%) | | | |
| | 2014-02-18 | 매각결정기일 | 허가 |
| | 2014-03-25 | 대금지급기한 | 미납 |
| 4차 | 2014-05-13 | 17,408,000원 | 유찰 |
| 5차 | 2014-06-10 | 13,926,000원 | 유찰 |
| 6차 | 2014-07-08 | 11,141,000원 | 유찰 |
| 7차 | 2014-08-05 | 8,913,000원 | 유찰 |
| 8차 | 2014-09-02 | 7,130,000원 | 유찰 |
| 9차 | 2014-10-07 | 5,704,000원 | 매각 |
| ***/입찰2명/낙찰6,711,110원(20%) | | | |

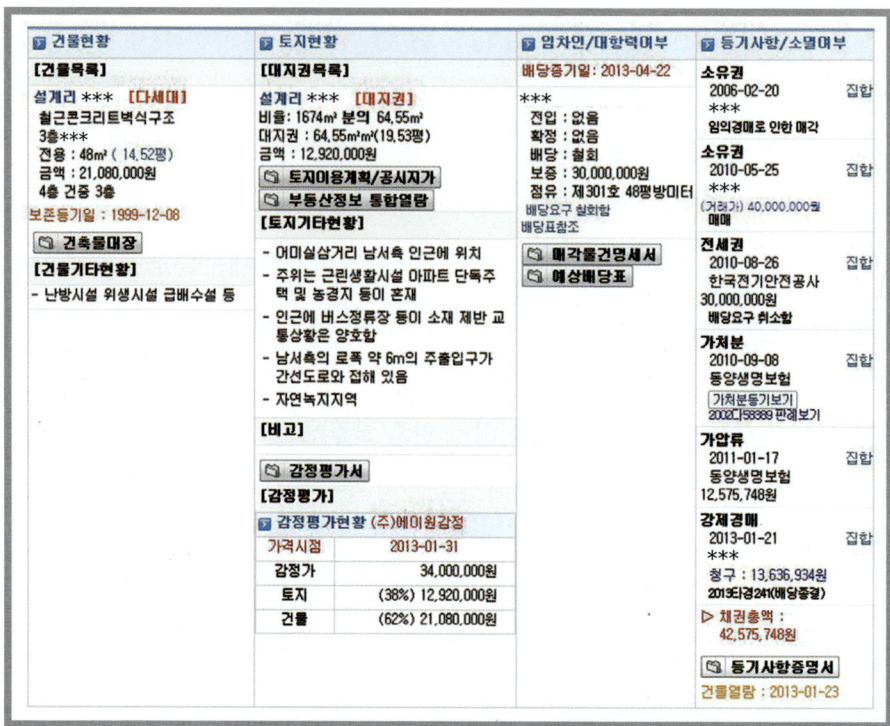

배당받지 못하는 선순위 전세권, 선순위 가처분, 토지별도등기가 있어서 17%대까지 유찰이 되었던 물건이다. 그리고 앞서 두 사람이나 입찰을 했다가 보증금을 포기했던 물건이기도 하다. 선순위 전세권자의 금액 3000만 원을 인수해야 한다는 것을 낙찰을 받고 나서야 알게 된 듯하다. 하지만 3000만 원의 전세권 금액을 인수하다고 해도 굳이 그 금액을 지불할 필요가 없었다. 입찰 전 조사 시 전세권자가 계속 점유하기를 원했던 것을 알았기 때문이었다. 그리고 전세가 이미 많이 상승해 있던 상황이어서 보증금액을 증액하여 미리 받는다면 낙찰 잔금도 보증금액을 증액한 금액으로 치를 수 있는 물건이었다. 낙찰받고 잔금납부금액으로 670여 만 원과 취득세와 각종 수수료, 그리고 오고 간 경비와 등기비용을 감안하여 총 700여 만 원의 비용이 나갔다. 그런데 보증금액 500만 원을 받았기 때문에 투자금 총 200여 만 원이 들었다.

오전에 통화를 했던 전세권자인 전기공사 사장님이었다. 전화를 받으니 낙찰 받은 것을 전해 들었다고 한다. 그리고 직원들이 거기 계속 살고 싶어 하니 어떻게 안 되겠냐는 말씀을 다시 하셨다.

나는 당장 확답을 줄 수 있는 상황이 아니었다. 전세권 금액이 시세대비 적기 때문에 다시 계약을 해야 한다. 그렇게 하려면 상대는 회사이기 때문에 전세권 설정 계약을 다시 하고 전세권등기절차를 밟아야 한다. 하지만 무엇보다 선순위가처분과 토지별도등기가 있는 것을 등기부에서 말소하는 일부터 해결하고 싶었다. 의논해보고 다시 전화를 드리겠다고 하고는 전화를 끊었다.

전에는 이런 질문에 곧장 답변을 하는 성격이었는데 지금은 대부분의 거래에서는 우선 생각을 해보겠다는 말을 하고 바로 답변을 하지 않는 편이다. 보다 유리한 답변을 하기 위함이라고 생각할 수 있겠지만 너무 빨리 흔쾌히 답변을 하면 상대는 자신이 그렇게 제시한 조건에 대해 스스로 의문을 품을 수도 있기 때문이다. 그래서 상대를 배려하는 금액이나 계약조건이라 하더라도 바로 대답하는 것이 때로는 좋지 않다는 것을 배우게 된 것도 다 이 경매투자를 통해서다.

모든 문제를 해결하고
14

# 목적에 집중하면
# 결국 목적지에 도달한다

### 먼저 가처분을 지워주시면 대금납부 할게요

KTX 열차에 올라타 자리를 잡고 나는 법원에서 메모해온 가처분권자인 카드회사 지점에 전화를 걸었다. 다른 승객들도 있고 해서 최대한 목소리를 낮추고 물어보니 이제 더 이상 자신들의 업무가 아니라고 한다. 몇 번의 담당자들의 교환이 이루어지고 나서야 한 대부업체의 담당자와 통화를 할 수 있었다. 전화를 받은 남성에게 사건번호를 말하고 낙찰을 받은 사람이라고 하자 그는 다짜고짜 얼마에 낙찰을 받았는지부터 물었다.

낙찰받은 금액을 말해주니 휴대폰 너머로 욕이 섞인 말이 흘러나왔다. 요지는 그것도 금액이라고 받았냐는 것이다. 그렇게 낮은 금액으로 낙찰을 받고서 왜 전화까지 한 것이냐고 그는 몹시 화가 나고 귀찮은 듯이 말했다.

"그러니까 먼저 가처분 지워주시면 저희가 대금납부를 하려고요."

"뭐라고요? 나보고 가처분을 지우라고? 그걸 내가 왜 지웁니까?"

그는 나의 말에 어이가 없다는 듯 목소리를 높였다.

"가처분을 그쪽이 지우든 말든 내 알 바 아니니까 알아서 하시오!"

그는 그렇게 그의 말만 하고 신경질적으로 전화를 끊어버렸다. 나는 잠시 작은 한숨을 쉬고 나서 가만히 생각해보았다.

'이제 어디에 전화를 하지? 그래, 우선 경매계장님께 전화를 걸어 말해놓고 토지별도등기권자인 ○○은행에 전화를 해야겠다.'

## 모든 일을 순조롭게 해결하게 되기까지

시간을 보니 3시가 조금 넘어가고 있었다. 은행 업무 시간 안에 전화를 하려면 좀 더 서둘러야 했다.

우선 경매계로 전화를 걸었다. 다행히 계장님이 바로 받으셨다.

"계장님, 안녕하세요? 사건번호 2013타경 ***를 받은 낙찰자 박수진입니다."

"네, 그런데요?"

"다름이 아니고 방금 가처분권자와 통화를 했는데요, 가처분권자가 가처분 안 지워주겠다는데요. 제가 지울 수 있으면 지우든지 본인은 상관하지 않겠다

**불허가 신청**

낙찰을 받은 일주일 기간 동안 경매 절차에 문제가 없었는지, 매각물건명세서에 기재되어 있지 않았던 권리 등이 있는지를 알아보고 문제가 있다면 매각허가 결정이 나기 전에 허가를 불허해달라는 불허가 신청을 할 수 있다. 이 건은 매각물건명세서에 가처분권을 인수한다는 기재가 되어 있지 않았다. 즉 경매법원에선 가처분에 대해 특별히 문제가 될 게 없다고 본 것이다.

고요."

"음…… 그래요?"

"네, 계장님. 가처분 이거 그 대부업체 쪽에서 안 지워주면 저 대금납부하지 않고 불허가 신청* 하려고요."

"무슨 말인지 알았어요. 내가 거기와 이야기해볼 테니 잠깐 기다려봐요."

"네, 알겠습니다."

나는 계장님과의 통화 후 곧바로 토지별도등기권자인 ○○은행의 해당 지점에 전화를 했다. 담당자와 연락이 되기까지 또 몇 번의 교환이 이루어졌다. 드디어 담당자와 통화가 되었다. 그에게 빌라 한 동이 서 있는 토지 전체에 걸려 있던 근저당이 어떻게 되었는지, 그리고 해당 호수의 근저당 지분 포기가 되지 않았는데 이번 경매에 어떻게 되는지 물었다. 그러자 그는 근저당이 모두 해결이 되었는데 소유자들이 아직 토지별도등기에 대한 등기 말소절차를 제대로 해놓지 않았다는 설명을 해주었다. 그래서 별도등기 표시가 등기부에 그대로 남아 있는 것이었다. 즉 별도등기 말소절차를 밟으면 되는 것이었다. 입찰 전 분석했던 대로였다.

생각을 정리하며 등기부를 보고 있는데, 가처분권자인 대부업체 직원으로부터 전화가 왔다. 그는 많이 누그러진 목소리로 가처분을 지워줄 테니 꼭 대금납부를 해야 한다고 몇 번이고 당부하고 나서야 전화를 끊었다. 그의 대답을 들은 나는 그제야 팔을 들어 올려 크게 기지개를 폈다. 그리고 최대한 편안하게 의자 깊이 몸을 기대었다.

'문제들을 모두 해결했다.'

아직 해야 할 일들은 남아 있지만 풀어야 할 문제들이 모두 해결된 것이다.

몸의 긴장감이 풀리면서 그제야 희열감과 함께 기쁨이 몰려왔다.
'잘했어, 수진아.'
나는 힘들게 일한 나를 칭찬해주었다. 그리고 실장님이 사다 준 따뜻한 커피 한 잔을 마시며 창문 밖으로 보이는 풍경을 바라보았다.
'이렇게 모든 일을 순조롭게 해결할 수 있기까지 나는 얼마나 많은 공부를 해야 했던가?'

## 쓸데없는 감정싸움에 휘말릴 필요 없다

공부를 하던 시절에는 모두 그저 시간 낭비만 될 뿐 쓸데없는 일에 매달리고 있는 건 아닌가 하고 두렵기까지 했다. 하지만 어렵고 지루하기만 했던 그 긴 시간을 버티며 공부해서 얻은 지식 덕분에 많은 혜택을 누릴 수 있게 되었다. 그리고 다양한 공부를 통해 얻은 지식이 살아가는 데 얼마나 유용한지 알기 때문에 나는 지금도 여러 가지 공부를 하는 데 게으름을 피우지 않으려고 노력하는 편이다.

처음 가처분권자에게 전화를 했을 때 예전의 나였다면 가처분권자의 불친절한 말에 상처받고 큰 스트레스를 받았을 것이다.

'낙찰자가 다른 사람보다 높은 금액을 쓴 덕분에 저 사람이 더 많은 배당금을 받게 되었는데 죄도 없는 낙찰자한테 왜 화를 내고 불친절하게 대하지?'

이런 생각을 하면 '왜 내가 욕을 들어야 하는가' 하는 생각에 빠지게 된다. 그런데 상대방이 그렇게 화를 내는 것은 자신이 원하는 대로 풀리지 않았다는 것에 화를 내는 것이지 나라는 인간에게 화를 내는 것이 아니다. 그렇게 생각하면 상처받는 일도, 스트레스받는 일도 없다. 상대의 말에 감정적으로 반응하는 것은 다 부질없고 에너지 낭비라는 것을 잘 알기에 이제는 나도 대수롭지 않게 넘길 수 있게 되었다. 감정싸움에 빠져드는 대신 투자를 하는 목적에 집중하는 것이다.

## 입찰에서 낙찰, 임대까지 모두 미션 완료!

가처분권자는 약속대로 바로 가처분 포기신청을 하고 나서 가처분등기도 말소해주었다. 가처분을 지우는 데 드는 비용 5만 원을 보내달라는 말에 나는 바로 계좌이체를 해주었다. 대금납부일이 정해지자 나는 대금납부를 하고 바로 전세권자와 통화를 했다. 우리는 다시 계약을 하기로 했다. 좀 더 보증금을 받고 싶었지만 우선 500만 원만 더 올려 받기로 하고 기존 3000만 원에서 3500만 원으로 전세권 설정 계약을 맺었다. 전세권등기를 하는 비용은 모두 ○○회사 측에서 부담한다는 계약서를 썼다.

○○회사는 전세권등기 절차를 한 법무사 사무실에 모두 일임했다. ○○회사로부터 일임받은 법무사에게서 전화가 왔다. 사무실로 와달라는 것이다. 나는 영동으로 내려가는 대신 전세권등기에 관련된 모든 사안을 법무사에게 맡긴다는 위임장을 써서 보내주었다. 전세권자와 다시 계약을 하게 된 덕분에 부동산 명도 절차도 따로 밟지 않아도 되었다.

이로써 입찰에서 낙찰, 그리고 임대까지 모두 완료되었다. 낙찰받고 나서 소유권이전등기를 직접 하기 위해 영동으로 한 번 더 내려갔을 뿐 그 이후로 낙찰받은 곳으로 내려간 적은 없다. 셀프등기를 할 때도 등기소에 확실하게 토지별도등기 말소에 대해 몇 번이고 확인을 하고 나서야 올라왔다. 다시 내려갈 일을 만들고 싶지 않아서였다.

영동 빌라를 낙찰받는 데 든 총 비용은 입찰금액 671만 1110원, 취득세 약 7만 원, 오고 가며 쓴 경비 대략 20여 만 원, 그리고 셀프등기지만 소요된 비용 10여 만 원, 가처분권자에게 보내준 가처분 말소비용 5만 원, 등기비용 대략 1만 원 정도 하여 총 714만 1110원. 모두 715만 원 정도의 비용이 나갔다.

여기에 전세권자의 보증금액인 3000만 원에서 500만 원을 증액하여 받았다. 즉 원래는 인수하여 지불하는 금액이 3000만 원인데 이사를 가지 않고 계속 거주하기로 했으므로 지불할 필요가 없게 되었고 오히려 추가로 500만 원을 받은 셈이다. 그래서 실제 지불한 금액에서 증액한 보증금액 500만 원을 제외하면 빌라에 묶이게 된 금액은 215여 만 원이 되었다.

## 215만 원을 투자하고 얻은 빌라의 진짜 가치

사람들이 궁금해한다. 이렇게 복잡한 물건에 들어갔는데 바로 수익도 나지 않고 묶이는 금액이 215만 원이나 생겼다면 좋은 투자가 아니지 않느냐고. 당장 수익이 나는 투자도 좋겠지만 작은 씨앗에서 커다란 사과나무가 되듯 지금 한 투자가 씨앗이 되어 앞으로 계속 사과나무와 같은 수익을 가져다주는 투자도 나는 좋아 한다.

이 낙찰받은 물건은 2년 후에 다시 보증금 1000만 원을 추가로 받아서 처음 들어간 215만 원을 모두 회수하고 785만 원 정도가 남았다. 그 사이 부동산 가격도 2000여 만 원이 올랐다. 몇 번의 수고로움과 좀 시간을 들여야 했지만 나는 돈 한 푼 들이지 않고 부동산을 보유할 수 있게 되었고 원한다면 매도해서 수익을 볼 수도 있게 되었다(물론 신축빌라 가격 시세만큼은 오르지 않겠지만 말이다).

하지만 나의 투자 경험상 빨리 매도하지는 않을 것이다. 지금 심어두는 작은 씨앗들이 시간을 인내하고 기다리면 언젠가 큰 사과나무처럼 되어 나에게 크고도 값진 열매를 줄 거라는 사실을 나는 경험으로 너무 잘 알고 있기 때문이다.

우리의 행동은 우리 능력의 결과가 아니라
그 순간 우리의 감정 상태가 만든 결과이다

앤서니 라빈스

# 당신도 경매투자로 평생 당당하게 살 수 있다

부동산 경매가

평생직장이 된

실전 경매 사례

선택은 그대가 하는 것이다
인생에는 수많은 갈림길이 있고
그대의 선택에 따라 운명이 주어진다
그대에게는 기회를 볼 수 있는 능력이,
그것을 이용할 수 있는 능력이 있다

발타자르 그라시안

 이 장은 공부가 될 수 있는 사례들을 중심으로 정리한 것이다. 어떤 부분은 내 기억에 의존하여, 또 어떤 부분은 카페 회원님이 들려준 이야기를 바탕으로 삼았다. 회원님들 사례의 경우, 내 추측과 짐작이 반영돼 있음을 미리 밝혀둔다.

다시 시작한 그녀의 경매 공부

# 01

# "나는 경매가 너무 재미있어요!"

## '잘 안 되면 어떡하지…' 부담감을 내려놓아라

부동산 경매는 열심히 하고자 하는 사람이라면 나이, 학력 상관없이 누구나 그 어려운 공부의 관문도 통과할 수 있다. 요즘은 60대를 훌쩍 넘긴 분들도 도전을 많이 하신다. 삶의 연륜이 있으니 오히려 젊은 사람들보다 더 두각을 보이시는 분들도 있다. 『나는 쇼핑보다 경매투자가 좋다 2』를 읽어본 사람들은 알겠지만, 투자의 '투' 자도 모르는 시골 아주머니인 우리 어머니도 나와 함께 경매투자에 도전하기도 했다.

그러니 누구나 조금만 인내하고 노력하면 극복할 수 있는 것만은 확실하다. 처음 시작할 때 헤매는 건 당연한 거다. '내가 어떻게……'라는 생각, '잘 안 되면 어떡하지……'라는 부담감을 내려놓았으면 좋겠다.

## 돈 안 들이고 만들어낸 월세 150만 원의 수익

며칠 전 한 여성으로부터 감사의 인사를 받았다. 요즘도 나의 경매 강좌를 수강하고 계시는 카페 회원이시기도 한데, 실은 9년 전에도 내 경매수업 반에서 공부를 했었다.

그녀는 9년 전 내 수업을 들으면서 남편이 사용할 사무실을 경매로 낙찰을 받을 계획이었다. 그래서 경매로 나온 상가에 도전을 했고 좋은 가격에 낙찰을 받았더랬다. 다행히도 그곳은 임대가 아주 잘 나가는 지역이라서 처음 계획인 남편의 사무실로 사용하는 대신 임대를 놓았는데 지금까지도 그 상가 하나에서 월세 수익이 150만 원이 나고 있다고 한다. 경매로 상가 하나를 낙찰을 받았는데 매월 150만 원이 들어와주니 너무 고맙고 든든하다 하셨다. 상가를 낙찰받아 대출과 임차인으로부터 받은 보증금을 더하고 빼니 상가에 묶이는 돈은 거의 없으면서 월세 150만 원의 수익을 얻게 된 것이다. 그런 데다 덤으로 그동안 상가 가격까지 많이 올라서 일석이조가 되었다고 한다.

그 성공적인 첫 낙찰 이후, 안타깝게도 너무 바쁜 생활 탓에 부동산 경매를 더 이상 하지 못했다고 했다. 그런데 몇 년이 지나고 나니 그게 너무 후회가 되더라는 것이다. '아무리 바쁜 직장생활이라도 조금씩만 시간을 내어 꾸준히 계속 해왔다면 노후준비는 다 되어 있었을 텐데' 하는 아쉬움이 너무 크다고 했다. 그래서 다시 경매 공부를 열심히 해서 좋은 물건을 꼭 낙찰받고 싶다는 메일을 내게 주었던 것이다.

## 부동산 경매로 자신감을 얻었습니다!

그녀는 다시 차근차근 경매 공부를 시작했고 얼마 되지 않아 의정부에 있는 아파트 하나를 낙찰받았다. 부동산 경매 열기가 뜨거워 경매법정마다 하나의 물건에 입찰하는 사람들이 20명이 넘는 경우가 많을 정도로 입찰 경쟁률이 높은 때였다.

하지만 그녀가 낙찰받은 지역은 이제 막 아파트 매매가격이 상승하려고 하던 때라 사람들의 관심이 많지 않던 때였다. 그래서 그녀가 입찰한 물건에는 입찰자가 단 2명뿐이었다. 그녀는 차순위 입찰자와 별 차이 나지 않는 금액으로 낙찰을 받았다. 그것도 시세보다 1500만 원이나 낮은 가격에 말이다.

경매로 낙찰되는 가격이 시세보다 더 높을 정도로 가열되었다는 말이 나오던 시기에 그녀는 많은 경쟁을 하지 않고도 시세보다 저렴하게 낙찰을 받은 것이다. 그 후 부동산을 인도받기까지 두어 달 정도가 소요되었다. 그 사이 아파트 가격이 또 올라주어 낙찰가보다 2500만 원 차이가 났다. 그녀는 카페에 이렇게 그녀의 투자 소감을 올렸다.

선생님, 안녕하시지요? 물론 선생님은 무척 바쁘게 보내리라 생각합니다.

이제 막 아파트 매매 가격이 상승하려던 때라 입찰자가 단 2명뿐이었다. 시세보다 1500만 원이나 낮은 가격에 입찰받았다. 부동산을 인도받기까지 두어 달 소요되는 동안 낙찰가에서 2500만 원이 올랐다.

저도, 개인사 무척 바삐 지냈습니다. 보고가 늦었습니다.

의정부 아파트, 전 소유자와 몇 번의 조율 끝에 이사 비용 150만 원에 합의하여 생각보다는 빨리 8월 10일 경 이사 갔습니다(6월 13일 낙찰).

'이 나이에 혼자 경매할 수 있을까?' 했는데 어찌어찌 입찰하고 낙찰되고…….

(중략)

저는 경매가 재미있습니다. 이런 표현이 어떤지 모르나 경매 자체를 즐기는 것 같아요. 경매를 통해 자신감이 생기는 것 같습니다.

물론, 고독할 때도 많지요. 그럴 때 선생님과 수업시간에 만난 분들을 생각하면 힘이 납니다. 정말 감사합니다.

경매가 재미있고, 경매를 통해 자신감이 생기는 것 같다는 그녀의 말에 나는 오래 눈길이 갔다. 나 역시 그렇기 때문이다. 무기력했고 살아갈 자신감이 없었던 시절 나도 경매를 통해 살아갈 자신감을 얻었다. 그래서 그녀가 어떤 기분인지 충분히 공감할 수 있었다.

## 당신만은 끝까지 한번 해봤으면 좋겠다

대한민국의 많은 사람들이 앞날을 크게 걱정하고 있다. 지금까지 별 탈 없이 살아왔던 사람들도 미래가 불안하기는 마찬가지다. 현실의 삶이 녹록하지 않고, 미래의 삶에 확신을 가질 수 없다 보니 세상도 더 각박해지는 것 같다. 남을 배려하고 생각해주기보다 우선 나부터 살고 보자는 생각이 점점 더 팽배해지는 것 같아 안타깝다. 부동산 경매로 좀 더 많은 사람들이 경제적인 근심 걱정에서 벗어나고 미래에 대한 희망을 가질 수 있게 된다면 얼마나 좋을까. 그렇게 되기를 바라는 게 나의 작은 소망이다.

그러나 이런 의문을 가진 사람들이 있다. 너도나도 부동산 경매를 하게 된다면 더 이상 경매로 돈을 벌 수 있게 되는 것은 아니지 않느냐고 말이다. 단순하게 생각하면 그럴 수도 있을 것이다.

하지만 여전히 소수의 사람들이 대다수의 부동산을 보유하고 있다. 그리고 이 책을 읽고 나서도 혹은 다른 경매투자에 관한 책을 읽고 나서도 실천에 나서는 사람들은 100명 가운데 10명쯤이다. 그 10명 중에서도 하다가 중간에 관두는 사람들이 생길 것이며, 결국 끝까지 가는 사람들은 얼마 되지 않는다. 갑작스럽게 많은 사람들이 부동산 경매에 뛰어들어도 평생 동안 열심히 하는 사람들은 여전히 소수의 사람들이 될 것이라고 본다. 물론 이 책을 읽는 당신만은 끝까지 한번 해봤으면 하는 바람이다.

"이 세상이 풍요로운 곳이라고 믿는 사람들은 그런 세상에 살 것이고, 빈곤한 세상이라고 여기는 사람은 빈곤한 세상에 살 것이다"라는 말이 있다. 나는 그 말을 경험으로 느꼈고, 그래서 전적으로 그 말을 믿는다. 그러니 '누구든 다 하는 경매투자를 해서 뭐해'라고 단정 지어 생각하지 말고 경매투자로 월급 이외의 소득을 만들어낼 수 있고, 노후를 대비할 수 있다고 믿길 바란다. 그렇게 믿는다면 부동산 경매에서 당신은 언제나 좋은 기회와 물건을 만나게 될 것이다.

은퇴·노후 걱정 없는 평생 직업
02

# 누구든 원한다면 평생 할 수 있다

"노후는 생각만큼 멀지 않고, 생각보다 짧지 않다"

예전만 해도 사람들은 은퇴를 하고 나면 그동안 하지 못했던 여행을 하거나 공부를 하면서 남은 여생을 즐기는 것이 꿈이라고 했다. 하지만 요즘은 다니고 있는 직장이 평생직장으로 보장되지도 않고, 은퇴를 하더라도 노후준비가 되어 있지 않은 경우가 대부분이다.

몇 해 전에 한 리서치 회사에서 베이비부머 세대(1955~1963년 출생) 남녀

500여 명을 조사한 결과 최소 5억 원 정도를 은퇴자금 금액이라고 답했다고 한다. 노후준비가 되어 있느냐는 질문에 응답자의 60% 이상이 전혀 준비되어 있지 않다고 답했고, 그중 54.4%는 준비할 능력이 없으며, 39.5%는 자녀에게 자신의 노후를 의탁할 계획을 갖고 있다고 답했다고 한다. 그런데 요즘처럼 저금리 상황에서는 5억 원을 가지고 있다고 해도 노후준비가 되었다고 볼 수 없는 시대가 되어가고 있다. 게다가 은퇴를 앞둔 베이비부머 세대뿐만 아니라 지금은 3040 연령층도 노후에 대한 큰 불안감을 안고 살고 있다.

"월급쟁이 최대 고민 '노후'라는데……." (2016년 4월 〈서울신문〉 기사 중)
50대에서는 45.4%가 노후불안을 최대 고민거리로 꼽았다. 40대와 30대도 각각 31.2%와 27.8%가 노후를 가장 큰 걱정거리로 선택했다. 50대는 건강(17.9%), 40대는 자녀교육(22.8%), 30대는 주택 관련(25.2%) 걱정을 노후 다음으로 많이 하는 것으로 나타났다. 노후준비를 전혀 하지 않는다고 응답한 직장인은 34.6%에 달했다. 노후를 위한 저축도 월평균 27만 원에 불과했다. 노후에 필요한 자금 대비 준비된 자금의 비율을 의미하는 '노후준비지수'도 70%에 그쳐 자영업자(74%)보다 낮았다. 반면 직장인의 경제수명은 83세로 87세인 자영업자보다 짧다. 최선의 노후준비 방법을 묻는 질문에는 직장인의 45.2%가 현재 직장을 오래 다니는 것이라고 답했다.

살아가는 데 평균 정도의 삶을 유지하려면 그 비용도 만만치가 않다. 그런데다 요즘은 100세 시대이니 정년퇴직을 한 이후라도 충분히 사회활동을 활발하게 할 수 있는 나이다. 그래서 제2의 직장을 구해보지만 마땅히 할 수 있는 일을 찾기가 쉽지 않다. 퇴직금으로 사업을 해보지만 익숙하지 않은 일을 하게 되면 처음에는 시행착오를 겪을 수도 있고 실패할 수도 있기 때문에 그만큼 위험성이 따른다. 그래서 개인사업을 선뜻 시작하기도 어렵다. 그렇다고 벌어놓은 돈을 곶감 빼먹듯이 빼먹으면서 지낼 수 있는 것만도 아니다. 퇴직금을 저축예금에 넣어둔다 한들 요즘 같은 세상에 이자로만 살아갈 수 있는 것도 아니다. 『돈 걱정 없는 노후 30년』에서 이야기하는 것처럼, "노후는 생각만큼 멀지 않고, 생각보다 짧지 않다."

## 혹여 갑자기 무슨 일이라도 생기면…?

비단 은퇴자에게만 해당되는 문제가 아니다. 요즘은 생각하지 못했던 조기 퇴직자, 대학을 졸업하고 오랜 기간 동안 직장을 구하고 있는 취업준비생, 여러 가지 이유로 직장을 관두게 되는 경우 등 아직도 일할 수 있는 나이임에도 적당한 일을 구하지 못해 힘들어 하는 사람들도 많다.

나도 대학을 졸업하고 난 후 IMF와 집안형편상의 문제로 이러지도 저러지도 못하는 상황에 놓여 있었다. 구직의 적당한 시기를 놓치니 계속 임시직으로만 간간히 일을 할 수밖에 없는 입장이 되었다. 청소부, 커피숍 알바, 보모 등을 하며 겨우겨우 생활을 이어가는 한편 직장을 구하는 데 필요한 스펙을 쌓기 위해 계속 새로운 무언가를 공부해야 했다. 영어점수를 따기 위한 공부, 각종 컴퓨터 관련된 공부들……. 그러다 작은 가게를 열었고 다행히도 얼마간 장사가 잘되기도 했다. 하지만 그때도 '혹여 갑자기 무슨 일이라도 생기면?'이라는 생각에 늘 미래가 불안하기는 마찬가지였다.

다른 대안을 계속 생각하던 나는 재테크 책들을 찾아 읽었고, 앞에서도 이야기한 것처럼 가게를 팔고 얻은 수익금액 대부분을 당시 유행하던 펀드에 넣었다. 결과는, 하지 않은 것만도 못한 참담한 손실이었다. 그 돈으로 차라리 먹고 싶은 것 먹고, 가고 싶은 곳 가보고, 사고 싶은 거나 실컷 살 걸이라는 후회를 많이 했다.

그때 깨달았다. 공부가 선행되지 않은 재테크는 오히려 인생을 더 힘들게 할 수도 있다는 것을. 재테크나 투자에 대한 공부를 먼저 하지 않는다면 차라리 아무것도 하지 않는 것이 더 나을 수도 있다(그렇다고 아무것도 하지 않는 것이 안전한 것은 결코 아니다. 지금도 그런 일이 우리 주변에 빈번하게 일어나지 않는가. '전세로 그냥 살면 되지' 하고 안일하게 생각을 했다가 계약이 만료되는 시점에 몇 천만 원에서 억대의 돈을 증액해줘야 하는 아이러니한 상황이 일어나는 게 지금 우리가 살고 있는 현실이다).

## 경매는 부동산 호황에도 불황에도 빛난다

공부 없이 하는 투자는 뭐든 위험한 투자가 되기 쉽다. 특히나 경매투자는 주식투자나 일반 부동산투자에 비해 공부를 하지 않고는 하기가 쉽지 않다. 그래서 비교적 섣불리 투자에 나설 수가 없고, 자연히 공부를 하게 된다. 다른 투자를 할 때보다 더 신중하게 되는 면이 있는 것 같다(물론 부동산 경매도 공부를 하지 않고 나섰다가 낭패를 보는 사람들도 있다).

그런 점에서 볼 때 경매투자는 공부를 하고 기본을 지키면서 인내를 갖고 한다면 좋은 결과를 가져다주는 안전한 투자의 방법이 될 수 있다. 무엇보다 경매투자는 아무런 제약 없이 할 수 있지 않은가. 자격증도 필요 없고, 나이가

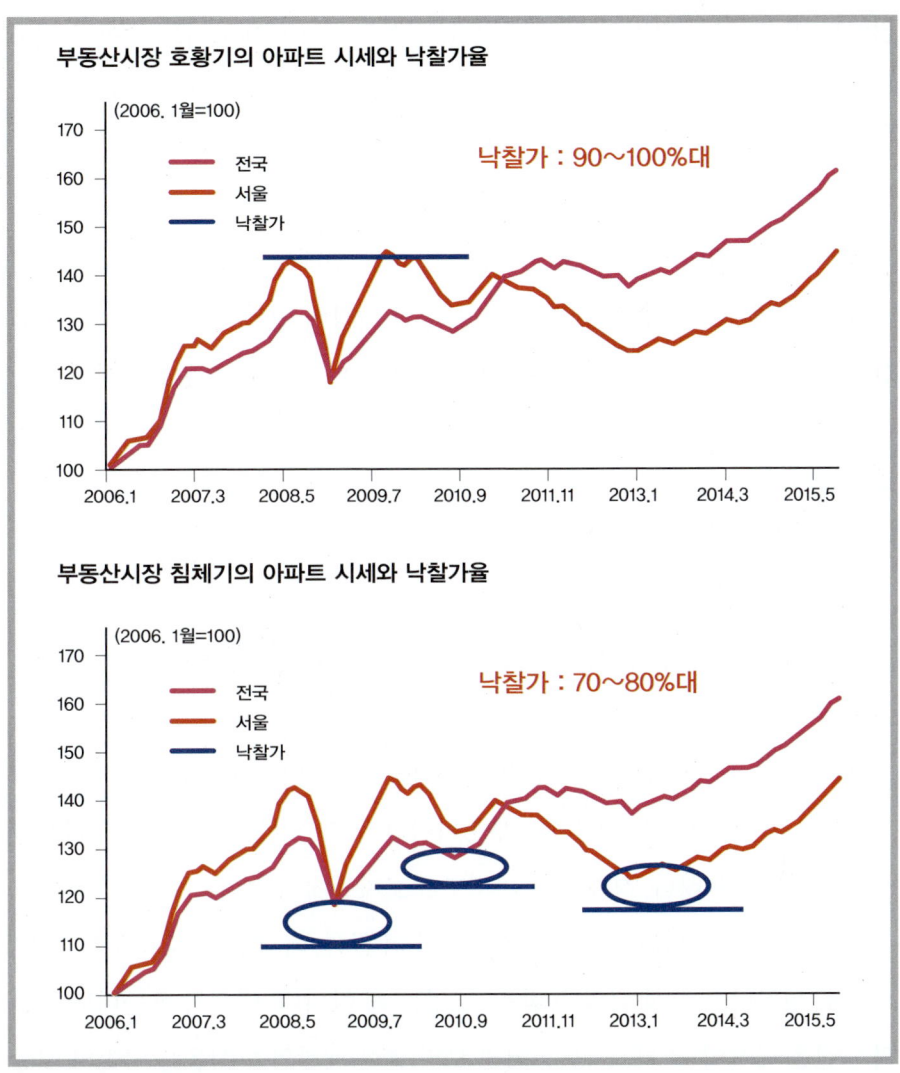

부동산 시장이 침체기이든 호황기이든 할 수 있는 것이 경매투자의 강점이다. 또한 부동산 경매는 원한다면 평생 할 수 있다. 관두라고 할 사람도 없고 자신의 상황에 맞게 언제든 조율해서 할 수도 있다. 평생직장으로 이보다 더 좋은 게 어디 있을까 싶을 정도다.

부동산 경매를 하다 보면 자연스럽게 다양한 공부를 계속하게 되고 부동산을 조사하러 다녀야 하기 때문에 자연스럽게 야외 활동을 하게 된다. 이 일을 집중해서 하는 것만으로 일상이 지루하지 않게 된다. 그래서 삶의 활력이 생긴다. 더 잘하기 위해서 노력하기 때문에 지속적인 자기계발도 된다. 무엇보다 노후에도 할 일이 있다는 것만으로 마음이 든든하고 남들 앞에서 당당해지는 자신을 느낄 수가 있다.

많아도 할 수 있고 남녀의 구분도 없다. 진상고객을 상대하지도 않아도 되고 윗사람 눈치를 보지 않아도 된다. 자기가 잘한 공을 누가 뺏어가지도 않는다. 그야말로 경매투자는 전적으로 투자자가 하기 나름이다.

그리고 또 한 가지, 부동산 시장이 침체기이든 호황기이든 할 수 있는 것도 경매투자의 강점이다. 부동산경기가 좋을 때는 경매로 받은 부동산을 처분하기 쉽고 임대가도 높게 받을 수 있다. 부동산 시장이 침체기일 때는 우량 부동산을 경매로 보다 저렴한 가격에 낙찰받을 수 있다. 그래서 부동산경기에 상관없이 수익이 나는 투자를 할 수가 있다. 더 깊게 들여다보면 부동산 시장이 침체기 때 가장 빛을 발하는 것이 바로 부동산 경매다.

## 경매투자를 위해 감수해야 할 숙제

물론 이 좋은 경매투자에도 당연히 주의를 요하거나 감수해야 하는 것들이 뒤따른다. 첫째, 거듭 이야기하는 부분이지만 경매투자는 공부를 하지 않으면 시작하기가 쉽지 않다. 경매 공부 자체도 초보자들에게는 쉬운 편이 아니다. 그러나 그 과정을 잘 넘긴 사람들에게는 분명 더 많은, 더 좋은 기회가 주어진다.

둘째, 원한다고 항상 낙찰을 받을 수 있는 게 아니다. 열심히 했는데도 패찰의 쓴잔을 마셔야 할 때가 많다. 어찌 보면 숱한 패찰의 아쉬움을 낙찰의 영광보다 더 많이 겪어야 할 수도 있다.

셋째, 일반 매매와 달리 부동산 관리가 안 된 부동산을 낙찰받게 되는 것이므로 추후 수리를 해야 하는 등 신경을 써야 할 곳이 많다(일반 매매로 산 부동산도 보유하고 있는 기간 동안 이런저런 신경을 써야 하는 것은 마찬가지지만 아무래도 부동산 경매로 낙찰받은 부동산에 신경 쓸 일이 더 많다).

넷째, 부동산 경매를 통해 낙찰을 받으면 점유자들 중 모든 재산을 잃은 소유자나 자신의 보증금을 모두 받지 못하거나 일부만 받게 되어 억울한 임차인들이 생기는 경우가 많다. 그래서 부동산을 인도받는 일이 쉽지 않아 마음고생을 할 수 있다.

다섯째, 요즘도 부동산 경매를 하는 사람들을 좋지 않은 시선으로 바라보는 사람들이 있다. 예전보다는 훨씬 덜해졌지만 그래도 여전히 부동산 경매를 하는 사람들을 부정적으로 바라보거나 비딱한 시선으로 바라보기도 한다.

그러나 부동산 경매를 공부하다 보면 경매가 사회·경제적인 측면에서 얼마나 중요한 역할을 하는지 알 수 있게 될 것이다. 경매로 나온 부동산을 누군가 낙찰을 받음으로써 얽혀 있던 여러 골치 아픈 관계들이 종료될 수 있는 것이다. 그런데도 불구하고 경매에 대한 좋지 않은 인식을 갖는 것은 부동산을 인도받는 과정에서 점유자에 대한 조금의 배려도 없이 막무가내로 부동산을 명도하는 소수의 사람들 때문이다. 그런데 부동산 경매를 하는 사람들을 들여다보면 점유자를 배려하며 부동산을 인도받으려고 노력하는 사람들이 더 많은 편이다.

최고의 평생 투자 공부
**03**

# 경매를 공부하는 것만으로도 돈이 생긴다

### 쉽게 돈 번다고? 그런 게 어디 있어!

부동산 경매를 하려면 공부를 해야 할 것들이 너무 많다. 일상생활에 잘 쓰이지 않는 생소한 용어들을 처음 접하는 대부분의 사람들은 고개를 절레절레 흔들곤 한다.

"부동산 경매로 쉽게 돈을 번다고 하는데, 그게 아니구만!"

그래서 쉽게 포기해버리는 사람들이 많다. 시간이 지나면 척척 할 수 있게

| | | | | | | |
|---|---|---|---|---|---|---|
| 2015 타경 11*** (임의) | | | 매각기일 : 2016-08-09 10:00~(화) | | 경매5계 02-530-1817 | |
| 소재지 | (06288) 서울특별시 강남구 대치동 *** ***맨션 제102동 제14층 제***호<br>[도로명] 서울특별시 강남구 삼성로 ***, 102동 *** | | | | | |
| 용도 | 아파트 | 채권자 | 우리은행 | | 감정가 | 1,190,000,000원 |
| 대지권 | 58.06㎡ (17.56평) | 채무자 | *** | | 최저가 | (80%) 952,000,000원 |
| 전용면적 | 105.49㎡ (31.91평) | 소유자 | *** | | 보증금 | (20%)190,400,000원 |
| 사건접수 | 2015-07-01 | 매각대상 | 토지/건물일괄매각 | | 청구금액 | 1,059,992,235원 |
| 입찰방법 | 기일입찰 | 배당종기일 | 2015-09-14 | | 개시결정 | 2015-07-02 |

**기일현황**

| 회차 | 매각기일 | 최저매각금액 | 결과 |
|---|---|---|---|
| 신건 | 2016-04-19 | 1,190,000,000원 | 유찰 |
| 2차 | 2016-05-24 | 952,000,000원 | 매각 |
| | ***/입찰3명/낙찰1,201,500,000원(101%)<br>2등 입찰가 : 1,050,000,000원 | | |
| | 2016-05-31 | 매각결정기일 | 허가 |
| | 2016-06-30 | 대금지급기한 | 미납 |
| 2차 | 2016-08-09 | 952,000,000원 | 매각 |
| | ***외1명/입찰3명/낙찰1,072,600,000원(90%)<br>2등 입찰가 : 953,000,000원 | | |
| | 2016-08-16 | 매각결정기일 | 허가 |

입찰보증금 9500여 만 원을 날린 어떤 분의 사례다. 이후 또 누군가 낙찰을 받는다. 이와 같이 공부가 되지 않으면 무엇을 어떻게 할지 몰라 우왕좌왕하다가 소중한 돈을 날릴 수 있다.

    되는 권리분석을 좀 어렵다는 이유로 지레 포기해버린다면 정말 말마따나 '쉽게 돈을 벌 수 있는 기회'를 놓치고 마는 것이다. 반대로, 공부를 하지 않고 그냥 남들 따라 투자에 뛰어들었는데 운 좋게 한두 건 수익이 날 수도 있다. 하지만 이후 잘못된 투자로 커다란 낭패를 보게 되는 경우가 숱하게 많다.

    부동산 경매에는 왕도가 없다. 잘하고 싶은 만큼 공부를 해야 한다. 그러고 나서 투자에 나서도 절대 늦지 않다. 오히려 그것이 가장 빠른 지름길이 되리라는 것을 나는 확신한다. 그리고 절대 마음이 내몰리지 말아야 한다. 그래야 늘 이기는 투자를 할 수 있다. 조급하게 투자를 했다가 낭패를 보게 되면 평생 동안 할 수 있는 투자를 영영 못하게 될 수도 있다. 그렇게 되면 인생의 커다란 손해가 아닐 수 없다.

앞 페이지의 사례처럼 제대로 공부하지 않고 덤볐다가 큰 손해를 볼 수도 있는 경매투자이지만, 반대로 하나의 투자만 잘 해놓아도 큰 노력을 들이지 않고 두고두고 돈이 흘러들어오게 할 수 있는 게 또한 경매투자다. 공부가 되면 될수록 시장 상황에 휘둘리지 않을 수 있고, 눈먼 투자를 할 일도 없어진다. 어이없는 실수로 큰 금액의 돈을 날리는 경우도 만들지 않게 된다. 공부를 하면 할수록 돈이 생기는 투자의 길이 잘 보이기 마련이다.

| 2013 타경 2*** (강제) | | 매각기일 : 2014-11-21 17:00~(금) | | 경매6계 052-228-8266 | |
|---|---|---|---|---|---|
| 소재지 | (44753) 울산광역시 남구 야음동 ***, 102동 7층 ***호 (야음동,야음신선아파트)<br>[도로명] 울산광역시 남구 야음로 ***, 102동 7층 ***호 | | | | |
| 용도 | 아파트 | 채권자 | 근로복지공단 | 감정가 | 135,000,000원 |
| 대지권 | 25.504㎡ (7.71평) | 채무자 | *** | 최저가 | (33%) 44,237,000원 |
| 전용면적 | 46.53㎡ (14.08평) | 소유자 | *** | 보증금 | (30%)13,272,000원 |
| 사건접수 | 2013-01-31 | 매각대상 | 토지/건물일괄매각 | 청구금액 | 261,343,940원 |
| 입찰방법 | 기일입찰 | 배당종기일 | 2013-04-25 | 개시결정 | 2013-02-01 |

**기일현황**

| 회차 | 매각기일 | 최저매각금액 | 결과 |
|---|---|---|---|
| 신건 | 2013-10-16 | 135,000,000원 | 유찰 |
| 2차 | 2013-11-13 | 108,000,000원 | 매각 |
| | ***/입찰6명/낙찰122,899,000원(91%) | | |
| | 2013-11-20 | 매각결정기일 | 허가 |
| | 2013-12-18 | 매각결정기일 | 허가취소 |
| 신건 | 2014-03-12 | 135,000,000원 | 유찰 |
| 2차 | 2014-04-16 | 108,000,000원 | 유찰 |
| 3차 | 2014-05-15 | 86,400,000원 | 유찰 |
| 4차 | 2014-06-18 | 69,120,000원 | 유찰 |
| 5차 | 2014-07-21 | 55,296,000원 | 매각 |
| | 낙찰72,130,000원(53%) | | |
| | 2014-07-28 | 매각결정기일 | 허가 |
| | 2014-08-22 | 대금지급기한 | 미납 |
| 5차 | 2014-09-25 | 55,296,000원 | 유찰 |
| 6차 | 2014-10-17 | 44,237,000원 | 매각 |
| | ***/입찰2명/낙찰45,260,000원(34%) | | |
| | 2014-10-24 | 매각결정기일 | 허가 |
| | 2014-11-21 | 기한후납부 | |
| | 2015-01-26 | 배당기일 | 완료 |

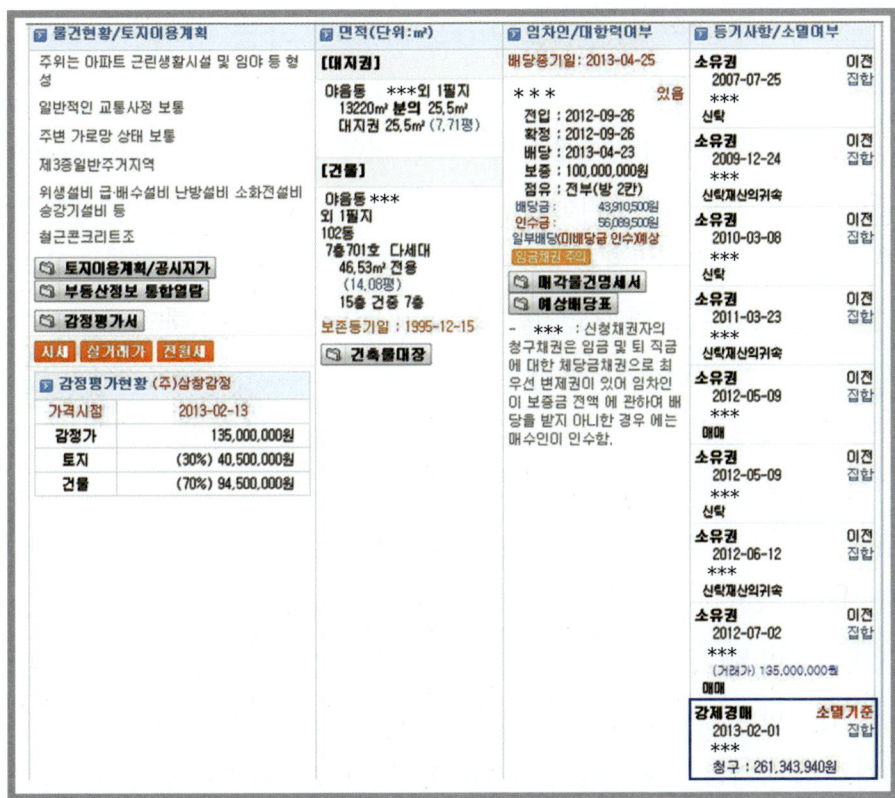

보기엔 그냥 단순해 보이는 물건이다. 임차인이 순위가 빨라서 보증금액 전부를 배당받을 수 있는 것으로 보이지만 근로복지공단 청구금액이 2억 6134만 3940원이나 된다. 근로복지공단의 청구금액은 임금채권에 관한 금액으로써 최종 3개월분의 임금과 최종 3년간의 퇴직금 및 재해보상금에 해당하는 금액에 대해선 경매비용 다음으로 가장 우선적으로 배당을 받게 된다. 따라서 그 금액만큼 임차인이 배당을 못 받게 되어 낙찰자가 임차인의 보증금액을 인수해야 하는 물건이 된다. 단순하게 접근했다가는 소중한 돈을 잃을 수 있다는 것을 명심해야 한다.

## 두고두고 돈이 흘러들어오게 하는 투자

    부동산 경매를 하기 위해 필요한 공부는 어떠어떠한 것이 있을까? 내용을 분석하기 위해선 먼저 '권리분석 공부'가 되어 있어야 한다. 기본 권리분석 공부는 『부동산 경매 어렵지 않아요』나 『나는 쇼핑보다 경매투자가 좋다 3』를 보면 충분할 것이다. 좀 더 깊고 전반적인 경매 권리분석 공부를 하고 싶다면 『독학 경매1, 2』가 도움이 될 것이다.

    공부를 해서 권리분석이 나름 된다면 그때는 입찰을 해도 되는 물건인지 판단하는 '물건분석'을 해야 한다. 물건분석을 하려면 부동산을 볼 줄 아는 안목을 키워야 한다. 이것은 많이 다녀보고 직접 눈으로 보는 것이 가장 좋은 공부 방법이다. 그리고 지역에 대한 공부와 건물에 관련된 건축법과 공법 등도 아는 것이 도움이 된다.

    이런 전반의 공부를 다 하기까지는 당연히 시간이 걸린다. 집중해서 한다면 3개월 정도, 바쁜 직장인이라면 6개월~1년 정도는 투자해야 한다. 어찌 보면 긴 시간일 수 있다. 하지만 인생 전반을 보아선 결코 긴 시간이 아닐 것이다. 무엇보다 공부를 하면서 알게 되는 다양한 지식과 정보는 살아가면서 유용하게 쓰일 일이 많을 것이다.

근저당이 설정되어 있는 집을 제대로 확인하지 않고 계약을 하게 되면 여기에 나오는 임차인처럼 상당한 금액의 보증금을 잃을 수 있다. 따라서 굳이 부동산 경매를 하지 않아도 경매 공부를 하게 되면 이런 경우를 피할 수 있게 된다. 6800만 원의 보증금을 내고 있는 임차인은 7020만 원의 근저당보다 순위가 늦어서 낙찰가 8600여 만 원 중 대략 1600여 만 원 정도만 배당을 받을 수 있고 나머지 5200여 만 원을 배당받지 못할 수도 있는 상황이다. 이렇게 사소한 법을 몰랐다가 큰 금액의 보증금액을 잃을 수도 있다.

내가 리드하는 내 인생
04

# 평생직장이 있는 사람은 늙지 않는다

### 일흔이라는 나이가 어때서!

어떤 분이 내가 진행하고 있는 경매 세미나에 참가하겠다고 메일을 보내왔다. 컴퓨터를 잘하지 못해 이것저것 서툴다고 하면서 교육받는 장소를 물었다. 경매를 이제 막 시작한 새내기 수강생이라고만 생각했던 나는 그녀를 만나고 정말 깜짝 놀랐다.

그녀는 일흔을 훌쩍 넘긴 나이였다. 하지만 동년배 누구보다 젊음을 유지하고 있는 데다 젊은 사람들보다 더 활동적이고 더 긍정적이었다. 오랜 수업시간 동안 누구보다도 흐트러짐이 없는 자세로 앉아 집중해서 교육을 받았다. 교육 내용을 받아들이는 속도도 젊은 사람들 못지않게 무척이나 빨랐다. 언제나 활력 있는 모습에 50대라고 해도 믿을 수 있을 정도였다.

경매 공부가 어렵지 않느냐는 질문에 그녀는 자신이 어떻게 경매를 시작했는지, 또 어떤 결실들을 맺었는지 쑥스러워하면서도 자랑스레 들려주었다.

8년여 전, 내 어머니가 부동산 경매에 도전하는 과정을 다룬 『나는 쇼핑보다 경매투자가 좋다 2』를 읽고 경매에 대해 처음 알게 되었다고 했다. 차근차근 책에 나오는 그대로 따라 하며 부동산 경매를 시작했고, 아주 저렴한 가격에 낙찰도 받아 자식들에게 아파트 하나씩을 주었다. 좋은 위치에 있는 물건을 낙찰받은 덕에 현재 꽤 괜찮은 금액까지 올랐다고 매우 좋아하셨다.

## 열정은 나이 드는 것이 아니다

그녀는 교육을 받는 기간 동안에도 계속 낙찰을 받았다. 무척이나 추운 겨울날, 수원에서 양주까지 전철 타고 버스 타고 가야 하는 먼 길을 직접 오고 가면서 3700여 만 원의 빌라를 1750여 만 원에 낙찰받기도 했다. 명도하는 일도 직접 혼자서 다했다. 몹시도 추웠던 날이었지만 점유자로부터 부동산을 인도받고 나서 청소를 하기 위해 그 먼 길을 오가는 일도 개의치 않았다.

그녀는 내게 이렇게 말했다.

"노느니 뭐합니까? 그냥 제가 가서 하면 되는 걸요."

그녀는 그 일로 움직일 일이 생기고, 또 여러 가지 경험을 하게 되고 공부를

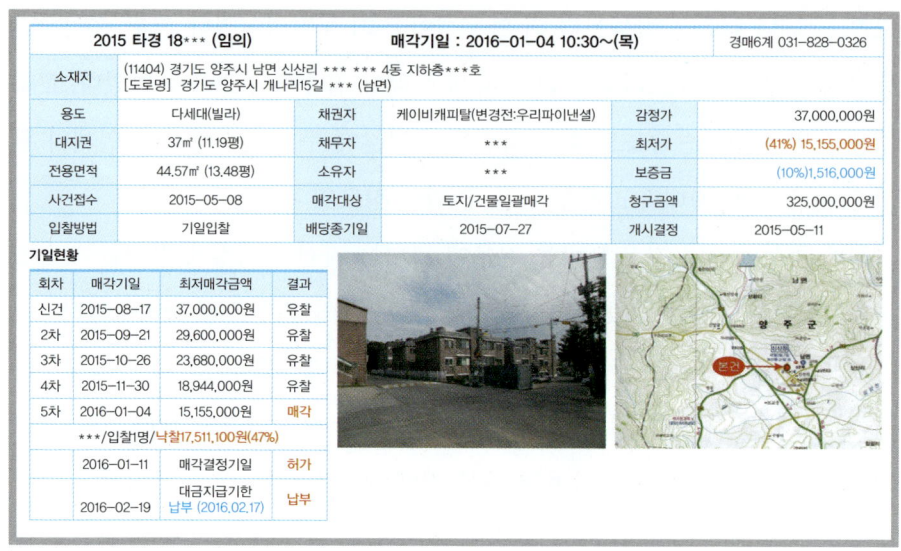

회원님이 약 1750여 만 원에 낙찰을 받은 물건. 낙찰가의 80%인 1400여 만 원을 대출받고 보증금 200만 원에 월세 20만 원으로 월세를 놓았다. 자신의 돈이 대략 200여 만 원이 묶이는 상태에서 월 10여 만 원의 수익이 나온다. 그녀는 이렇게 말했다. "10여 만 원이 별거 아닌 것 같지만 요즘 같은 세상에 아무것도 하지 않고 10여 만 원 벌기 쉽지 않다. 그래서 그 돈도 아주 소중하다. 무엇보다 배운 대로 이렇게 저렇게 시도해서 해본다는 것이 가장 큰 즐거움이다."

계속하게 되니 너무 기쁘다고 했다.

"이 나이에 제가 뭘 또다시 배우겠어요. 그런데 부동산 경매는 배워두면 좋은 게 너무 많고 공부를 하면 할수록 알게 되는 게 많아서 너무 재미있어요."

일흔이 넘는 나이에 그녀처럼 할 수 있을까 싶을 정도로 나는 그녀의 열정에 매번 놀라곤 했다.

"부동산 경매를 하기 위해 계속 공부하고 부동산 보러 다니고 하지 않는다면 이렇게 추운 날씨에 나는 그냥 방 안에 이불 깔고 누워만 지냈을 거예요. 그래서 나는 할 수 있는 일이 있다는 것이 너무 좋아요."

이렇게 얘기하며 수줍게 웃으시던 모습이 아직도 눈에 선하다.

## 계속 공부하자, 당당하게 도전하자!

나이 들어서도 목표를 갖고 그것에 매진할 수 있다는 것은 너무나 좋은 일이다. '뇌의 과학'을 주제로 한 내용의 동영상을 본 적이 있다. 거기에서 한 과학자가 나와 이런 이야기를 했다.

"신체에는 정해진 나이가 없어요. 늙기 시작하는 것은 더 이상 성장할 필요가 없다고 뇌가 지각하면서부터예요. 그때부터 급속하게 노화가 진행되는 거죠. 그래서 젊음을 계속 유지하기에 가장 좋은 방법은 끊임없이 공부를 하는 것입니다. 그러면 뇌는 아직도 우리가 성장할 필요가 있다고 생각해서 나이가 많이 들어도 노화가 비교적 천천히 진행되게 됩니다."

나는 그의 말에 전적으로 동감한다. 계속 공부를 하는 것, 계속 일을 하는 것은 젊음을 유지하는 최고의 비결이 될 수 있다. 일흔의 경매투자자인 그녀가 그것을 증명하고 있지 않나!

부동산 경매를 하는 동안 우리는 계속해서 도전할 수 있다. 일을 해결하기 위해 집중하며 삶의 활력을 오래도록 간직할 수 있을 것이다. 남 눈치 보지 않아도 되고, 누군가 나를 고용해주지 않아도 된다. 모든 일을 내 뜻대로 할 수 있다. 내 인생을 온전히 내 의지대로 리드해가는 것, 이것이 부동산 경매의 매력이자 보람이다.

나중에 후회 말고 지금 시작하기
**05**

# 언제나 늦지 않았다, 지금이 가장 빠르다

**'지금 해봤자 소용없어'란 말은 정말 소용없다!**

요즘 내가 가장 많이 듣는 말이 "부동산 경매를 진작 했어야 하는데……" "지금은 너무 늦은 것 같다"는 말이다. 그러나 절대 그렇지 않다. 부동산 경매는 평생 할 수 있는 일이고, 언제나 할 수 있는 일이기 때문에 늦은 때라는 것은 없다. 그래서 지금이 가장 빠른 때다. 그럼에도 지난날을 후회하면서 앞으로 일어날 일에 대해 회의적인 시선으로 바라본다면 그 무엇도 바뀌지 않는

| 2016 타경 3***(임의) | | 매각기일 : 2016-09-05 10:00~(목) | | 경매6계 031-737-1326 | |
|---|---|---|---|---|---|
| 소재지 | (12711) 경기도 광주시 퇴촌면 도수리 *** 성광빌 102동 2층***호 [도로명] 경기도 광주시 도지울길*** (퇴촌면) | | | | |
| 용도 | 다세대(빌라) | 채권자 | 성남제일새마을금고 | 감정가 | 148,000,000원 |
| 대지권 | 49.5㎡ (14.97평) | 채무자 | *** | 최저가 | (70%) 103,600,000원 |
| 전용면적 | 56.81㎡ (17.18평) | 소유자 | *** | 보증금 | (10%)10,360,000원 |
| 사건접수 | 2016-03-09 | 매각대상 | 토지/건물일괄매각 | 청구금액 | 100,265,190원 |
| 입찰방법 | 기일입찰 | 배당종기일 | 2016-07-07(연기) | 개시결정 | 2016-03-10 |

**기일현황**

| 회차 | 매각기일 | 최저매각금액 | 결과 |
|---|---|---|---|
| 신건 | 2016-06-27 | 148,000,000원 | 변경 |
| 신건 | 2016-08-01 | 148,000,000원 | 유찰 |
| 2차 | 2016-09-05 | 103,600,000원 | 매각 |
| | ***/입찰9명/낙찰132,200,000원(89%) 2등 입찰가 : 131,500,000원 | | |
| | 2016-09-12 | 매각결정기일 | 허가 |
| | 2016-10-12 | 대금지급기한 납부 (2016.10.11) | 납부 |
| | 2016-10-27 | 배당기일 | 진행 |

3개월 동안 열심히 공부하고 차순위 입찰자와 70여 만 원 차이로 89%대에 첫 낙찰을 받았다. 회원님이 이 낙찰을 받았던 때가 여름날 무더위가 기승을 부릴 때였다. 몇십 년 중 가장 무더웠다는 폭염 속을 뚫고 공부한 대로 모든 것을 꼼꼼히 조사하고 준비하여 좋은 결실을 맺은 것이다.

상황 속에서 계속 지낼 수밖에 없는 것이다.

　이 글을 쓰고 있던 즈음에 50대 중반의 한 여성 회원님이 낙찰 소식을 전해 오셨다. 9년여 전 동생이 경매를 함께 배우자고 했을 때는 크게 관심이 가지 않았다고 한다. 그런데 시간이 훌쩍 지나보니 동생은 그때 경매로 얻은 부동산들 가격이 많이 올라 든든한 자산을 일군 것에 반해 자신은 미래를 대비해놓은 것이 없다는 생각이 든 것이다. 너무 늦었다고 생각이 들었지만 그래도 지금부터 잘하면 된다고 굳게 마음을 먹고 경매 공부를 하기 시작했다. 그리고 서너 달 후에 괜찮은 지역의 괜찮은 물건을 좋은 가격에 낙찰을 받았다.

　이 회원님이 좋은 결과를 얻을 수 있었던 것은 '지금 해봤자 소용없어'라는 생각에 매몰되지 않고, 해야 할 공부와 목표에만 집중했기 때문이다. 첫 낙찰에 자신감을 가진 그 분은 이후 2개의 물건을 더 낙찰을 받으셨고 지금도 열심히 경매투자를 위해 매진하고 있다.

## 삶이 단숨에 바뀌는 놀라운 경험

누구나 무엇을 시작할 때 '이미 늦은 건 아닐까' 주저한다. 나도 그랬다. 그리고 이미 경매투자를 해가고 있는 사람들 대부분의 처음도 그랬다. 그러나 계속 노력을 하다 보면 어느 순간 삶이 단숨에 바뀌는 놀라운 경험을 하게 된다. 언제나 기억해둘 필요가 있다. 앞으로 10년 후, 늦게 시작한 사람이 다른 사람들보다 더 잘하고 있을지도 모른다.

앞서 소개한 일흔이 넘은 회원님도 처음 시작한 때가 60이 넘은 나이였지만 이후 지속적으로 꾸준히 해온 덕분에 많은 부동산을 보유할 수 있게 되었고 좋은 수익을 얻게 되었다.

일반 매매 사례이지만 이런 경우도 있었다. 50대가 넘는 한 여성 회원님이 2014년도에 경매교육을 받으러 오셨다. 그분은 아이들 대학 등록금부터해서 노후를 대비해놓은 돈이 전혀 없어 무척이나 불안한 상황이었다. 더욱이 일시적으로 직장까지 그만둔 상태라 막막한 마음은 더했다.

그러나 그녀는 교육을 받다가 좋은 아이디어를 떠올리게 된다. 그녀에게는 거의 잊고 지냈을 만큼 오래 전에 상속받은 지방의 허름한 아파트 한 채가 있었다. 오래된 만큼 임차인이 거의 무상이나 진배없이 살고 있었고, 아파트 내부가 무척 엉망이어서 임차인을 내보낸다 하더라도 좋은 가격에 매매가 될 수 있을지 알 수 없었다. 그런데 그녀는 부동산은 잘 활용하기 나름이라는 생각을 갖고 우선 무상으로 거주하고 있는 임차인을 내보낸다. 그리고 아파트 내부의 페인트칠이며 문틀 칠, 그리고 싱크대 교체까지 직접 발품 팔고 알아보고 수리하는 사람까지 1명을 고용해서 2주간 말끔히 수리를 했다. 그런 후에 부동산에 내놓았는데, 그때 그 지역은 매매거래가 거의 되지 않는 상황이었다. 얼마 지나지 않아 KTX 역이 들어설 예정이었지만 워낙 부동산 시장이 얼어붙어 있던 때여서 그런 호재가 시장에는 거의 반영되지 않고 있었다.

상대적으로 전세가가 계속 오르고 있던 상황이라 그녀는 매매대신 괜찮은 금액의 전세로 임대를 놓았다. 거기서 나온 7000여 만 원의 돈으로 그녀는 시흥에 있는 소형 아파트 위주로 한 달 만에 13채를 전세 끼고 매입했고, 그리고 한 달 후 몇 채를 더 구입했다. 이후 그 지역의 소형 아파트 매매가와 전세가는 계속 상승했다. 그리고 처음 임대로 놓았던 아파트는 KTX역 개통으로 그 지역 일대 부동산 가격이 오르면서 덩달아 가격이 많이 상승했다.

## 억대 자산의 주인공, 누구나 언제든 될 수 있다

그녀가 '너무 늦은 건 아니냐'고, '이렇게 공부를 해서 되겠냐'고, '수중에 가진 돈이 별로 없어서 걱정'이라고 종종 어두운 표정을 지어보이던 게 불과 2년 전이었다. 그런데 그 2년 만에 그녀는 부동산으로 꽤 든든한 수익을 거두게 된 것이다.

그녀는 불안감에 주저앉지 않고 할 수 있는 최선을 다해 투자할 수 있는 돈을 마련했고, 적당한 시기에 과감한 결정으로 좋은 결과를 만들었다. 만약 너무 늦었다는 생각에만 빠져 있었다면 2년 후 그녀의 삶은 아무것도 변화하지 않았을 것이다. 하지만 그녀는 용기를 냈고 또 열심히 했기에 불가능할 것 같은 일들을 가능한 일들로 손수 만들어낼 수 있었다. 또 누군가 그녀와 같이 열정을 갖고 열심히 한다면 또 놀라운 기적을 만들어낼 것이다. 부동산 경매로 억대 자산을 만들어낸 주인공은 누구라도 언제든지 될 수 있다.

낙찰과 동시에 명도 완료
# 06

# 노력한 사람에게는 반드시 더 좋은 길이 펼쳐진다

### 낡아도 선호도 높은 2층 빌라

2016년 1월, 매서운 강추위가 연일 계속되던 한겨울이었다. 우리 카페 회원님 중 한 분이 물건 하나를 낙찰받았다. 몹시 낡은 빌라. 그래도 사람들이 선호하는 2층이었다. 빌라나 연립주택은 젊은 사람들보다는 연세가 좀 있는 분들이 실거주를 위해 매입하는 경우가 많다. 고정 소득이 많지 않거나 은퇴를 한 경우, 관리비가 많아 부담스러운 아파트보다 빌라나 연립을 더 선호하는 사람

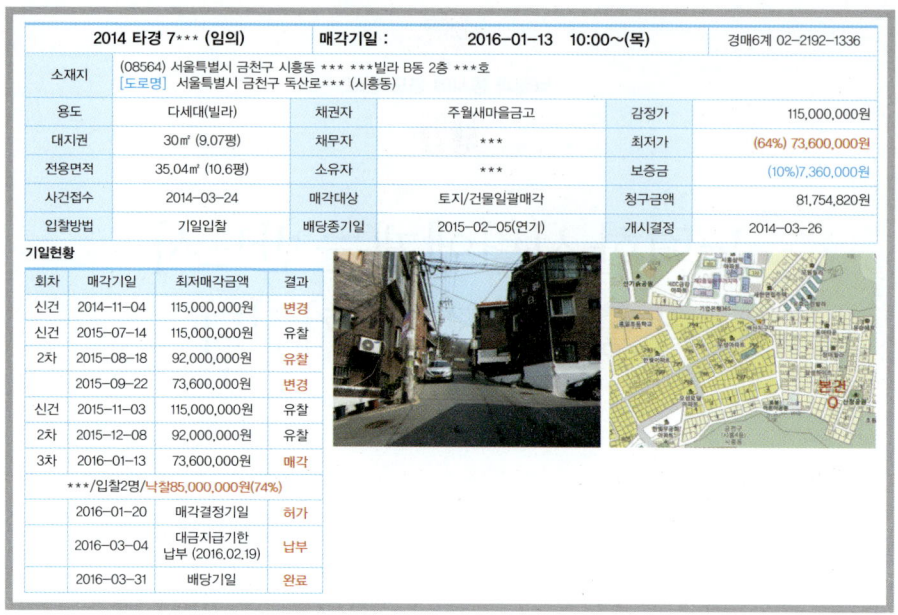

열심히 공부하며 경매에 뛰어든 회원님이 계속되는 패찰 끝에 드디어 첫 낙찰을 경험한 물건. 감정가 1억 1500만 원의 물건을 8500만 원에 낙찰받았다.

들도 있다. 그런데 엘리베이터가 없는 건물이라면 3층 이상은 계단을 오르내리기가 쉽지 않아 별로 선호하지 않는다. 또 1층은 주차장이나 도로랑 가까운 게 싫어서 아무래도 2층에 대한 선호도가 가장 높은 편이다.

## 연이은 패찰 끝에 맛본 낙찰의 순간!

수도권 지역의 부동산 가격이 계속 내리막길을 걷다가 오랜 침체기를 벗어나자 서울의 몇 지역과 경기도의 몇 지역은 하루가 멀다 하고 가격이 급등하고 있었다. 하지만 회원님이 낙찰받은 금천구는 당시 주변 지역의 가격이 모두 오르고 있는 와중에도 여전히 침체된 분위기에서 크게 벗어나지 못하고 있었다.

본격적으로 경매를 해봐야겠다고 마음을 굳게 먹고 공부를 열심히 했던 회원님은 여기저기 입찰을 했지만 너무 높은 경쟁률 탓에 번번이 패찰의 쓴잔을 마셔야 했다. 그러다 발견한 것이 바로 이 물건이었다. 서울 지역임에도 저렴한 가격의 물건이라는 점이 마음에 들었다. 금천구 지역에 대한 공부도 어느 정도 되었던 터라 입찰을 해봐야겠다고 생각하고 현장조사를 나갔다.

해당 빌라는 전철역에서 다소 떨어져 있었고, 다소 경사진 곳에 자리하고 있었다. 하지만 인근에 버스정류장이 있어 교통편이 크게 불편해 보이진 않았다. 노후한 건물 치고는 깨끗해 보이기도 했다. 걱정되는 점도 있었다. 주변 탐문을 해보니 해당 부동산은 아무도 살지 않은 지 좀 오래되었다고 했다. 한동안 비어 있던 집이라는 게 마음에 걸렸지만, 부동산 사무실에 들러 조사해보니 내부만 말끔하다면 임대는 잘 나갈 거라고 했다. 회원님은 고민을 해보다가 최저가에서 조금만 더 올려 써서 입찰하기로 마음먹었다.

이 물건에는 또 한 가지 특징이 있었다. 경매가 진행될 당시만 해도 건축물대장상의 호수와 현황상의 호수가 불일치했던 것이다. 그런데 회원님이 낙찰을 받기 직전에 건축물대장상의 호수를 현황상 호수로 모두 일치되도록 바꿔

| 명세서 요약사항 | 최선순위 설정일자 2013.9.13. 전세권 |
|---|---|
| 매각으로 소멸되지 않는 등기부권리 | 해당사항 없음 |
| 매각으로 설정된 것으로 보는 지상권 | 해당사항 없음 |
| 주의사항 / 법원문건접수 요약 | 1.건축물대장의 현황도와 실제 점유한 집의 202호가 201호가 뒤바뀜, 공부를 기준으로 매각하나 (계단에서 보아서 좌측집임), 점유관계는 실제 점유한 집(계단에서 보아서 우측집)을 기준으로 판단함, 면적, 대지권비율, 감정가액이 동일함(2015.1.27. 감정서 2015.6.27. 감정보완서 참조) 2.공부상 건물의 인도와 관련하여 매수인이 별도로 인도소송을 제기하여야 할 가능성이 많음. |

출처: 스피드옥션

어 낙찰받는 사람이 크게 신경 쓰지 않아도 되었다.

## 혹시 잘못 입찰을 한 건가?
## 내가 모르는 문제가 있는 건 아니겠지?

　드디어 입찰 날. 한파로 매우 추운 날이었지만 그는 마음을 단단히 먹고 경매법원으로 향했다. 그리고 떨리는 마음으로 입찰. 하지만 그는 이내 혼란스러운 마음이 되고 말았다.
　해당 물건에 입찰한 사람은 단 2명. 지금까지는 늘 입찰 경쟁률이 매우 높았는데 유독 이 물건에는 입찰자가 많지 않다는 것에 적잖이 놀랐다. 그래도 높은 금액으로 쓴 건 아니었기 때문에 '설마 낙찰이 될까' 싶은 마음으로 기다렸다. 그러나 아니나 다를까 개찰이 끝나고 사무관이 최고가매수신고인의 이름으로 그의 이름을 불렀다. 그는 몹시 당혹스런 마음으로 입찰보증금 영수증을 받아 들고 경매법정 밖으로 나왔다.

　'내가 잘못 입찰을 했나? 혹시 내가 모르는 어떤 문제점이 있는 건 아니겠지……?'
　이런저런 생각에 마음이 착잡하고 복잡했다. 그는 걱정스런 마음으로 나에게 연락을 해왔다.
　"선생님, 제가 낙찰받은 물건에 문제가 있는지 좀 봐주세요."
　그의 질문을 받은 나는 해당 물건을 찾아보았다. 자세히 살펴보니 얼마 전 나도 보았던 물건이었다. 나름 괜찮은 물건이라 생각했다. 언덕에 위치하고 있는 부분이 마음에 걸렸지만 그 외에는 큰 문제없이 괜찮아 보였다. 금천구 주변 지역에서 부동산 가격이 워낙 많이 오른 데다 몇 달 후 강남순환고속도로가 개통이 되면 이 일대의 부동산 가격이 많이 오를 것으로 예상하고 있었다. 나는 그에게 몇 가지를 더 확인했다.

"현장조사를 갔을 때 교통편은 어때 보였어요?"

"가까이에 버스정류장이 있어서 나름 괜찮았어요."

"다른 사람들이 몰라봐서 그렇지 괜찮은 물건이에요. 걱정 마세요."

나는 그를 안심시켜주었다. 그리고 한 가지 더 덧붙였다.

"낙찰받고 매각허가 결정이 나기 일주일 전까지 법원에서 알려주지 않은 권리상의 하자가 있거나 물건에 큰 하자가 있으면 불허가 신청을 할 수 있어요. 그러면 입찰보증금도 돌려받을 수 있는 거고요. 그러니까 집으로 바로 돌아가시지 말고 꼭 해당 부동산에 가서 혹시라도 발견하지 못한 하자나 문제가 없는지 한 번 더 살펴보시면 좋을 것 같아요."

## 방치된 짐 처리, 평수별로 다르게 접근하라

그는 내 말을 듣고 곧장 낙찰받은 물건지로 갔다. 여기저기 건물을 더 꼼꼼하게 살펴보았고 문제는 없었다. 혹시 몰라 해당 호수에 가서 문을 살펴보니 작은 메모지에 휴대전화 번호가 적힌 연락처가 있었다. 그가 내게 다시 물었다.

"어떻게 하는 게 좋을까요?"

"그 연락처로 문자를 보내보세요. 낙찰받은 사람이니까 연락을 달라고요. 그리고 만약 연락이 오면, 집안 내부를 봐도 되냐고 물어보고, 볼 수 없다고 한다면 안에 남아 있는 짐은 없는지 물어보고 확인해보시면 좋아요."

그는 그렇게 문자를 보냈고, 얼마 지나지 않아 상대방으로부터 연락이 왔다. 낙찰받은 집 전 소유자의 아들이라고 했고, 아버지의 짐이 좀 남아 있다고 했다. 그에게서 이야기를 전해듣고 나는 다시 조언을 드렸다.

"버리는 짐이면 임의대로 처분을 해도 괜찮겠냐고 물어보고, 그렇지 않으면 짐을 언제 가지고 갈 계획인지 물어보세요."

그가 다시 연락을 하니 소유자의 아들은 짐을 임의로 치워도 된다고 답변을 주었다고 한다. 그렇게 낙찰받은 당일 명도가 단숨에 해결된 것이다. 회원님이 상대방의 입장을 헤아리며 이야기를 잘 풀어간 덕에 일을 원만하게 마무리 지을 수 있었던 것이다. 아들은 아버지 소유의 집에 쓸모없는 짐이 오랫동안 방치되어 있었지만 바쁘다 보니 짐을 정리할 시간도, 신경을 쓸 마음의 여유도 없었을 것이다. 그런데 낙찰자가 짐을 치워달라고 요구하는 게 아니라 직접 그 짐을 해결해주겠다고 하니 흔쾌히 응할 수 있었던 것이다.

참고로, 방치되어 있는 짐을 임의대로 치워도 되냐고 상대방에 물어보는 경우는 소형대 부동산에 한하는 게 좋다. 대형 평형대의 부동산인 경우에는 방치된 짐을 치우는 데 많은 비용이 소요될 수 있기 때문이다. 이런 경우는 소유자의 가족이나 지인에게 이사비 등으로 협상하여 직접 짐을 치울 수 있게 유도하는 편이 나을 수도 있다.

## 다시 태어난 집, 운도 트이다!

　회원님은 첫 낙찰이었기에 경험상 직접 내부 수리와 인테리어를 하고 싶다고 했다. 남아 있는 짐은 쓰레기 수거 업체를 통해 처리했다. 그리고 나서 손수 페인트칠을 하고 화장실 변기를 교체하는 등 수리할 곳들을 손보고 베란다도 말끔하게 치웠다. 도배, 장판까지 다 끝내니 그럴싸하니 괜찮은 집으로 다시 태어났다.

　그는 물건을 부동산에 전세로 내놓았고, 괜찮은 가격에 곧바로 임차인을 구할 수 있었다. 그 덕에 낙찰받기 위해 들어간 돈은 대부분 회수할 수 있었다고 한다. 그리고 서너 달 후 강남순환고속도로가 개통되었다. 이 지역의 부동산 가격은 본격적으로 상승하기 시작했고 이후 매물이 없을 정도로 투자자들이 몰렸다. 노력한 이에게는 이처럼 반드시 더 크고 좋은 길이 펼쳐지는 법이다.

배당에서 제외된 임차인
07

# 나는 진짜 임차인이라구요!

### 가격 상승 지역의 저렴한 다세대주택

 2014년 10월, 인천 지역 아파트 가격이 상승하고 있었다. 그래도 여전히 다세대나 연립주택에 대한 경쟁률은 많이 높지 않던 때였다. 우리 카페의 한 회원님이 인천 지역의 다세대주택 하나를 저렴하게 낙찰받았다. 그 물건으로 나름 괜찮을 수익을 거둘 수 있다는 것을 경험하고 나니 다음도 인천 지역의 다세대주택으로 입찰해야겠다고 생각했다. 그래서 인천 지역 쪽으로 계속 관심

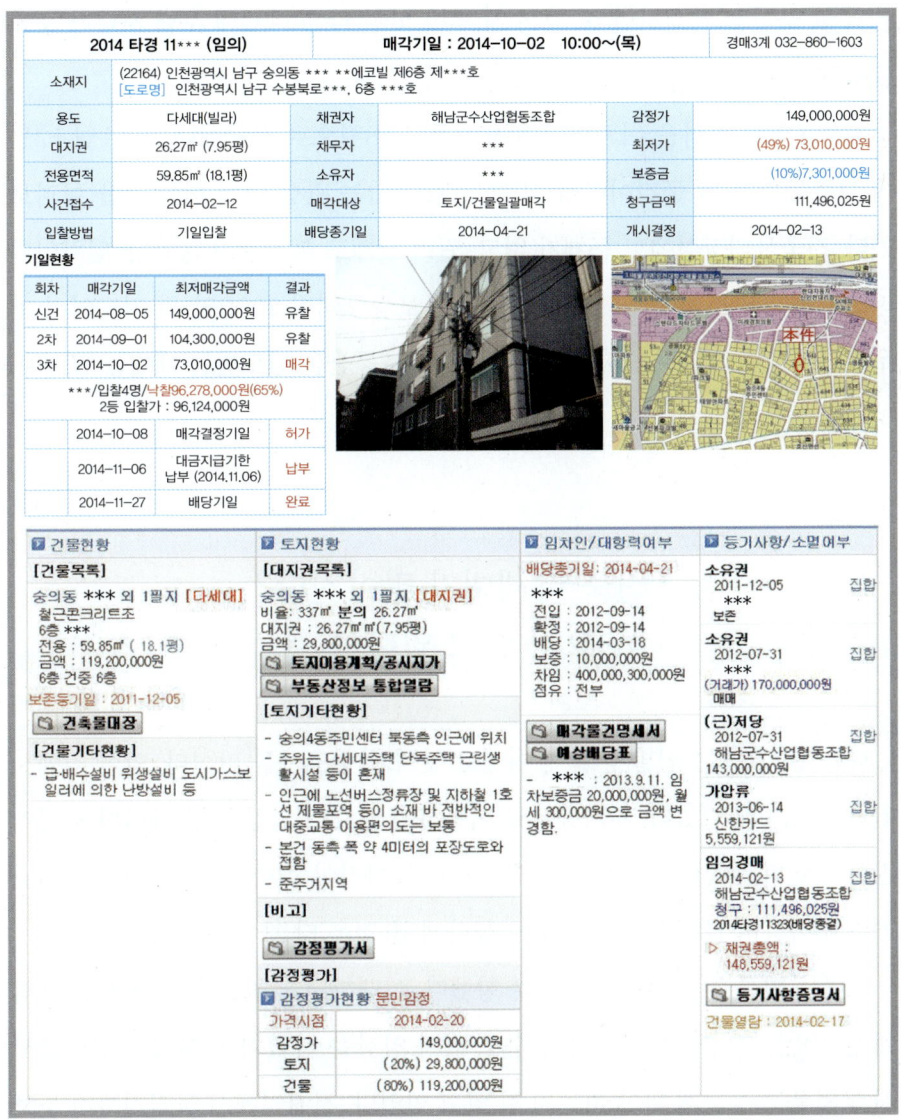

인천 지역 다세대주택. 제물포역 가까이에 위치하고 전용면적 18평으로 적당했다. 감정가 1억 4900만 원의 65% 금액인 9600만 원 정도에 낙찰받았다.

을 두고 물건을 검색하던 중 지은 지 얼마 되지 않은 다세대 주택 하나가 눈에 들어왔다.

제물포역과 가까운 위치였고 전용면적도 18평으로 적당했다. 2011년 12월에 보존등기가 된 물건이라서 더 좋았다. 그녀는 관심 있게 서류 등을 살펴보았다. 건축물대장상에도 문제가 없고, 권리 관계도 복잡하지 않았다. 임차인의 전입일자가 말소기준권리보다 늦었지만 보증금액이 2000만 원 정도여서 최우선변제금으로 모두 받아갈 수 있을 테니 부동산을 인도받는 데에는 크게 어려움이 없을 것 같았다.

## 신축 다세대가 많아진다?
## 수요가 늘고 있다는 것!

다음 날, 그녀는 신발 끈을 동여매고 일찍 현장조사를 나섰다. 안산 집에서 인천까지는 꽤 멀었다. 자가용으로 이동하지 않으니 임장을 할 때마다 시간이 많이 걸렸다. 어린 딸이 있어 빨리 집으로 돌아가야 했다. 그래서 임장을 떠날 때마다 마음이 급해졌다. 그래도 꼼꼼하게 볼 것은 다 보아야 했다.

그녀는 빠른 걸음으로 물건지로 향했다. 여태까지 낙찰받은 물건은 한 개밖에 없지만, 그 낙찰을 받기까지 수도 없이 임장을 다녔기에 이제는 현장조사 시 무엇을 꼼꼼하게 봐야 하는지 잘 알고 있었다. 전철역에서 물건지까지 도보로 어느 정도 되는지, 주변 환경은 나쁘지 않은지, 초등학교, 중학교, 고등학교는 어디에 위치하고 있는지 확인하는 것을 잊지 않는다.

경매로 나온 부동산은 다세대주택 밀집 지역에 위치하고 있었다. 인근에 전철역, 큰 마트, 학교, 재래시장 등이 위치하고 있어 살기에는 꽤 좋아 보였다. 그래서인지 주변에 오래된 다세대 주택건물들 사이로 신축 건물이 제법 많이 지어지고 있었다.

노후한 건물을 철거하고 새로운 다세대 건물을 짓는다는 것은 그만큼 수요자가 늘어나고 있다는 것이었다. 하지만 공급이 한꺼번에 많이 몰리면 가격 경쟁률이 떨어지기 때문에 낙찰을 너무 높은 가격에 받지 말아야 되겠다는 생각이 들었다.

경매로 나온 호수는 6층. 인터넷에 올라온 분양홍보용 사진을 둘러보니 방 세 개에 인테리어도 잘 되어 있어 괜찮아 보였다. 다만 아쉽게도 엘리베이터가 없었다. 그런데 건물을 보니 1층 주차장을 빼면 6층이 아닌 5층인 셈이었다. 그리고 층별 높이가 그리 높지 않아 염려했던 것보다는 6층이 그리 높지 않았다. 아주 저렴하게만 낙찰받으면 임대를 놓기에 괜찮을 것 같다는 생각이 들었다.

주변에 있는 부동산 사무실에 시세를 물어보니 신축 건물이 많아 매매거래는 잘되지 않지만 임대는 금방 나간다고 했다. 저렴하게 낙찰을 받아서 임대만 잘 나가준다면 그리 나쁜 투자가 되지 않을 것이다.

## 소신 입찰, 얼떨떨한 낙찰!

회원님은 임장과 더불어 여러 가지 조사를 다 마쳤다. 그리고 개천절 전날, 입찰을 하러 갔다.

경매로 나온 아파트에는 입찰자가 제법 많이 몰렸지만, 역시 다세대나 연립의 물건에는 입찰자가 많이 몰리지 않았다. 해당 물건에 단독 입찰을 하게 되는 것은 아닌지 염려가 됐는데 다행히 회원님을 포함하여 입찰자는 총 4명이었다. 감정가 1억 4900만 원에서 소신 있게 65%대인 9600여 만 원으로 입찰가를 썼다. 높게 쓴 편은 아니라서 낙찰을 받을 거라는 확신은 없었다.

드디어 그녀가 입찰한 물건의 개찰 순서. 입찰한 사람 4명이 법정 앞으로 나갔다. 첫 낙찰받을 때의 두근두근 하던 것과는 달리 무덤덤하게 서 있는데 최고가매수신고인으로 그녀의 이름이 불렸다. 차순위 입찰자와 불과 십여 만 원 차이로 낙찰이 된 것이다. 불과 몇 분전까지도 담담했는데 낙찰자가 되고 나니 마음이 얼떨떨했다.

한 번 낙찰을 받아본 경험이 있었던 덕분에 다음에 무엇을 해야 할지 알고 있어서 다행이었다. 낙찰받은 물건을 담당하는 경매계를 찾아가 이해관계인 서류 열람을 했다. 특별한 사항은 없었다. 임차인이 제출한 임대차계약서를 꼼꼼히 살펴보았다. 그리고 임차인의 연락처와 혹시 연락하게 될 일이 있을 줄 모르는 임대차계약서에 기재되어 있는 부동산 사무실의 전화번호도 함께 메모했다.

그리고 난 다음 법원에서 나와 임차인에게 시간이 될 때 연락을 부탁한다는 문자를 남겼다. 얼마 지나지 않아 임차인에게서 연락이 왔다. 이사비를 줘야 이사를 갈 수 있다는 말에 회원님은 당혹스러웠다. 낙찰을 두 번째 받는 것이기는 했어도 여전히 이사비 부분에선 적응이 잘 되지 않았다. 남편과 의논해보겠다고 하고 끊었는데 생각보다 큰 이사비 금액을 요구하는 것 같아 머리가 아파왔다.

## "나는 진짜 임차인이라고요!"

해당 주택의 임차인은 시세보다 훨씬 저렴하게 몇 년간 살고 있었다. 그리고 보증금액에 대해서도 모두 배당을 받을 수 있어 손해를 보는 입장도 아니었다. 그런데도 낙찰자에게 과도한 금액의 이사비를 요구하는 것 같아 마음이 불편했다.

그런데 대금납부를 하고 임차인으로부터 좋지 않은 소식을 듣게 되었다. 임차인이 소액임차보증금으로 최우선변제를 당연히 받을 수 있을 것이라고 생각했는데 경매를 신청한 은행권에서 배당배제 신청*을 했다는 것이다. 최우선변제금을 노린 가장 임차인이라는 이유로 말이다. 전혀 생각지도 못한 난감한 상황이 벌어진 것이다.

"나는 진짜 임차인이라고요!"

임차인은 자신이 가짜 임차인으로 몰렸다는 사실에 크게 화가 나 있었다. 회원님은 임차인의 말이 맞는지 아닌지 판단하기가 어려웠다. 어쨌거나 임차인이 정말 배당금을 받을 수 없게 된다면 회원님 역시 더욱 난처해질 수밖에 없었다. 아닌 게 아니라, 임차인은 배당금을 받지 못하면 이사를 갈 수 없다며 일이 해결될 때까지 몇 달 동안 더 살게 해달라고 했다.

회원님 입장에서는 몹시 당혹스럽고 난감했다. 잔금을 치르기 위해 경락잔금대출을 80% 가까이 받았던 터라 매월 나가는 대출이자가 만만치 않았다. 임차인의 사정은 충분히 알겠지만, 그렇다고 무상으로 계속 거주하게 하기엔 손해가 너무 컸다.

"그러면 사시는 동안 월세라도 주셨으면 좋겠네요."

최대한 기분 상하지 않도록 애쓰며 요청했는데도 임차인의 목소리가 높아

> **배당배제 신청**
> 가장 임차인을 배당에서 배제시키기 위해 채권자가 신청하는 것이다. 배당배제 신청이 들어와 실제로 집행법원이 이를 받아들여 임차인을 배당에서 배제시켜버리는 경우, 임차인은 7일 이내에 배당이의의 소를 제기해야 한다.

졌다.

"억울하게 배당금을 받지도 못하게 됐는데 너무 야박하신 거 아닙니까?"

결국 협의를 다 끝내지 못하고 일단 전화는 끊었다. 그리고 얼마 후 임차인이 다시 연락을 해왔다. 부동산 사무실에 상황을 물어보니 월세를 요구한 낙찰자가 너무 했다는 말을 했다는 것이다. 이 말을 들은 회원님은 속상했다. 최대한 임차인을 배려해주고 싶은 마음이 컸는데 인내력에 한계가 오는 것 같았다. 그래도 언성을 높이며 싸울 수는 없었다. 서로에게 좋지 않은 일이다. 회원님은 차분하게 입장을 설명하고 전달했다. 그렇게 몇 번의 조율 끝에 결국 당분간 월세를 지급하는 조건으로 임차인이 더 거주하기로 했다.

## 우여곡절 끝에 홀가분하게 마무리되다

얼마가 흘렀을까. 어느 날 임차인이 이사를 가겠다고 연락을 해왔다. 생각보다 빨리 이사를 가게 되어 정말 다행이었다. 임차인이 이사를 나가자마자 새로운 임차인은 바로 구할 수 있었다.

그런데 얼마 후 이사를 나갔던 임차인으로부터 다시 연락이 왔다. 그동안 배당에서 배제된 것에 대해 소를 제기했고, 진짜 임차인이라는 것을 법원에 소명하여 결국 배당을 받을 수 있게 되었다는 것이다. 이미 이사는 나왔지만 그래도 명도확인서를 써달라는 부탁을 하기 위해 연락해온 것이다. 회원님은 흔쾌히 명도확인서와 인감증명서를 보내주었다.

우여곡절이 있었지만 모든 게 잘 마무리 되었다. 임차인이 보증금을 배당받지 못한 게 마음 쓰였는데 잘 풀렸으니 회원님도 속 시원한 기분이었다. 나도 덩달아 마음이 홀가분해졌다.

　회원님은 이 물건을 통해 또 한 가지 크게 배웠다고 한다. 임차인이 배당받을 수 있는 조건을 갖추었음에도 배당에서 제외되는 일이 생길 수도 있다는 것. 그리고 실제 임차인이라면 소를 제기하여 배당받지 못한 금액을 나중에라도 받을 수 있다는 것.

　경매는 이처럼 할 때마다 매번 새로운 경험을 하게 된다. 하는 만큼 내공이 쌓이는 정직한 투자다. 이 분에 대해 에필로그에서도 썼지만 이분의 첫 걸음은 쉽지가 않았다. 오래기간 공부를 하고 스무 번을 넘게 입찰했지만 연달아 계속 패찰을 했었다. 하지만 포기하지 않고 계속 해가셨고 그 이후 여러 건의 물건을 낙찰받아 임대 수익을 받고 있으며 얼마 전에는 살고 싶던 지역의 아파트로 이사를 가셨다. 그리고 얼마 후 그 아파트에서 경매로 나온 물건에 입찰을 했다가 같은 동에 있는 물건이 급매로 나온 것을 알고 그것을 매입했다. 그 후 3개월도 되지 않아 아파트 가격이 7000만 원이 상승하는 좋은 결과를 얻었다. 이렇게 할 수 있었던 것은 경매로 나온 물건을 임장을 하러 갔다가 그곳의 지역이 너무 마음에 들게 되었고 한동안 가격이 하락하다가 이제 다시 가격이 상승할 것이라는 조짐을 읽을 수 있었기 때문이다. 그래서 과감하게 투자를 했고 결국 뿌듯한 결실을 맺게 된 셈이다.

외관상 문제 많아 보이는 아파트
**08**

# 이런 물건 정말 받아도 괜찮을까요?

### 5회 유찰되어 감정가의 24%대로 떨어진 아파트

2014년의 일이다. 충남 공주시의 경매로 나온 아파트가 눈에 띄었다. 감정가 3200만 원에서 5회 유찰되어 최저가가 24%대인 768만 원 정도까지 떨어진 물건이었다. 그 아파트에서 대략 170여 개의 호수가 경매로 나와 있었다.

토지별도등기가 있었지만 권리적으로 크게 문제가 되어 보이진 않았다. 대부분의 호수에 신고되어 있는 임차인은 없었다. 서류상으로는 점유하고 있는

4회 유찰되고 난 후 5회 차 때 감정가의 59% 금액인 1900만 원에 낙찰됐다.

사람들이 나타나지 않는 것이다. 그런 이유로 유찰이 많이 되었는데도 사람들의 관심을 끌고 있지 않는 것이었다.

나는 경매로 나온 두 동의 아파트 단지가 자리 잡고 있는 위치가 흥미로웠다. 지역은 공주시였지만 세종특별자치시에 편입되어 있었는데 소도시에서 좀 떨어진 외진 곳에 왜 이렇게 많은 세대수의 아파트가 지어져 있나 하는 점에 호기심이 생겼다.

지도를 넓게 펼쳐서 확인해보니 건물이 위치하고 있는 곳에서 좀 떨어진 곳에 대학교가 있었다. 산 중턱에 자리를 잡고 있는 이 대학은 나름 이름이 있는 학교였다. 나는 현장을 보아야겠다는 생각을 하고 자료를 챙겨 곧바로 차를 몰고 내려갔다.

## 밤이 되어서야 진가를 발견하다

몇 시간 운전을 해서 도착하니 오후 시간이었다. 건물 주변은 왠지 휑한 느낌이었다. 아파트 안으로 들어가보니 복도에 형광등이 켜지지 않는 곳이 많아 어두웠다. 게다가 정말 쥐 죽은 듯이 아파트가 조용했다.

'쓸모가 없어진 건물인가……?'

그런데 그렇지도 않은 게 단지 입구에 있는 상가 건물에는 제법 큰 마트와 당구장, PC방, 커피숍, 분식점 등이 있었다. 그날 손님이 많아 보이진 않았지만 분위기가 나쁘지 않았다. 나는 반신반의하는 마음으로 아파트 한편에 자리 잡고 있는 작은 관리소 건물을 향했다.

관리소 문이 굳게 닫혀 있어 나는 결국 아무 정보도 얻지 못했다. 마지막으로 아파트 건물 입구에 가서 우편물들을 확인해봤다. 연체된 관리비를 내라는 고지서들이 들어 있었다. 제법 많은 호수에서 관리비를 체납하고 있는 것 같았다.

'괜히 왔나?'

허탈감이 밀려오기 시작했다. 그런데 바로 그때, 갑자기 요란한 음악소리와 함께 차들이 단지 주차장으로 연이어 들어오고 있었다. 얼굴을 내밀고 밖을 살펴보니 대학생들로 보이는 젊은 친구들이 차를 몰고 하나둘씩 들어오기 시작했다. 나는 주차장으로 나가 그들이 들어오는 모습을 유심히 지켜봤다. 차에서 내린 그들은 각자의 아파트로 들어가 사라졌다. 서서히 각 세대마다 불이 켜지기 시작했다. 30여 분이 지나자 그전까진 조용하기 그지없던 아파트 건물이 갖가지 생활 소음으로 꽉 차기 시작했다.

그 아파트에 살고 있는 임차인은 대부분 대학생들인 것 같았다. 그래서 그들이 학교에 가 있는 낮 시간 동안은 빈 집들이라 고요했던 것이고, 그들이 학교에서 돌아오는 저녁 시간 때부터는 왁자지껄해지는 것이다.

피식 웃음이 나왔다. 나는 잠시 마트에 들러 음료수를 사면서 그곳에서 일하고 있던 사람에게 이것저것 물었다. 벌써 경매 물건 때문에 다녀간 사람들이 꽤 많다고 했다. 사람들이 하도 물어봐서 이제는 목이 아플 정도라는 것이다. 사실은 자신도 입찰하고 싶은데 경매를 어떻게 하는지 잘 몰라서 그냥 있다고도 했다.

## 법원에 신고된 임차인이 없었던 이유

나는 내친김에 차를 몰고 산 중턱 즈음에 자리 잡고 있는 인근 대학교와 그 근처 일대를 쭉 살폈다. 학교 캠퍼스는 생각보다 무척 넓었고 야간시간인데도 학생들이 많았다. 캠퍼스 인근에는 새로 지어진 원룸도 무척 많았다. 시세를 조사해보니 가격이 좀 나갔다. 경매로 나온 물건을 잘 받으면 경쟁력이 있겠다는 생각이 들었다.

나는 다시 경매로 나온 해당 아파트로 돌아와서 그곳에 사는 학생들을 찾아 만났다. 그들에게 얼마를 주고 임대하고 있냐고 물으니 대부분 보증금 없이 미리 1년치 월세에 해당하는 금액을 선불로 냈다고 했다. 그래서 법원에 신고되어 있는 임차인이 거의 없었던 것이다.

나는 그들에게 몇 가지 정보도 들었다. 몇 해 전까지만 해도 관리가 잘되고 있었는데 아파트 건물을 소유한 회사가 다른 곳에 지은 건물의 분양이 제대로 되지 않아 해당 아파트 건물 두 동도 경매로 넘어간 것이라고 했다. 그래서 최근 들어 관리가 잘되지 않았고, 그러다 보니 관리비를 내지 않는 학생들도 늘었다고 했다.

그들이 내고 있는 1년치 월세는 대략 150만 원에서 200만 원 정도였다. 아파트를 1000만 원대에 낙찰을 받고 대출을 받을 수 있다면 더할 나위 없이 수익률이 괜찮은 물건이었다. 나는 현장조사를 마치고 집으로 돌아온 다음 날 대출을 알아보기 시작했다.

## 아쉬운 결과, 그러나 다시금 깨달은 현장의 가르침

은행권에선 소액임차인이 받는 최우선변제금액에 해당하는 금액을 빼고 대출을 하려 하기 때문에 너무 적은 금액으로 낙찰을 받으면 대출을 해주려고 하지 않는다. 나는 대부분 임차인이 학생들이고 보증금 없이 일명 '깔세(임대 기간만큼의 금액을 한꺼번에 지불하는 월세를 속되게 이르는 말)'를 내는 조건으로 있다고 하니 대출업무를 하는 직원이 좀 더 조사를 해보고 답변을 주기로 했다.

조마조마한 마음으로 답변을 기다리고 있는데 대출이 80%까지 가능할 것 같다는 답변을 받을 수 있었다. 그렇다면 초기 비용이 거의 들지 않는 것이다. 나는 입찰 준비를 하다가 문득 이런 생각이 들었다.

'이렇게 많은 세대수가 경매로 나왔다면 교육을 받고 있는 회원님들도 낙찰받으면 좋지 않을까?'

나는 이 물건에 관한 정보를 사람들에게 곧바로 오픈했다. 하지만 반응은 그리 좋지 않았다.

"이런 물건 정말 받아도 괜찮은 건가요?"

잘 모르는 지역의 물건인 데다 현장조사를 갔을 때 아파트 세대 대부분이 비어 있었기 때문에 확신을 하지 못했던 것이다. 그래도 몇 회원님들이 입찰을 했지만 아쉽게도 1000만 원 초반대에 입찰을 넣어 다들 낙찰받지 못하고 허탈해하며 돌아왔다. 지금 시세를 보니 2600만 원에 매매거래가 된 호수들도 있고 3000만 원에 전세가 나간 호수도 있다.

  비록 낙찰받지는 못했지만 이 물건의 입찰을 준비하면서 나는 끝까지 포기하지 않는 현장조사가 얼마나 중요한지 다시금 확인할 수 있었다. 경매를 해본 사람은 아마 너무나 잘 알고 있겠지만, 물건은 절대 사진과 추측으로만 판단해서는 안 된다. 현장을 가보는 것, 그것도 그냥 단순히 가보는 것이 아니라 실마리를 얻기까지 여러 시간대, 여러 각도로 살펴보고 파고드는 정신이 필요하다는 것을 잊지 않았으면 좋겠다.

# 4부
# 이대로만 따라 하면 당신도 경매 부자

**물건 선정부터 명도까지**

**한눈에 보는 단계별 경매**

몇 가지 핵심적인 행위에 집중하면
엄청난 영향력을 행사할 수 있다
당신의 목표는 충분한 자신감을 회복하며
한 해 하나씩 새로운 소득 흐름을 창출하는 것이다

**로버트 알렌**

경매 선배가 쓰는 편지
01

# 이제 막 경매를 시작하려는 당신에게

### 경매가 준 값진 선물 '할 수 있다'는 믿음

어떤 사람들은 돈이 없어도 행복하게 살 수 있다고 한다. 하지만 나는 돈이 없다는 것이 자본주의 세상에 살고 있는 사람에게는 얼마나 끔찍한 일인지 잘 알고 있기 때문에 돈이 없어도 행복하게 살수 있다는 말을 믿지 않는다.

당장 돈이 없어도 언젠가는 풍족하게 살 수 있을 거라는 믿음이 있다면 당장의 부족한 현실에 대해 크게 힘들어 하거나 주눅 들지 않을 것이다. 그런데 나의 어린 시절과 학창 시절 그리고 결혼하고 난 후에도 나의 가난한 삶은 변하지가 않았다.

이젠 좀 괜찮아졌다고 생각이 드는 순간도 있었지만 그런 순간은 잠시, 늘 제자리로 돌아가 있곤 했다. 그래서 나는 초등학교를 다닐 때나 대학교를 다니던 시절이나 직장을 다닐 때에도 늘 사람들 앞에서 위축되어 있었고 자신감이 없었다.

아무리 노력해도 벗어던질 수 없을 것 같은 가난한 삶. 언제나 모든 게 부족한 형편. 사람들이 나를 무시하지는 않을까 하는 괜한 자존심. 그리고 '아무것도 없는 상황에서 어떻게 잘 살게 될 수 있을까' 하는 회의감. 미래에 대한 끊임없는 불안함. 이런 것들이 나를 언제나 늘 우울하게 만들었다.

하지만 나는 변했다.

오랜 세월 동안 무기력함과 패배감 그리고 우울감으로 살았던 내가 이렇게 나의 삶을 살아갈 수 있게 된 것은 다름 아닌 부동산 경매 덕분이었다. 그런데 내가 당당하게 살게 되었다고 하는 것이 경매로 부동산들을 보유하게 되었고 그로 인해 대기업 연봉보다 더 많은 돈이 부동산에서 흘러 들어오고 있기 때문만은 아니다.

나는 부동산 경매를 통해 나름의 경제적 자유를 얻을 수 있게 된 것뿐만 아니라 값진 많은 것들을 얻을 수 있었다. 그중 내가 가장 값지게 생각하는 것은 바로 '나는 할 수 있다'라는 믿음이 생겼다는 것이다.

## 경매는 결코 노력을 배반하지 않는다

하지만 아무리 경매라는 좋은 전문지식을 알고 있다 하더라도 그것을 실천에 옮기지 않으면 아무런 소용이 없었을 것이다. '실패하게 되어 큰 위험에 처하게 되지 않을까' 하는 두려움이 많았던 내가 경매의 전문지식을 직접 실천에 옮길 수 있었던 것은 나의 부정적 사고를 긍정적 사고로 바꾸는 데 무던히 노력을 했기 때문이다. 부자가 되는 길로 나아가게 해주는 데 가장 중요한 정신이 제 기능을 발휘할 수 있도록 나는 감정을 조절하는 데 가장 노력을 많이 해야 했다.

생각이 부자를 만든다. 그리고 그 생각은 감정에 달려 있다. 감정은 좋은 감정과 나쁜 감정으로 나뉜다. 경매를 하기 전, 나는 나쁜 감정을 더 많이 느끼며 살고 있었다. 우울감, 패배감, 좌절감, 분노감, 절망감 등 모두 나쁜 감정들이었다. 그래서 어떤 일을 할 때에도 쉽게 포기하게 되고 쉽게 회의적이게 되고 잘못된 결과가 날까 노심초사하며 실제 일어나지도 않을 일마저 걱정하는 습관을 지니고 있었다. 그런 상태에서 한 번도 해본 적이 없었던 경매투자를 한다는 것이 쉽지 않았다. 내가 경매를 하는 과정은 사실 모두 나의 감정을 다스려 가는 과정과 다름없었다. 감정을 다스려가지 않았다면 나는 실제론 아무것도 하지 못했을 것이다.

그렇다고 지금은 감정을 자유자재로 컨트롤 할 수 있게 되었다고 말할 수는 없다. 지금도 나는 부정적 감정을 느낀다. 좌절감이 들기도 하고 분노의 마음도 들고 의기소침할 때도 있다. 하지만 이전의 나와 비교해보았을 때 확실히 부정적인 생각을 덜하며 부정적인 감정을 덜 느끼는 편이다. 이것은 투자를 하는 데 있어서 매우 중요한 부분이다. 앤서니 라빈스는 다음과 같이 말했다.

"부와 행복을 이루기 위한 첫 번째 열쇠가 여기 있다. 우리는 좌절감을 다루는 법을 배워야 한다."

경매를 제대로 배워서 잘한다면 반드시 당신에게 경제적 자유를 가져다줄 것이다. 나는 이것을 확신한다. 나의 확신을 비웃는 사람은 경매에 많은 경험이 없거나 제대로 배우지 않았거나 배운 것을 제대로 활용해본 적이 없는 사람일 것이다.

하지만 경매가 아주 좋은 투자 방법일지라도 그 과정은 결코 순탄하지 않을 것이다. 처음에는 생각했던 것보다 많은 것을 배워야 한다는 사실에 기겁을 하게 될 수도 있고(우리는 평생 한 번 써볼까 하는 영어공부에는 많은 시간과 돈을 투자를 한다. 하지만 경매는 한 번 배워두면 삶에 두고두고 도움이 될 공부들이다), 그리고 어느 정도 성과가 나기까지 많은 인내가 필요하다. 그리고 이제 겨우 할 용기가 생겼는데 주변 사람들이 만류한다. 이 사이 많은 좌절감을 느끼게 된다. 그래서 경매를 꾸준히 해가려면 무엇보다 이 좌절감을 다룰 수 있어야 한다. 그렇지 않으면 금방 포기하게 될 것이다.

## 나의 값어치는 세상이 아니라 내가 정한다

"부동산에 '부'자도 모르는 네가 부동산을 한다고?"
"남이 망해 나간 집을 낙찰받아서 돈을 벌겠다고?"
"경매를 하다가 망한 사람이 얼마나 많은데 그걸 하겠다고?
나 스스로도 확신을 잘 가질 수 없고 두려운데 주변에서 이런 이야기까지 들었다. 나뿐만 아니라 많은 사람들이 경매를 한다면 주변 사람들에게서 부정적인 이야기를 들을 것이다.

당신이 꿈을 이루기 위해선 자신의 나약함과 함께 주변에서 보내오는 부정적 신호를 극복할 수 있어야 한다. 사람들은 내가 부동산으로 돈을 벌 수 없다고 장담했지만 나는 지금 대기업 연봉보다 많은 돈을 부동산으로 벌고 있다. 누군가 "박수진은 결코 성공할 수 없을 거라고 만약 그렇게 된다면 내 손에 장을 지지겠다"고 했던 그해에 내가 쓴 『나는 쇼핑보다 경매투자가 좋다』는 베스트셀러가 되었다.

주변 사람들이 당신과 당신이 하는 일에 대해 판단하는 것을 받아들이지 말아야 한다. 물론 어떠한 경우 사람들의 평가 등에 냉정하게 귀를 기울일 줄도 알아야 한다. 하지만 그들의 평가가 당신의 꿈을 좌지우지하게 내버려두어서는 안 된다. 당신이 할 수 있고 없고는 당신의 노력에 달려 있다. 당신이 하고자 하는 일에 대해 다른 사람들은 당신만큼 관심을 가지고 있지 않다. 그러므로 그들이 잘 알지 못하고 말하는 것에 대해서는 휘둘릴 필요가 없다.

처음에는 아마 주변에 당신을 지지해주고 응원해주는 사람이 아무도 없을지도 모른다. 나 또한 그랬다. 그럴 때마다 나는 책읽기를 통해 극복해갈 수 있었다. 책을 통해 나는 위대하고 현명했던 사람들을 만날 수 있었고, 용기와 힘을 얻을 수 있었다. 부정적인 말을 듣거나 부정적인 생각이 들 때마다 책을 읽으며 의식적으로 긍정적인 생각을 하려고 노력했다. 텔레비전을 보며 빈둥거리고 싶은 나를 행동하게 하고 도전하게 만들었다. 그리고 어떤 실수를 해서 나 자신이 창피스러울 때 그들은 나를 위로해주었고 실패했다고 생각했을 때 그건 결코 실패가 아니라고 말해주었다. 책 속에서 지혜를 구하지 못했다면 나는 쉽게 좌절감을 느끼며 한 발자국도 앞으로 나아가지 못했을 것이다.

## 자신과의 감정 싸움에서 이겨라

내가 쓴 책이 베스트셀러가 되고, 많은 사람들 앞에서 강연을 하게 될 줄은 정말 상상조차 하지 못했다. 한동안 나는 꿈을 꾸는 것 같은 착각이 들 정도였다. 참으로 흥분된 일들의 연속이었다. 그런데 내가 몹시 흥분을 했던 이유는 많은 돈이 통장에 입금된 것을 보아서도, 사람들 앞에서 강연을 하게 되어서도 아니었다. 그건 바로 처음에는 의심스러웠던 많은 것들이 정말로 가능하다는 것을 나 스스로가 실제로 체험할 수 있었기 때문이었다.

이렇게 할 수 있기까지 모든 과정이 무난했던 것도 아니었고, 쉽게 이루어진 것도 아니었다. 『부동산 경매 어렵지 않아요』라는 책을 쓴 내가 이렇게 말한다는 것이 조금은 우습지만 부동산 경매투자를 하는 과정에는 적지 않은 어려움이 뒤따른다. 달리 말하면 방법(물론 이론 공부는 좀 어렵다)은 쉽지만 실제 해내 가는 과정은 결코 만만하지가 않다. 처음에 많은 사람들이 덤벼도 오래도록 하는 사람들이 많지가 않은 이유가 여기에 있다.

경매를 하면서 가장 힘든 점이 바로 자신의 감정을 다스리는 일이다. 나도 경매를 하면서 많은 우여곡절을 겪어야 했다. 처음에는 너무 뭘 몰라서, 그리고 투자할 자본금이 거의 없어서, 계속 패찰만 해서, 그리고 낙찰받고 명도를 하는 과정에서 겪게 되는 어려움 때문에 나는 몇 번이고 그만두고 싶었다. 하지만 그만두지 않고 지금도 여전히 경매를 하고 있다.

그러는 동안 나는 몰려오는 두려움을 극복해보았으며, 용기를 내어보았고, 넘어져도 다시 일어서보았다. 그리고 내가 할 수 없을 것 같았던 일들에 도전도 해보았다. 경매라는 것을 알기 전까지는 상상조차 할 수 없던 일들을 나는 시도를 했다. 그로 인해 나는 다양한 경험을 할 수 있었고, 실패한 일들에서 많은 것들을 배울 수 있었으며, 무엇보다 평생 동안 써먹을 수 있는 전문지식을 갖출 수 있게 되었다. 이것은 금전적으로 쉽게 환산할 수 없는 아주 값진 나만의 자산이다.

경매 입찰절차 이해하기
**02**

# 이렇게 하면 된다!
# 한눈에 보는 11단계 경매 절차

### 모르기 때문에 두려운 것이다

부동산 경매에 관심을 갖는 사람들은 많지만 실제로 실행에 옮기는 사람은 많지 않다. '정말 나도 할 수 있을까?'라는 두려움이나 '실패하면 어쩌지?'라는 걱정이 앞서기 때문이다. 익숙하지 않은 것에 도전하는 것이니 망설여지는 건 당연하다. 모르기 때문에 두려운 것이다. 그러면 어떻게 해야 할까? '모르는 것'을 '아는 것'으로 바꿔나가면 된다.

요컨대, 부동산 경매를 어떻게 하면 되는 것인지 그 구체적인 절차와 방법을 잘 이해하는 것이 자신감을 갖고 부동산 경매를 시작하는 첫 걸음이다. 나는 이렇게 강조하고 싶다. "부자가 되지 못하는 것은 돈이 없어서가 아니라 부자가 되는 방식을 모르기 때문이다"라고. 돈을 벌고 싶다면 돈 버는 방식을 익히면 된다. 우선 부동산 경매를 하는 절차를 제대로 이해하는 것에서부터 시작해 보자.

**1단계: 물건 선정**

## 마음에 드는 물건=수익을 내는 물건

경매가 진행되는 물건*들을 알아보려면 대법원 법원경매 사이트(www.courtauction.go.kr)를 이용하거나 경매정보업체가 만들어놓은 사이트에서 알아볼 수 있다. 대법원 법원경매 사이트는 무료로 누구나 이용할 수 있고 법원경매에 필요한 대부분의 서식도 다운받아 사용할 수 있다.

좀 더 정리되고 한눈에 알아보기 쉽게 정리되어 있는 것을 보고 싶다면 경매정보업체에서 제공하는 사이트를 활용하면 된다. 하지만 경매정보업체에서 제공하는 사이트를 이용하려면 수수료를 지불해야 한다. 아무래도 이용의 편리성 때문에 다수의 사람들이 경매정보업체에서 제공하는 사이트를 이용하는 편이다.

대법원 법원경매 사이트나 경매정보 사이트에서 원하는 지역별로 진행되는 물건들을 검색해서 볼 수 있다. 그중 마음에 드는 물건을 고르면 되는 것이다.

**경매 물건**

경매가 실시되는 것에는 아파트, 상가, 토지, 오피스텔, 다세대 빌라, 연립, 단독 주택 등과 같은 부동산뿐만 아니라 어업권, 광업권, 자동차 등도 있다. 그래서 이것을 부동산이라고 부르기보다 물건이라고 부르는 것이다.

마음에 드는 물건이란 곧 나에게 수익을 내줄 수 있는 물건이다. 각자 알고 있는 지식과 정보를 바탕으로 수익을 낼 수 있는 물건들을 선별해야 한다.

**2단계: 권리분석 1**
## 어떤 함정이 도사리고 있는가?

경매로 나온 물건을 고르고 그 물건에 입찰을 하려면 반드시 해당 물건에 얽혀 있는 권리들에 대해 분석해야 한다. 부동산이 경매로 나오는 대부분의 원인은 소유자가 채무를 갚지 못해서다. 계속 이자를 연체하거나 채무를 갚지 않아서 돈을 받아야 하는 채권자는 결국 채무자의 부동산을 경매로 넘기게 된다. 경매로 부동산을 처분하여 자신들이 받을 돈을 받기 위함이다. 대개 이런 부동산의 등기사항전부증명서에는 근저당권, 가압류, 압류 등 각종 권리가 등기되어 있어 일반 매매가 잘되지 않고 임대도 잘 나가지 않게 된다.

각종 권리가 등기된 부동산이 경매로 처분되고 낙찰자가 대금납부를 하게 되면, 그 대금으로 채권자들은 변제받게 되고(각 채권자들의 변제 순위대로) 해당 부동산의 등기사항전부증명서상의 권리는 소멸되게 된다. 즉 채무자는 더 이상 해당 부동산에 대해 권리를 행사할 수 없게 되고 등기사항전부증명서는 깨끗해진다. 이로 인해 부동산은 새로 태어날 수 있게 된다.

경매로 인해 대부분의 권리가 소멸되지만 간혹 소멸되지 않고 낙찰자가 인수해야 하는 권리들도 몇 있다. 이런 권리를 간과하고 낙찰을 받았다간 소유권을 잃게 되거나 소유권 행사를 하는 데 제약이 따르거나, 아니면 생각하지 못했던 금액을 추가로 인수해야 하는 상황이 생길 수 있다. 그런 일이 생기지 않

임차인이 배당 요구를 하지 않은 것을 확인하지 않고 입찰을 했다가 입찰보증금을 포기한 사람이 세 사람이나 된다. 배당 요구를 하지 않은 임차인의 보증금(7400만 원)은 매수인에게 인수되기 때문이다.

**권리분석**

낙찰을 받은 후 소유권을 잃게 되는 등 잘못되는 일이 생기지 않을지 혹은 떠안게 되는 임차인의 보증금이 있는지 확인을 해보는 것을 권리분석이라고 한다.

게 하려고 권리분석* 공부를 하는 것이다.

혹시 누군가 당신에게 "경매는 대충 이렇게 하면 돼"라고 말하는 사람이 있다면, 그 사람에게는 절대 경매에 대한 것을 물어서는 안 된다. 그는 경매에 대해 결단코 잘 안다고 할 수 없는 사람이기 때문이다. 지극히 단순하게 보이는 물건도 알고 보니 위험한 물건인 경우가 많다. 그것을 알아보지 못하고 입찰을 했다가 보증금을 잃게 되는 사례가 허다하다.

권리분석의 전반을 모른다면 어떤 함정이 도사리고 있는지 결코 알아낼 수 없는 경우가 종종 있다. 그러므로 경매 입문자들은 시간을 들여서라도 권리분석을 어떻게 하는지 전반적인 공부가 되어야 한다. 공부가 되면 실패하는 투자를 얼마든지 방지할 수 있다. 반면에 공부가 되지 않은 상태에서 경매투자에 뛰어들면 잘못되는 확률도 지극히 높아진다. 어쩌다 한두 번은 성공적인 투자를 할 수 있을지 몰라도 계속 성공하는 투자를 하기는 어렵다. 그러므로 평생 경매투자를 하려고 하는 사람들은 반드시 권리분석 공부를 끝내야 한다.

2단계: 권리분석 2
## 부자가 되는 공부의 시작은
## 부자가 되는 용어를 배우는 것부터!

처음 권리분석 공부를 시작하면 생각보다 쉽지 않아서 금방 포기하는 사람들도 종종 있다. 왜냐하면 평소에 알지 못했던 용어들이 많이 나오기 때문이다. 익숙하지 않은 용어에 공부가 더디게 느껴지고 그러다 보면 영원히 공부가 끝날 것 같지 않은 기분마저 들게 된다. '하나의 부동산을 낙찰받으려고 이렇게 어려운 공부를 해야 하나'라는 생각에 부동산 경매로 돌렸던 눈을 손쉽게 매매하기 쉬운 부동산 일반 매매로 돌리는 경우도 많다.

나도 경매를 하기 위해 공부를 시작했을 때 난감하기 그지없었다. 처음 '소액으로도 부동산에 투자할 수 있다'는 것을 알았을 때의 흥분과 기쁨도 금세 날아갔다. 도무지 무엇을, 어떻게, 얼마만큼 해두어야 하는지 감이 오질 않았고 각종 용어들은 어렵고 지루했다. 바로 당장 법원으로 달려가 수익이 나는 좋은 물건을 낙찰받고 싶은데, 앉아서 책을 붙들고 씨름을 하고 있어야 한다는 것이 쓸데없다는 생각도 들었다.

하지만 경매를 해나가다 보니 처음부터 전반적인 공부를 하고 나서 실전에 나서는 것이 가장 효율적이고, 수익이 나는 물건에 접근할 확률도 커진다는 것을 절감할 수 있었다. 그러니 경매투자를 잘하고 싶다면 권리분석 공부를 결코 건너뛰어서는 안 된다.

그렇다면 '권리분석 공부는 무엇을, 얼마만큼, 어떻게 하면 좋을까?' 하고 의문을 가질 것이다. 내가 그랬기 때문에, 초창기 나처럼 헤매는 경매 입문자들에게 조금이라도 도움이 되었으면 하는 마음으로 나는 지금까지 몇 권의 책을 썼다. 경매 공부가 처음인 사람들은 『부동산 경매 어렵지 않아요』로 시작하고, 다음은 『나는 쇼핑보다 경매투자가 좋다 3』(이 책은 새로운 모습으로 다시 선보이기 위해 열심히 준비하고 있다) 그리고 『독학 경매 1, 2』순으로 공부를 해보면 좋겠다. 이 3권의 책으로도 충분히 권리분석에 대한 전반적인 것들을 공부할 수 있을 것이다. 그 외에 실전 경매를 한 사람들이 쓴 다양한 책들을 보며 그들이 갖고 있는 노하우들을 습득한다면 부동산 경매 공부의 틀을 잡아가고 보다 나은 투자를 하는 데 도움이 많이 될 것이다.

**3단계: 물건분석 1**

# 건물 상태, 임대가능 여부, 매매 시세, 주변 호재 등 따져봐야 할 것들은 무궁무진해!

경매로 나온 부동산은 한동안 제대로 관리가 제대로 되지 않는 경우가 많다. 그러다 보니 건물에 다양한 문제들이 있을 수 있다. 물건이 아파트라면 아파트의 건물에 이상이 없는지, 위치는 어디에 있는지, 시세는 어떻게 되는지, 임대는 잘 나가는지 등 권리분석과 더불어 여러 가지에 대해 분석을 해보는 것이 필요하다. 요컨대 건물 상태, 임대 가능 여부, 매매 시세, 주변 호재 등 여러 가지를 따져보아 수익을 얻을 수 있는 물건인지 아닌지를 분석해보는 것이 물건분석이다. 그렇다면 이 물건분석을 잘하려면 어떻게 해야 할까?

권리분석 공부를 하는 데에는 어느 정도 정해져 있는 양이 있지만 물건분석을 잘하기 위해 해야 하는 공부는 사실 정해져 있는 양이 없다. 여러 가지 광범위한 것들에 대한 공부가 되어야 한다.

아파트는 아파트대로 짚어봐야 할 부분들이 있고, 다세대나 연립 등은 또 그 나름대로 짚어봐야 하는 부분들이 있다. 그리고 아무리 좋아 보이는 건물일지라도 그것이 어떤 지역에 위치하고 있느냐에 따라 부동산 가치가 달라지기 때문에 지역에 대한 공부도 해야 한다.

매매거래가격과 임대가격을 분석해서 부동산 가치에 대해서도 판단을 해야 한다. 뿐만 아니라 도로, 주변 환경, 각종 호재, 세금 정책에 따른 물건의 평형대 등 고려해야 할 것이 많다. 개발호재도 수시로 변화하고 세금정책도 계속 바뀐다. 그래서 수익이 나는 물건인지 판단하기 위해선 끊임없이 이런 다양한 공부를 해야 한다. 이렇게 다양한 공부를 하는 것이 바로 투자자가 되는 길이다. 이건 비단 경매투자에만 해당되는 게 아니다. 일반 부동산투자, 주식투자 등 재테크를 잘하기 위해선 우리 삶의 다양한 부분들을 두루두루 공부를 해야 하는 것이다.

앞서 소개했던 한 번에 13채의 부동산을 구입했던 회원님도 처음에 경매를 하기 위해 부동산에 대한 공부를 시작했고, 지역 공부를 하다 보니 자연스럽게 앞으로 상승할 지역에 대한 확신을 가지고 적절한 시기에 적절한 가격으로 투자를 할 수 있었던 것이다. 그래서 물건분석을 하기 위해 한 공부들은 얼마든지 다양한 방법으로 활용할 수 있게 된다.

3단계: 물건분석 2
## 다양한 지역, 다양한 부동산으로 눈을 키워라

그렇다면 물건분석 공부는 어떻게 하면 가장 효과적일까? 나는 아래처럼 했더니 도움이 많이 되었다.

첫째, 다양한 지역의 다양한 부동산을 본다. 평소에 내가 살고 있는 집 이외에는 잘 몰랐던 나는 다양한 지역의 다양한 부동산을 보다 보니 자연스럽게 어느 지역의 어떤 부동산을 어떤 연령대의 사람들이 선호하는지 알 수 있게 되었다. 나는 한국 사람들이 대체적으로 아파트를 선호할 때에도 다세대 빌라나 연립 등에 투자를 해서 괜찮은 수익을 거두었다. 20~30대 위주의 직장인들이 주로 거주하는 지역에는 오피스텔 위주로 투자를 했고, 베드타운*의 성

**베드타운**
해당 지역에 일자리를 얻을 수 있는 다양한 산업체나 상업지구가 없이 대체로 주거 목적인 부동산들로만 구성되어 있는 지역. 일을 하기 위해 다른 지역으로 갔다가 잠을 자러 돌아오는 지역이라고 해서 베드타운이라고 불린다.

격이 강한 지역은 아파트 위주의 투자를 했다. 될 수 있으면 다양한 지역의 다양한 부동산을 살펴보고 사람들이 대체적으로 거주하는 부동산이 어떤 물건인지 공부를 해둔다면 수익이 나는 물건을 고를 때 도움이 많이 될 것이다.

둘째, 경제 기사나 부동산 기사를 매일 관심 있게 읽어둔다. 처음에는 별 의미 없는 일로 여겨져도 실제 입찰할 물건을 고를 때 이렇게 봐둔 기사가 도움이 될 때가 많다.

**3단계: 물건분석 3**

## 교통 호재 산업단지 신설 무조건 맹신 마라

교통 호재나 새로운 산업단지 시설 등이 들어선다는 것은 부동산 가격을 상승시킬 수 있는 좋은 호재가 된다. 특히 교통 호재에 대한 기사를 눈여겨 봐두는 것이 좋다. 부동산의 가치를 가장 많이 올리는 원인 중 하나가 교통 호재다. 교통이 편리한 곳은 인구가 늘기 마련이고 인구가 늘어나면 주택 수요가 많아져 자연스럽게 부동산 가격이 오른다. 가장 좋은 호재는 교통 여건이 많이 불편해서 인구가 줄어들고 있던 곳에 도로나 전철 사업 등이 결정된 곳이다. 이런 곳은 앞으로 부동산 가격이 오를 것이라고 내다보아도 좋다.

그런데 이런 교통 호재가 있을 경우 언제가 투자 적기인지를 물어보는 사람들이 많다. 요즘은 각종 정보를 누구나 쉽게 얻을 수 있어 교통 호재 등에 관련된 정보도 쉽게 얻을 수 있다. 하지만 이런 정보를 가지고 어떻게 활용해야 할지 모르는 경우가 많다.

교통 호재라고 하면 신설 도로, 고속전철선 사업, 복선전철선 사업 등 다양하게 있는데, 이런 사업에 관한 이슈가 있다 하더라도 실제 진행되지 않거나 사업이 계속 지연되는 경우가 많다. 섣불리 투자를 했다가 내내 마음고생을 할 수가 있으니 투자에 적절한 시기는 개통되기 6개월~1년여 전부터가 좋은 시기라고 볼 수 있다.

물론 이때는 호재가 부동산 가격에 많이 반영되어 이미 가격이 상승했을 여지가 높다. 하지만 확실하게 투자를 하고 싶으면 이 방법이 가장 좋다고 생각한다. 보통 도로나 철도사업은 국가 사업계획에 포함이 되느냐 아니냐도 중요하고 계획에 포함이 된다고 하더라도 실제 사업을 완성하는 데는 수년에서 10여 년이라는 시간이 소요될 수도 있다. 그리고 예상했던 시기보다 늦춰지는 경우도 많다. 그리고 이 시기 동안 이런 사업의 이슈로 부동산 가격이 오르락내리락 반복하곤 한다.

잘못된 시점에 투자를 하게 되면 높은 가격에 부동산을 매입하게 되었는데도 교통은 여전히 불편해서 공실로 두게 되거나 낮은 임대료를 받으며 임대를 놓고 있어야 하는 경우가 발생하게 된다. 그러면 이 시기 동안 많이 지치게 되어 헐값에 매도해버리게 된다.

또 어떤 경우는 사업이 진행되다가 더 이상 진척이 없는 답보 상태로 있는 상황도 종종 생긴다. 또는 사업이 완전히 철회되거나 원래의 사업 계획 노선에서 다른 노선으로 변경되기도 한다. 그러므로 가장 안전한 방법은 도로 신설이나 새로운 전철 노선 사업 등에 대한 이슈가 있다면 국가 계획안에 포함되었는지 국토교통부 홈페이지나 철도국 홈페이지 등에서 확인해보는 것이다. 그리고 계획안에 포함이 되었다면 해당 사업이 진척되기 위해 풀어야 할 과제나 문제점들을 확인하며, 사업의 진척 상황에 꾸준히 관심을 갖는 것이 좋다.

그리고 도로나 전철 사업으로 인해 실제적으로 이용자의 편리성이 증대되는지에 대한 여부도 확인하는 것이 좋다. 몇몇 경전철 노선과 어느 지역의 복선 전철은 개통이 되었음에도 이용이 불편해서 크게 지역의 교통 문제를 해결하지 못하는 경우도 있었고, 경의중앙선 등과 같이 크게 기대를 하지 않았던 지역들이 노선이 새로 개통되면서 주변 지역의 부동산 가격이 크게 상승한 경우도 있었다.

따라서 가장 안전하게 투자를 하고 싶다면 개통 직후 이용자의 편리성이 입증된 시점이 가장 좋은 시기라고 할 수 있겠다. 바로 그때부터 노선 정차역 인근 지역의 부동산 시장이 본격적으로 오르는 경향이 많다.

### 4단계: 현장조사 1
## 권리분석 척척 하는 사람도 '임장'에는 쩔쩔 매는 이유

책상 앞에서 하는 물건분석이 끝났다면 다음은 물건을 직접 눈으로 확인을 해봐야 한다. 현장에서 부동산의 상태, 주변의 환경 여건, 지역의 특성 등을 조사를 한다. 이것을 '임장'이라고 한다.

경매투자에 입문하는 데 첫째 어려움이 권리분석이라는 관문이라면, 두 번째는 평소에 해보지 않던 임장을 하러 다녀야 한다는 것이다. 일반 매매로 부동산을 사면 부동산 중개인이 친절히 설명해주기 때문에 훨씬 투자를 하는 데 있어 용이하다. 하지만 경매투자는 모든 것을 투자자가 다 직접 발품을 팔아 알아봐야 한다. 처음 경매에 입문하는 사람들에게는 이 임장이 쉽지가 않다.

낯선 곳에 찾아가 주변을 살펴보는 일이 익숙하지 않아서 선뜻 집을 나서기가 쉽지 않다. 그래서 권리분석은 척척 해도 실제로 임장은 하지 못하는 사람들도 종종 보았다. 어느 정도 익숙해지면 임장도 짧은 시간 안에 끝낼 수 있지만, 처음 임장을 하게 되면 시간이 정말 많이 소요된다. 그래서 대체로 아래와 같은 두 가지 생각을 하게 된다.

'이렇게 조사를 간다고 하더라도 낙찰받는다는 보장도 없는데 괜히 시간만 낭비하는 거 아냐?'

'경매투자를 하려면 이렇게 시간이 많이 소요되는구나. 월급보다 많은 돈을 벌 수 있는 투자라면 이 참에 직장을 관두고 본격적으로 뛰어들까?'

처음 하는 일은 어떤 일이든 시간을 많이 투자하는 수밖에 없다. 빨리 익숙해지기 위해선 결과에 직참하기보다 경험을 쌓는 데 중점을 두어야 한다.

임장의 경험이 쌓이면 좋은 물건을 더 잘 찾을 수 있다. 그리고 여기저기 보아둔 덕에 나중에는 크게 힘들이지 않고도 임장을 끝낼 수 있게 된다. 한 지역에 대한 조사를 처음 할 때는 시간이 많이 들겠지만 그것이 쌓이고 쌓이면 눈을 감고서도 훤해지는 것이다. 그런데 결과만 생각하고 그 첫발을 디디지 않는다면 경험이라는 중요한 자산을 가지는 데 더 시간이 많이 걸리게 된다.

한편, 임장을 하는 데 시간이 많이 소요되고 입찰을 하러 갈 시간을 내기가 쉽지 않다는 이유로 지금 다니는 직장을 무작정 관두는 것은 좋지 않다고 나는 생각한다. 현재 다니고 있는 직장은 경매투자를 하는 데에 종잣돈을 마련해 주고 수익이 날 때까지 기다려야 하는 시간을 버티게 해준다. 직장을 정말 관두고 싶은 사람이라면 경매투자로 어느 정도 수익이 나기 시작할 때 고려해보는 게 좋지 않을까 한다. 그리고 얼마든지 잘 준비하면 임장도 효과적으로 할 수 있고 입찰을 할 수 있는 방법도 상황에 맞게 찾아낼 수 있으므로 결코 경매투자를 하기 위해서라는 이유로 지금 다니고 있는 직장을 관두지는 말았으면 좋겠다.

**4단계: 현장조사 2**
# 임장이 수월해지는 3가지 원칙

물론 직장을 다니면서 임장을 다니는 일은 결코 쉬운 일이 아니다. 나도 학원강사를 하면서 임장을 다닐 때는 늘 피곤에 절어 있었다. 차 안이나 버스 안에서 자리에 앉기만 하면 정신없이 졸았고 일요일에 임장을 다닐 때는 식당에 들어가 밥을 먹다가도 쓰러져 잠이 든 적도 있었다.

그런데 나중에 돌아보니 내가 너무 비효율적으로 임장을 다녔다는 것을 깨달았다. 경매로 나온 부동산을 찾는데 해당 지역에 도착해서도 빙글빙글 도느라 몇 시간을 허비했던 적도 있고 임장을 하고 돌아와보니 정작 중요한 부분에 대해선 조사를 하지 못했다는 생각에 다시 임장을 가야 하는 경우도 빈번했다. 서너 개의 물건을 볼 수 있는 시간에 나는 한 개의 물건에 대한 임장도 겨우 할 때가 많았다.

지금은 내비게이션이나 스마트폰으로 많은 도움을 받을 수 있지만 그때는 지번도로 위치를 확인해야 했고, 지번도의 책 두께가 무거워 해당 물건지가 나와 있는 부분만 복사를 해서 갔다가 집을 못 찾는 일도 있었다. 지번도도 서울 지역, 인천지역 등 지역별로 나와 있어 서울지역의 물건을 보고 인천지역의 물건을 보아야 하는 날은 두 권의 지번도 모두를 무겁게 들고 다니기도 했었다 (그때는 자가용이 없었다). 그러면 지번도와 물병, 김밥, 필기도구, 오가며 볼 책

등을 넣은 가방은 몹시 무거웠고 그것을 메고 버스를 타고 전철을 타고 길을 헤매며 힘들게 걸어 다녔다. 그렇게 겨우 임장을 하고 해가 진 밤 녹초가 된 몸으로 어두운 길을 걸어 집으로 돌아오곤 했다.

이런 우여곡절의 과정을 거치면서 조금씩 임장도 익숙해져갔다. 나는 길에서 허비하는 시간을 줄이고 더 효과적으로 임장을 다니는 방법은 없을지 많이 연구했다. 그리고 그 방법을 지켜가면서 하니 훨씬 임장이 수월해졌다. 나는 아래와 같은 원칙을 지키며 임장을 한다.

첫째, 마음에 드는 물건이 있다면 반드시 경매법원이 감정평가를 위해 작성한 감정평가를 꼭 확인해둔다. 감정평가서에는 현장에 가서 외관만 보고 판단하기에 부족한 여러 가지 내용들이 기재되어 있기 때문에 미리 꼼꼼히 읽어두는 것이 좋다.

둘째, 마음에 드는 물건이 있다면 최대한 그 물건에 대해 인터넷으로 조사를 한다. 해당 물건이 위치한 부동산이 매물로 나온 것이 없는지, 해당 건물에 다른 호수가 부동산의 매물로 나와 있는지 확인을 한다. 요즘은 모든 것을 인터넷을 많이 활용하는 시대가 되다 보니 부동산 사무실에서 블로그 등을 이용하여 부동산의 내부 사진 등을 꼼꼼하게 올려두는 경우가 많다. 그런 정보들이 없는지 검색해서 찾아본다. 그러면 미리 내부 상태를 짐작해볼 수 있고 실제 거래되는 시세를 가늠해볼 수 있어 도움이 많이 된다.

셋째, 임장을 하러 가기 전에 미리 전자 지도를 통해 주변 지역 등을 꼼꼼히 살핀다. 이렇게 해두면 현장에 바로 갔을 때 놓치기 쉬운 부분들을 미리 염두에 둘 수 있고, 현장에 가서 해당 물건지를 찾는 것도 훨씬 쉬워진다. 그래서 임장 시간을 많이 단축시킬 수 있다.

**5단계: 입찰 준비**

# 입찰보증금과 입찰표 준비, 실수하지 말자

선택한 물건에 대해 권리분석을 해서 권리적으로 문제가 없는 것을 확인하고, 임장을 가서 건물 등에 문제가 없고 주변 환경도 괜찮은 데다 시세조사를 해보니 수익을 얻을 수 있는 물건이라고 생각이 든다면 이제 입찰 준비를 하면 된다.

입찰 준비는 입찰보증금을 준비하고 신분증과 필요한 서류 등을 준비하는 것이다. 경매 입문자라면 입찰 날 경매법원에 제출할 입찰표 등을 미리 작성해두는 것이 좋다.

경매투자가 일반화되어 있는 요즘에도 입찰표를 잘못 작성하는 경우가 많다. 본인이 쓰려고 했던 금액보다 훨씬 높은 금액으로 기재를 하거나 입찰 시 반드시 입찰표에 기재해야 하는 사항들을 기재하지 않아 낙찰을 받았음에도 무효 처리가 되는 경우가 종종 발생한다.

이런 실수를 하지 않으려면 입찰표 쓰는 방법에 대해 미리 연습을 해두어야 한다. 입찰표 쓰는 방법에 대해서는 '부자파로스' 카페에 무료 동영상으로 올려두었으므로 참조하면 도움이 될 것이다.

입찰표를 작성하고도 잘 작성했는지 의문이 난다면 당일 경매법원에서 사무관 등에 물어서 확인받는 것이 좋다.

**6단계: 입찰**

# 하나부터 열까지, 꼼꼼하게 확인하기

입찰을 하기 위해선 입찰하는 당일 경매법원의 법정으로 가야 한다. 법원 입장에선 이날 매각을 실시하기 때문에 '매각기일'이라고 한다. 경매법원의 법정은 경매로 나온 물건의 관할 지역의 법원으로 가야 한다.

입찰하러 가기 전에 경매법원의 위치와 시간을 미리 대법원 법원경매 사이트 등에서 확인을 하고 가는 것이 좋다. 많은 시간과 노력을 들여 입찰 준비를 하고도 막상 입찰 시 필요한 것들을 제대로 갖추지 않아서 입찰이 무효가 되는 경우도 종종 있으므로 항상 입찰 전까지 모든 것을 꼼꼼히 확인하고 입찰을 하는 것이 중요하다.

입찰 날 입찰표 등은 해당 경매법원의 법정에서 받아서 작성하면 되지만 입찰보증금은 미리 준비해두는 것이 여러모로 좋다. 입찰 시 제출해야 하는 입찰보증금액이 10만 원이나 100만 원 단위도 있지만 1000만 원이 넘는 금액일 경우도 많다. 그런데 당일 경매법원에서 은행의 돈을 인출하려고 하는데 일일 한도가 넘는 경우도 있고 1회에 인출할 수 있는 돈이 적을 때도 있다. 평상시에 단위가 큰 금액을 인출할 일이 없어서 일일 인출 한도금액을 잘 모르고 지내는 경우가 많기 때문이다. 그러면 은행 직원으로부터 돈을 인출받아야 하는데 입찰 날 법정의 은행은 이용자 수가 많은 경우가 많다. 그러면 입찰 마감시간을 맞추기 위해 마음이 급해지기 쉽고 그러면 입찰표 작성에 실수가 생기기도 쉽고, 입찰 전 보기로 한 서류를 확인도 못 하고 입찰을 했다가 낭패를 보는 경우도 발생할 수 있다. 그러므로 입찰보증금은 입찰 전날에 가급적 준비를 해두자. 그리고 입찰보증금은 해당 금액만큼의 수표 한 장으로 준비해두는 것도 좋다.

**7단계: 낙찰**

# 개찰 후 최고가 매수신고인, 낙찰!

입찰자들이 정해진 입찰 마감시간 안에 입찰을 하면 사무관들이 입찰표가 담긴 봉투들을 사건별로 분류한다. 그리고 분류를 마치면 개찰이 이루어진다. 개찰이란 사건별로 입찰한 사람들의 입찰봉투를 열어 누가 최고가로 매수신고를 했는지 확인하는 것이다. 그래서 그중 가장 높은 가격에 쓴 사람이 낙찰자가 된다.

법원에선 이 사람을 '최고가 매수신고인'이라고 한다. 법원에서 최고가 매수신고인이라고 부르는 것은 아직 이 사람에게 매각(낙찰)이 결정된 것이 아니기 때문이다. 낙찰받는 데 절차상, 자격상 문제가 없는지 보통 일주일 동안 검토를 하고 나서야 최종적으로 매각(낙찰)허가 결정을 한다. 매각허가 결정이 되고 해당 물건의 이해관계인들로부터 이의가 없다면 낙찰자에게 언제까지 대금납부를 하라는 대금납부기일을 정한다.

개찰의 방법은 이렇게 이루어진다. 사건별로 입찰한 사람들을 법정 앞에 모이게 하고 입찰한 사람들의 가격을 불러준다(이건 법원마다 조금씩 차이가 있다). 그리고 최고가로 쓴 사람, 즉 최고가 매수신고인(낙찰자)은 누구라고 말해주고 그 사람을 한쪽에 부른다. 그 사람이 그곳에 가서 신분증을 보이고 도장을 찍으라는 데에 도장을 찍으면 입찰보증금 영수증(보관증)을 하나 건네준다. 낙찰자는 그 종이를 받아들고 법원으로 나오면 된다. 그리고 낙찰자가 되지 못한 사람은 그 자리에서 자신이 낸 입찰표와 입찰보증금 봉투가 든 입찰봉투를 건네받게 된다.

**8단계: 잔금 납부**

# 한 달 이내로 대금 납부, 경락잔금대출 활용하기

낙찰을 받은 사람은 잔금을 납부하라는 기한까지 입찰보증금을 뺀 나머지 잔금을 납부해야 한다. 대금납부 기한은 일반적으로 낙찰을 받고 한 달 이내다. 기한까지 납부를 하지 못하면 재경매가 이루어지는데 낙찰자는 입찰보증금을 돌려받지 못하게 된다. 이를 미납이라고 하며 낙찰자는 입찰보증금에 해당하는 금액만큼 손해를 보게 되는 것이다.

재경매가 이루어진다 해도 재경매 3일 전까지는 대금납부를 할 수 있다. 단 지연 이자는 내야 한다. 대금납부는 실제로는 낙찰가격에서 입찰보증금액을 뺀 잔금을 납부하게 되는데, 일반적으로 잔금납부는 경락잔금대출을 받아서 납부하는 편이다.

경락잔금대출과 일반 부동산담보대출은 약간 성격이 다르다. 그리고 일반 매매에서 받는 담보대출보다 경락잔금대출로 더 많은 비율을 받을 수 있고(대개 낙찰가의 70~80%) 대출받는 조건도 일반 담보대출보다 덜 까다롭다. 이런 장점들 때문에 사람들이 일반 매매보다 경매로 부동산을 매수하려는 부분도 있다.

그런데 경락잔금대출도 시기에 따라 받을 수 있는 비율과 이자율이 달라지므로 입찰하기 전에 이런 부분도 미리 알아두는 것이 좋다.

어떻게 알아보느냐고 궁금해 하는 분들이 많은데 요즘은 인터넷으로 알아봐도 되고 경매정보 사이트에서 홍보하고 있는 대출 관련 업체에 문의해봐도 된다. 또는 경락잔금대출을 해주는 은행 지점에 방문하여 알아볼 수도 있다.

대부분의 사람들은 경매법원에서 경락잔금대출 홍보를 하고 있는 사람에게서 명함이나 정보지 등을 받아 문의하는 경우가 많다.

**9단계: 소유권이전등기**
## 등기 촉탁은? 등기권리증은?

일반적으로 잔금을 납부하면서 동시에 소유권이전등기를 하게 된다. 부동산 경매에서는 잔금을 납부하는 것만으로도 소유권이 인정되지만, 온전한 소유권 행사를 위해선 소유권이전등기를 반드시 해야 한다.

소유권이전등기는 경매로 소멸되는 권리들을 말소시키는 작업(말소등기)을 하면서 함께 하는데, 이를 '등기촉탁'이라고 한다. 등기촉탁은 경매법원에 하는 것이며 경매법원은 등기촉탁 신청과 말소될 권리들이 적은 목록, 필요한 서류들을 받아서 등기소에 건네주게 된다(그래서 촉탁이라고 한다고 한다).

그러면 등기소에서는 등기부의 권리에 대해 말소등기를 하고 소유권이전등기도 하여 등기권리증을 경매법원에 보내준다. 이후 법원은 이 등기권리증을 낙찰자에게 건네주게 되는데 따로 등기권리증을 우편으로 수령하겠다고 미리 신청해두지 않으면 직접 건네받으러 법원에 가야 한다.

이런 등기촉탁에 관한 일은 대출을 받게 되면 대출을 알선해준 곳에서 법무사를 통해 다 해주고 등기권리증도 집으로 보내준다. 대신 수수료를 지불해야 한다.

[10단계: 명도 1]
## 인도받는 절차는 있어도 정해진 방법은 없다

소유권이전등기까지 했다면 이제 부동산을 넘겨받아야 한다. 살고 있는 점유자로부터 부동산을 넘겨받는 일을 '부동산의 인도' 혹은 '명도'라고 부른다.

부동산 경매에서는 부동산을 인도받는 일이 가장 어려운 부분이기도 하다. 부동산을 인도받기까지 한 달에서 길게는 6개월 이상 걸리기도 하는데 이는 점유자와 어떻게 협상해나가느냐에 따라 짧은 시간 안에 부동산을 인도받을 수도 있고 오랜 시간이 소요될 수도 있다.

부동산을 인도받는 절차는 있어도 정해진 방법은 없다. 왜냐하면 부동산마다 점유하고 있는 사람들의 성향도 다르고 상황도 다르기 때문에 상황에 맞게 해나가야 한다. 아마 경매투자에 있어서 가장 어려운 점이 이 부분이 아닌가 싶다.

사람들은 낙찰을 받기가 무척 어렵다고 하지만 이것은 어느 정도 익숙해지면 적절한 낙찰가를 쓸 수 있게 되기 때문에(만약 계속 떨어진다면 며칠은 종일 법원에서 사람들이 어떻게 입찰하는지 참관을 하는 것도 방법이다. 그러면 낙찰가를 쓰는 게 조금은 수월해질 것이다). 그것은 크게 문제가 되지 않는다. 문제는 막상 낙찰을 받고 나면 점유자를 상대하는 일이 결코 쉬운 일이 아니라는 사실이다.

나도 한동안은 부동산을 인도받는 일에 가장 스트레스를 많이 받았고 점유자를 만나는 것에 대한 두려움도 컸다. 하지만 차차 요령이 생겼고, 그러면서 스트레스를 덜 받고 두려움도 많이 사라지게 되었다.

**10단계: 명도 2**
# 이사비용, 어떻게 하는 게 좋을까?

부동산을 인도받는 일을 보다 덜 힘들게 하려면 여러 가지 배워야 할 점이 많다. 그런데 기억해둬야 할 점은 부동산 인도는 언제가 꼭 끝난다는 것이다. 사람들은 이렇게 가다가 이자만 내면서 점유자로부터 영영 부동산을 인도받지 못하는 것이 아니냐는 두려움에 휩싸이게 된다.

부동산 인도가 쉽지 않은 이유는 점유자와 낙찰자의 입장 차이가 커서다. 점유자인 경우는 이사 갈 집을 구해야 하는데 마음은 굴뚝이어도 집을 구할 수 있는 형편이 아닌 경우도 있고, 억울하게 보증금을 많이 잃은 임차인 입장에선 손해를 보고 다른 집을 구해 나가야 한다는 것이 화가 나고 기분이 좋지 않은 경우도 있다. 그래서 이사날을 조율하기 쉽지 않고, 모두 그런 것은 아니지만 이사비를 받고 싶어 하는 사람들도 있다.

만약 점유자로부터 낙찰받은 부동산을 인도받기가 어려우면 인도 집행이라는 강제집행을 통해 부동산을 인도받을 수 있는데 이런 경우 짐에 따라 집행 비용이 많이 나가는 경우도 있다. 그래서 그 비용을 지불할 바엔 차라리 이사비로 달라고 하는 사람들도 있다.

그런데 낙찰받는 입장에선 특히 급매가격이나 급매가격 이상의 부동산을 경매로 낙찰받은 사람들은 일반 매매로 팔리지 않는 부동산을 경매로 매수한 것인데 왜 추가로 이사비를 지불해야 하는지 이해가 되지 않는다고 생각이 들 수도 있다. 그리고 이론으로 배웠을 때는 강제집행 비용도 모두 점유자에게 청구할 수 있다고 배운다. 그래서 더더욱 이사비 부분에선 양측이 예민해질 수밖에 없고 간혹 감정적 다툼으로 이어지는 경우도 많다.

부동산을 점유자로부터 인도를 받을 때 양측이 서로 얼굴 붉히지 않고 원만히 해결하는 것이 가장 좋은 방법인데, 이런 점들은 사람에 따라 경우에 따라 각각 달라지기 때문에 선배들의 다양한 사례들을 통해 알아두면 도움이 될 것이다.

부동산을 인도받는 방법에 대해 다루자면 책 한 권에 담을 만큼 많은 양이 될 것이다. 여기에서 나의 한 가지 노하우를 이야기하자면, 나는 상황이 좋지 않은 사람들에겐 나중에 내가 벌어들일 수익 중 일부를 기부하는 마음으로 생각하고 그 금액을 이사비로 드린다. 그렇게 마음을 먹으니 한결 부동산 인도를 받는 일이 덜 힘들게 되었다.

**11단계: 매매 및 임대**

## 부동산 거래 시 알아둬야 할 상식들

부동산을 인도받고 난 후 직접 거주할 것이 아니라면 부동산 중개사무실에 매매나 임대를 놓게 된다. 이때 부동산 거래에 대해서 잘 알고 있어야 낭패 보는 일이 생기지 않는다. 부동산 경매로 적절한 부동산에 투자를 했다고 해도 부동산 거래 시 알아둬야 할 상식들을 잘 모른다면 여러 가지 추가 비용이 들 수 있고 신경 쓰게 될 문제들이 생겨날 수 있다. 그래서 부동산 경매를 하려면 부동산 거래의 상식적인 사항들에 대해서도 틈틈이 알아두는 것이 좋다. 비단 경매투자뿐만 아니라 부동산투자를 잘하려면 부동산 거래 시 알아두어야 할 상식들에 대해서도 틈틈이 관심을 기울여 알아두는 것이 좋다.

**부동산 임대계약서 작성 시 넣어두면 좋을 사항들**

부동산 임대차계약서는 대개 부동산사무실에서 작성해준다. 하지만 각 상황에 맞게 다음과 같은 사항들을 미리 기재해두는 것이 좋다.

- 거주하는 기간 동안 관리비는 임차인의 책임하에 지불되어야 한다.
- 도배 장판의 비용은 임차인이 지불한다(전세계약 시).
- 계약기간의 만료로 이사를 갈 시에 미리 임대인에게 3개월 전에 통보를 해야 하며 다음 임차인이 구해지고 난 다음 다른 곳으로 이사 갈 집을 알아본다.
- 거주하는 기간 동안 형광등, 수도꼭지, 문손잡이 교체 비용은 임차인이 지불한다.
- 퇴거 시 입주 전 상태와 같이 청소가 되어 있어야 한다. 그렇지 않으면 청소비를 보증금에서 제할 수 있다.
- 월세가 3개월 이상 밀리고 연락이 되지 않을 시 명도 소송에 필요한 비용 모두를 청구할 수 있다.
- 건물에 문제가 발생할 시 즉시 임대인에게 알린다.
- 임차인이 월세를 밀리는 경우 임대인은 월세+이자+α(그 외에 손해금)을 청구할 수 있다.
- 계약 만료 3개월 전에 이사를 나갈 시 다음 임차인과의 계약 시 중개수수료를 임차인이 부담한다.

**임대 계약 만료 시 임차인이 계속 거주하기로 한 경우**

살고 있던 임차인이 계속 거주하기로 하고 보증금만 증액해주기로 했다면 이때는 중개인에게 부탁하지 않고 두 사람이 직접 임대차계약서를 작성해도 무방하다. 임대차계약서 양식은 인터넷 등으로 무료로 다운받아 사용할 수 있다. 작성 시 주의해야 할 점은 만약 5000만 원 보증금액에서 1000만 원을 증액하기로 했다면 임대차계약서에 6000만 원으로 계약서를 작성해야 한다.

그리고 임대차계약서의 빈 칸에 "이 계약은 5000만 원 기존 계약에서 1000만 원을 증액한 것임"이라는 식으로 기재를 하면 된다. 이 계약서를 총 2부 준비해 임차인과 임대인의 주소와 주민번호, 연락처 등을 기재하고 각자 날인을 한다. 그리고 2부를 나란히 놓고 간인(두 장을 나란히 놓고 겹치게 도장을 찍는 것)을 여러 군데 해두면 된다. 간인을 하는 것은 2부의 계약서가 동일한 계약서라는 것을 증명하기 위해서다. 그리고 이것을 1부씩 각각 보관하면 된다.

### 중개수수료는 미리 알아둔다

간혹 계약 시 중개수수료를 일반적인 금액보다 많이 부르는 경우가 있다. 그래서 중개수수료에 대한 비용을 미리 확인하고 부동산을 내놓는 것이 좋다.

**부동산 중개보수 요율표 (서울특별시 기준)**

주택

| 거래내용 | 거래금액 | 상한요율 | 한도액 | 중개보수 요율결정 | 거래금액 산정 |
|---|---|---|---|---|---|
| 매매교환 | 5000만 원 미만 | 1천분의 6 | 25만 원 | 중개보수 한도<br>=거래금액×상한요율<br>(단, 이때 계산된 금액은 한도액을 초과할 수 없음) | 매매 : 매매가격<br>교환 : 교환대상 중 가격이 큰 중개대상물 가격 |
| | 5000만 원 미만~2억 원 이하 | 1천분의 5 | 80만 원 | | |
| | 2억 원 이상~6억 원 미만 | 1천분의 4 | 없음 | | |
| | 6억 원 이상~9억 원 미만 | 1천분의 5 | 없음 | | |
| | 9억 원 이상 | 거래금액의 1천분의 ( )이하 | | 상한요율 1천분의 9이내에서 개업공인중개사가 정한 좌측의 상한요율 이하에서 중개의뢰인과 개업공인중개사가 협의하여 결정함. | |

| 임대차 등 (매매교환 이외의 거래) | 5000만 원 미만 | 1천분의 5 | 20만 원 | 중개보수 한도 =거래금액×상한요율 (단, 이때 계산된 금액은 한도액을 초과할 수 없음) | |
|---|---|---|---|---|---|
| | 5000만 원 미만~1억 원 이하 | 1천분의 2 | 30만 원 | | |
| | 1억 원 이상~3억 원 미만 | 1천분의 3 | 없음 | | |
| | 3억 원 이상~6억 원 미만 | 1천분의 2 | 없음 | | |
| | 6억 원 이상 | 거래금액의 1천분의 ( )이하 | | 상한요율 1천분의 90이내에서 개업공인중개사가 정한 좌측의 상한요율 이하에서 중개의뢰인과 개업공인중개사가 협의하여 결정함. | |

※ 분양권의 거래금액 계산 : [거래 당시까지 불입한 금액(융자 포함)+프리미엄] × 상한요율

### 위약금과 해약금은 다르다

 부동산 계약 시 계약당사자 중 한 사람이 계약을 포기해야 하는 경우가 발생할 수도 있다. 이때 위약금 조항과 해약금 조항이 있는데 해약금은 계약금을 포기하는 조항이고, 위약금은 계약이 이행되지 않을 시 손해를 볼 수 있는 금액을 미리 산정하여 정하는 금액이다. 보통 '계약금의 2배를 지급한다'고 정해진다. 그런데 위약금과 해약금의 조항을 따로 계약서에 명시하지 않으면 계약을 불이행한 당사자에게 위약금이나 해약금에 대해 요구할 수 없다.

### 원상복구 조항과 관련해서는 임대인이 입증해야 한다

 임차인이 집을 임차하고 살다가 건물을 파손·훼손한 경우 임대차계약서에 원상복구 조항이 있다면 임차인은 임차한 상태로 복구를 해놓아야 하는 의무를 지닌다. 그런데 원상복구를 할 상태를 입증해야 하는 쪽은 임대인이므로 집을 임대하기 전에 건물 내부 사진을 미리 꼼꼼하게 찍어둔다면 나중에 분쟁이 생길 시 원만하게 합의하는 데 도움이 될 것이다.

**분양 계약을 해지하는 경우**

한 회원님이 가계약금을 내고 분양 계약을 했는데, 일이 뜻하는 상황으로 진행되지 않았다. 그래서 가계약금을 포기하고 계약을 해지하려고 하자 분양사 측에선 분양 계약을 이행하지 않아서 발생하는 모든 손해에 대해 배상청구를 할 것이며 이에 따라 소송을 할 것이라고 해서 무척 난감해 한 적이 있다. 우리는 보통 계약을 하고 난 후 부동산 매입을 포기하고 싶으면 그냥 계약금을 포기하면 된다고 생각한다. 하지만 실제 상황은 이와 다르다.

계약서에 적혀 있는 대로 이행되지 않았을 경우의 위약금 등 계약서 내용을 꼼꼼히 읽어둘 필요가 있다. 그리고 잔금을 지불하지 않아 입은 손해에 대한 분양사 소송은 분양대금 중 중도금을 지급하는 기일이 지났다면 상대 측에선 소송을 하여 손해배상청구를 할 수 있다. 그래서 중도금지급기일이 언제까지인지도 계약서에 서명하기 전에 꼭 확인하는 것이 좋다. 회원님은 중도금 지급기일이 계약금을 내고 3~4일 후로 잡혀 있었고, 토요일과 일요일을 제외하면 계약금을 내고 이틀 정도 후에 바로 중도금을 지급해야 하는 상황과 같았다. 그런데 계약을 포기하려고 하자 중도금 지급기일과 맞물려 아슬아슬한 마음고생을 해야 했다.

안목을 키우는 공부
03

# 6개월 동안 땀나도록 발품을 팔아라

### 후회하는 투자를 줄이기 위하여

부동산 경매를 하려면 권리상 문제가 없는지 권리분석을 할 수 있어야 할 뿐만 아니라 어떤 부동산을 골라야 할지, 부동산에 문제가 없는지 검토해서 괜찮은 부동산을 고르는 안목을 가지고 있어야 한다. 다른 것은 다 접어두고 이 부동산을 고르는 안목만 갖고 있어도 무난한 투자를 할 수 있게 된다.

그런데 부동산을 볼 줄 아는 안목은 하루아침에 생기는 것이 아니다. 그렇다고 긴긴 시간이 소요되는 것도 아니다. 경험상 6개월 동안만이라도 열심히 발품을 팔며 각 지역별 사람들이 선호하는 부동산을 보러 다니기만 해도 부동산을 보는 안목이 훨씬 넓고 커질 수 있다. 여러 가지 다양하게 많이 보면 볼수록 부동산을 고르는 기준이 까다로워지고 후회하는 투자를 하지 않게 된다.

## 신축 건물이 다 좋은 건 아니야

사람들은 노후한 건물에 문제가 많다고 생각하는데, 오래된 건물일수록 녹이 슬어 교체를 해야 하는 부분을 제외하고는 꽤 괜찮은 부동산이 많다. 되레 신축으로 지어진 건물 중 몇 년이 되지 않아 건물 전체에 곰팡이가 피어오르고 여기저기 물이 새는 건물들도 있다.

그래서 건물이 어떤 자재로 지어졌는지, 건물을 두드려보았을 때 울리는 소리가 큰지(층간소음으로 고통받을 수 있다), 절벽과 가까이 붙어 있어 그늘만 지는 집인지, 옆 건물과 너무 붙어 있어 통풍이 되지 않는지, 지대가 높아 수압이 낮은 곳인지, 지붕에 물이 새지는 않는지, 벽이 허물어지지는 않는지, 엘리베이터 사용이 가능한지 등 여러 가지 부분을 꼼꼼히 살펴보는 것이 좋다.

## 건축법상 위반사항을 확인하는 습관

간혹 건축물대장에 '위반건축물'이라고 되어 있는 경우가 있다. 이런 건물은 건축법상 위반사항이 있다는 것인데, 자세한 점은 반드시 해당 관할 건축과에

화곡역에서 300미터 이내에 위치하고 있고 전용면적도 사람들이 많이 찾는 면적의 빌라였다. 세가 잘 나가서 받기만 해도 수익이 날 수 있는 물건이다. 하지만 위반건축물로 등재되어 있어서 사람들이 꺼려 했다. 한 회원님이 강서구청의 건축과에 문의해보니 화단에 나무를 심지 않아서 위반건축물로 등재되었다는 말을 들었다고 한다. 그래서일까? 후에는 20명이 넘는 입찰자가 몰렸다.

전화로 문의하여 위반된 사항이 없는지 물어보는 것이 좋다. 보통 위반건축물은 원상복구를 하거나 시정해야 할 부분을 시정할 때까지 위반벌칙금 등을 내야 하는데, 간혹 경미한 사안으로 위반건축물로 등재된 경우들도 있으므로 이런 건물을 그냥 지나치지 말고 직접 위반사항을 확인해보는 습관을 들이는 것이 좋다. 그 밖에도 부동산이 위치하고 있는 지역에 건축할 수 있는 건물의 종류, 층수, 용도 등에 대해서도 분석할 수 있을 만큼의 공부가 되어야 한다.

## 해당 지역에서 선호하는 유형을 파악하라

한 가지 더 팁을 말하자면, 서울이나 수도권의 오피스텔 건물을 볼 때와 지방의 오피스텔 건물을 볼 때 같은 시각으로 봐서는 안 된다. 서울과 수도권은 워낙 밀집한 도시 지역이기 때문에 건물 내부 면적이 작고 베란다가 없어도 위치와 임대료 등이 적절하면 쉽게 임대가 나가는 편이지만 지방에서는 오피스텔의 면적이 넓어야 하고 베란다가 있는 것을 선호한다.

그런데 이런 점을 고려하지 않고 외지인이 서울과 수도권에서와 같은 면적으로 오피스텔을 지으면 임차인을 구하기가 무척 어려워진다. 이런 점을 몰랐던 한 투자자가 작은 면적의 오피스텔을 한꺼번에 구입했다가 1년이 넘도록 임차인을 구하지 못해 애를 태우던 것을 본 적이 있다. 그러므로 자신이 잘 알지 못하는 지역일수록 그 지역에서 선호하는 주택의 유형이 어떠한지 파악하고 투자를 해야 한다.

시장 흐름 공부 방법
04

# 무엇을 보아야 하고 어떻게 살펴야 할까?

### 부동산 가격, 언제까지 오를까?

성공하는 부동산투자는 자금이 있고 없고의 문제가 아니라 지식과 안목 싸움이다. 열심히 공부하고 발품을 파는 것이 가장 우선돼야 하는 것은 두말 할 필요가 없고, 그다음 중요한 한 가지가 있다면 그건 부동산 시장의 흐름을 잘 타는 것이다.

우리나라는 한국전쟁 이후 계속 고속 성장을 해왔다. 안 그래도 작은 한반도의 반 토막이 된 남한에서는 사람들이 60여 년 동안 꾸준히 서울로 모여 들었다. 그 결과 5000만 명이라는 전체 인구에서 1000만이라는 인구가 서울에서 살게 되었다. 요즘은 경기도로의 이주와 귀농·귀촌 인구가 늘어 1000만 인구라는 숫자가 깨졌다고 하지만 그동안은 계속 인구가 늘어났기 때문에 서울에서는 그냥 주택을 보유하고 있는 것만으로도 부동산 가격이 올랐다. 그러나 2008년의 금융위기를 기점으로 상황이 조금씩 달라졌다. 출산율은 급속하게 낮아지는 반면 고령인구는 늘어나고 있고 대기업들의 성장이 둔화되고 있는 요즘 우리는 서울에 부동산을 갖고 있는 것만으로 돈이 되지 않는 것을 잘 알고 있다.

금융위기 이후 수도권의 부동산 시장은 빙하기라고 할 정도로 시장이 꽁꽁 얼어붙어 거래가 오래도록 살아나지 못했다. 그때 당시 우리나라의 주택보급률이 이미 100%가 넘었기 때문에 주택이 남아돌아 더 이상 부동산 가격이 상승하지 않고 장기 침체기 시대에 접어들었다는 전문가들의 의견도 많았다.

하지만 언제 그랬느냐는 듯 다시 거래가 늘어나고 부동산 시장은 사람들의 투자 열기로 다시 뜨거워졌다. '이러다 금방 가격이 꺾이겠지' 생각하는 사람들도 많았지만 부동산 시장의 뜨거운 열기는 한동안 지속됐다.

2009~2010년 부동산 시장의 정점에 투자를 했던 사람들은 그 후 몇 년간 부동산 가격이 뚝뚝 떨어지는 경험을 했을 것이다. 이처럼 또 버블이 최고조가 된 시점에 진입한 사람들은 두고두고 큰 고생을 하게 될 것이다. 그래서 부동산투자를 하는 시점이 더욱더 중요하다. 언제 어떻게 부동산 시장에 진입했느냐에 따라 성공한 투자가 될 수도 있고 두고두고 마음고생을 할 수 있는 투자가 될 수도 있다. 그래서 부동산 시장의 흐름을 잘 타는 사람과 그렇지 않은 사람의 사이에는 자산을 불리는 데 큰 차이가 있다.

## 아무것도 하지 않으면 손해도 안 본다?

문제는 일반 사람들이 부동산 시장의 흐름을 파악하기란 쉽지가 않다는 것이다. 부동산 시장의 흐름은 사실 전문가들도 파악하기가 쉽지 않다. 흐름을 파악하려면 다양한 지표와 상황, 지역별 이슈들을 알고 있어야 한다. 그리고 그 이슈에 따른 변동사항들을 꾸준히 살펴야 한다. 그리고 부동산 시장에 영향을 끼치는 금리변동, 세계경제, 한국경제, 주식시장의 움직임 등도 모두 함께 살펴야 한다. 이렇게 하려면 시간을 많이 투자해서 관심을 기울이는 수밖에 없다.

이런 것들을 살피는 데 익숙하지 않은 사람들은 무엇을 봐야 하고 어떻게 살펴야 하는지부터가 난감하다. 그래서 평소에 관심을 기울이지 않았던 사람들이 가장 많이 의지하게 되는 것이 부동산 전문가들의 의견이다. 문제는 부동산 전문가들의 의견이 각각 다른데 누구의 의견이 맞는지 식별하기도 쉽지 않다는 점이다.

2012년도와 2013년도에 서울과 수도권의 부동산 시장은 그야말로 거래가 꽁꽁 얼어붙었을 만큼 좋지 않았다. 부동산을 보유하고 있던 사람들은 이대로 부동산의 가격이 계속 내려가다가 결국 부동산을 팔지 못하고 빈 부동산을 끌어안고 있게 되지 않을까 걱정하기 시작했고, 자기 집이 없던 사람들은 가격이 저렴할 때에 집을 마련하고 싶다가도 계속 부동산 가격이 떨어질 텐데 집을 굳이 사야 하나 하는 생각에 전세로 지내는 것이 더 현명하다고 생각했다.

전문가들도 "부동산 시장, 앞으로 오른다"와 "이제는 오르지 않고 한동안 계속 침체 상태로 족히 10년은 넘게 갈 것이다"라는 의견으로 분분했다. 하지만 그러는 사이 서울, 수도권 시장의 부동산 가격은 슬금슬금 오르기 시작하더니 그전의 고점을 넘어서는 곳도 생겼다. 전세가도 덩달아 급등해서 그동안 집을 사지 않고 있었던 사람들은 전세금을 올려주느라 허리가 휠 정도가 되었다. 그때가 되서야 몇 년 전 부동산 시장 침체기 때가 실수요자들에게 부동산을 사기에 가장 좋은 시기였다는 것을 깨닫고 허탈해했고, 부동산 시장에 오래 몸담고 있었던 투자자들은 그 시기에 적극적으로 부동산투자를 해서 좋은 수익을 얻었다.

사람들은 이제 아무것도 하지 않는다고 해서 손해를 보지 않는 것이 아니라 오히려 아무것도 하지 않는 것이 큰 손해가 될 수 있다는 것을 알게 되었다. 그래서 부동산 시장의 흐름이라도 잘 알아서 내 자산이라도 우선 잘 지키고 싶지만 시장의 흐름을 분석하기도 쉽지 않고 전문가의 말을 전적으로 믿기도 쉽지가 않다는 것이 가장 큰 고민이다.

## 흐름을 읽는 것이 어렵다고?
## 그 점이 오히려 기회다!

사람들은 여전히 부동산 시장을 바라보는 데 있어서 자신의 판단이나 전문가들의 판단을 믿지 못해 우왕좌왕 한다. 그렇다고 공부를 하기에도 막막한 이 상황에서 어떻게 해야 하나?

내가 말할 수 있는 답은 "그래도 투자해야 한다"는 것이다. 오히려 부동산 시장의 흐름을 읽는 것이 쉽지 않은 점이 기회가 될 수 있다. 너도 나도 부동산투자를 한다는 요즘이다. 하지만 앞으로 부동산 시장의 흐름을 읽기란 더욱 어려워지는 시대가 되고 있다. 부동산만 그냥 사두어도 돈을 벌었던 때와 달리 점점 더 공부를 꾸준히 한 사람에게 더 많은, 더 좋은 기회가 주어지는 시대가 될 것이다.

그러니 지금이라도 부동산 시장의 흐름에 대해 공부를 시작해야 한다. 만일 혼자 공부하기가 어렵다면 스터디 모임 등을 만들어 경제 기사와 부동산 관련 기사를 읽으며 꾸준히 해나가는 것도 하나의 방법이 될 것이고, 다양한 전문가들의 의견도 꾸준히 들어보는 것도 좋다. 누구의 말이 맞는지 계속 확인해가는 과정을 거치다 보면 전문가들의 의견도 가려서 듣게 되는 귀가 생길 것이다.

## 내가 부동산 시장 흐름을 읽는 방법

자랑하기 조금은 쑥스러운 면도 있지만, 나는 부동산 시장 흐름의 맥을 잘 잡는다는 이야기를 종종 듣는 편이다. 오르고 있는 시점이 아니라, 오르기 전에 그 지역이 오를 것이라고 판단하여 추천했던 지역들이 대부분 대세 상승 기류를 탔다. 그래서 부동산 시장의 흐름과 관련된 특강(특히 황금두꺼비의 부동산 황금의 맥)에서 사람들로부터 괜찮은 호응을 받고 있는 편이다.

나도 처음부터 이렇게 부동산 시장의 흐름을 잘 판단할 수 있었던 것은 아니었다. 지방에서 자란 데다가 오랜 기간 외국에 나가 있었던 탓에 서울지리에 대해선 그야말로 깜깜했다. 어디가 어디인지 잘 몰랐고 살던 동네에 대해서도 잘 몰랐다. 부동산 경매를 한다고 임장을 다니는 시절에도 지역을 크게 바라보지 못하고 해당 부동산을 찾아 그 물건이 괜찮아 보이는지 아닌지 알아보는 데에만 급급했다. 시간이 흘러보니 그 시절 그렇게 투자를 했어도 큰 손해 없이 무난한 투자를 할 수 있었던 것은 시대의 흐름이라는 좋은 운이 있었던 것이다.

부동산 시장은 우리가 알게 모르게 급격한 변화를 하고 있다. 결혼을 하여 돈을 모아 아파트를 마련하고 점점 큰 아파트로 넓혀가던 것이 예전의 부동산 재테크였다. 하지만 이런 방식은 이제 통하지 않는다. 서울이라도 지역별로 성장하는 지역과 쇠퇴하는 지역이 있고 공급이 과도한 곳이 있고 주택이 부족한 지역이 있다. 경기도 지역들도 사람들이 계속 이주해가는 지역이 있고 인구가 줄어드는 곳도 있다. 그래서 각각의 지역이 나름의 이유로 부동산 가격이 오르기도 하고 내리기도 한다. 그래서 나는 이렇게 공부를 했다.

첫째, 되도록 매일 기본적인 신문기사를 본다. 이때 경제 관련 기사나 부동산 관련 기사뿐만 아니라 전반적인 이야기를 다 읽는 편이다. 이렇게 읽는 이유는 부동산과 별개의 이야기처럼 보이는 사건도 부동산과 관련이 있을 수 있기 때문이다.

둘째, 경제 기사나 부동산 관련 기사는 더욱 꼼꼼히 읽어둔다. 그중 교통 호재와 산업단지 조성 등과 같은 기사는 별도로 정리해둔다. 만약 강남순환고속도로에 대한 기사를 보았다면 그 건에 관해 쓴 기사들은 최대한 모두 읽어두려고 한다.

여기서 중요한 것은 스크랩 식으로 모으기만 하면 기사를 보지 않고 모아두는 것으로 끝나기가 쉽다는 점이다. 정보를 모아두는 것이 중요한 것이 아니라 그 기사들을 꼼꼼히 살펴보는 것이 중요하다. 그리고 강남순환고속도로가 나오는 기사가 날 때마다 변경된 사항이 없는지 진척이 어떻게 되었는지를 점검하고 기사를 모은다.

기사를 모을 때는 지역별로 폴더를 만들어 담아두는 것이 좋다. 한 지역에 대해 궁금한 점이 있다면 그것을 열어보면 도움이 많이 된다. 그리고 스크랩을 해서 모을 때는 일반 문서 파일보다 파워포인트 방식으로 정리하는 것이 보기에 편하고 중요한 대목 등을 편집해서 볼 수 있기 때문에 중요한 사안들을 계속 체크해서 볼 수 있다.

셋째, 지역 공부를 틈틈이 해둔다. 지역공부라고 한다면 부동산 매물과 시세를 조사하는 것이 아니다. 만약 서울시에 대해 지역 분석을 한다면 먼저, 인구수, 주 연령대, 면적, 밀집 주거지역인지 상업지역인지, 주로 이용되는 도로는 무엇인지, 전철은 몇 호선인지 등등 여러 가지에 대해 종합적인 공부를 해둔다. 그러면 지역의 특색과 부동산을 보유하는 주된 연령층, 잠재 수요자들이 보이고 그 지역의 부동산 시장이 어떻게 흘러갈지 예측할 수 있다. 거기다 호재 등과 결합해서 보면 더욱 부동산 시장의 흐름을 읽기가 수월해진다. 이렇게 공부하면서 얻은 자료들도 모두 폴더에 지역별로 저장을 해둔다. 이런 식으로 정보를 모으고 분류하고 꾸준히 각 지역에 대해 관심을 가지면 언제 부동산 가격이 오를지 그리고 내릴지가 자연스럽게 보인다.

## 변수는 언제나 발생할 수 있다

부동산 시장의 흐름을 판단할 때, 다음과 같은 점들은 유의해야 한다. 첫째는 '변수'다. 여러 호재들이나 아니면 악재에 갑작스럽게 나타는 변수가 있다. 변수라고 하면 정부의 갑작스런 정책일 수도 있고 사업의 철회 혹은 사업의 재개 등일 수도 있다. 그래서 너무 호재에만 쫓아갈 것이 아니라 수요가 꾸준한 지역에 투자하는 것이 호재가 많은 지역에 투자하는 것보다 수익률이 적어도 더 안전할 수 있다.

## 아무 이유 없이 부동산 가격이 오른다면?

가끔 어떤 지역은 큰 이유 없이 부동산 가격이 오르기도 하고 아직 호재가 작용하기에 이른 시점인데도 부동산 가격이 급등하는 경우도 있다. 아무 이유 없이 부동산 가격이 오른다면 투기나 조금 변조된 계약 거래(업계약서)가 성행하고 있는 곳일 수 있다.

부동산 가격이 거품이 끼어 급등한 곳에는 임대가와 매매가의 차이가 많이 나는 것이 특징이다. 이런 곳에 투자를 하게 되면 임대가가 현저히 낮기 때문에 자기 자본도 많이 묶이게 된다. 그런데도 매매 거래에서 쉽게 큰돈을 벌 수 있기 때문에 이런 거래의 유혹에 빠지기 쉽다. 많은 사람들이 뛰어들기 때문에 거품이 많이 낀 가격임에도 가격은 거침없이 상승하곤 한다.

하지만 다음 매수자를 만나지 못하는 마지막 투자자는 끔찍한 시간을 보내야 한다. 거품 가격이 빠지는 속도가 생각보다 빠르고 가격 하락의 폭도 깊다. 그리고 임대가가 현저히 낮은 상태에서 보유를 하고 있다 보니 보유 자체도 부담이 가중된다. 이런 투자를 했던 사람들은 결국 부동산을 내놓거나 경매로 넘기게 되는 경우가 많다.

가격이 상승하고 있는 지역일지라도 그 가격이 비이성적으로 오르고 있는지 늘 염두에 두어야 한다. 가격은 매매가 상승과 임대가 상승이 함께 올라야 한다. 그리고 그 가격에 매입할 수요자가 충분히 뒷받침될 수 있는지 해당 지역의 주택 수요자들의 소득 여부 등도 꼼꼼히 살펴볼 필요가 있다.

## 부동산 시장 전망과 반대로 바라보라

부동산 시장이 폭락을 한다거나 앞으로 10년 동안 괜찮을 거라는 예측이 나온다면, 그것은 반은 맞고 반은 틀리다고 보면 된다. 가격이 폭락한다고 많은 사람들이 내다보면 하락하다가도 가격 조정을 거친 후 다시 상승하기도 한다. 앞으로 계속 상승한다고 대부분의 사람들이 생각하면 반대로 부동산 시장이 갑작스럽게 폭락하는 상황이 발생하기도 한다.

왜 그럴까? 사람의 심리가 시장이 나아가는 방향의 반작용 역할을 해줘서 원래 일어날 일을 더디게 일어나게 하거나 가격 변동에 작용하여 반대되는 상황이 생기기도 한다. 그래서 모두들 가격이 떨어진다고 하면 조금 떨어지고 올

2014년 5월 부동산 시장에 대한 특강에서 내가 사용한 자료다. 당시 서울과 수도권의 부동산 시장은 별로 좋지 않았다. 당시 내가 1순위로 추천했던 이천시는 10여 년 동안 부동산 가격이 변함이 없던 곳이다. 하지만 2014년을 기점으로 가격이 상승했다. 이천시는 2014~2015년 동안 수도권에서 가격이 가장 많이 오른 곳이다. 안산시, 인천시, 고양시도 가격이 꾸준히 올랐다.

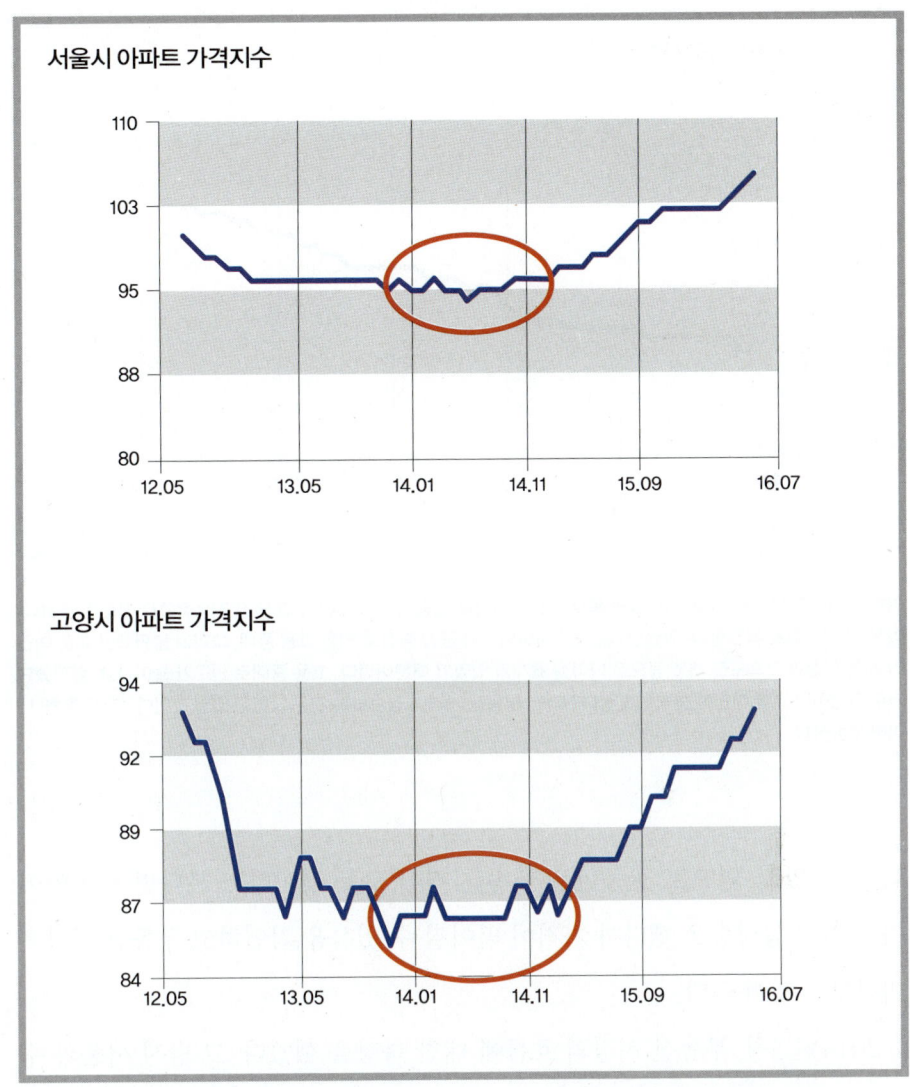

2014년 5월, 서울시와 고양시(일산) 지역의 부동산, 특히 아파트에 대한 투자를 적극 추천을 했는데 한동안은 오히려 가격이 내려가기도 했다. 하지만 1년여 후부터 본격적으로 가격이 상승하기 시작했다. (출처 : 네이버 부동산)

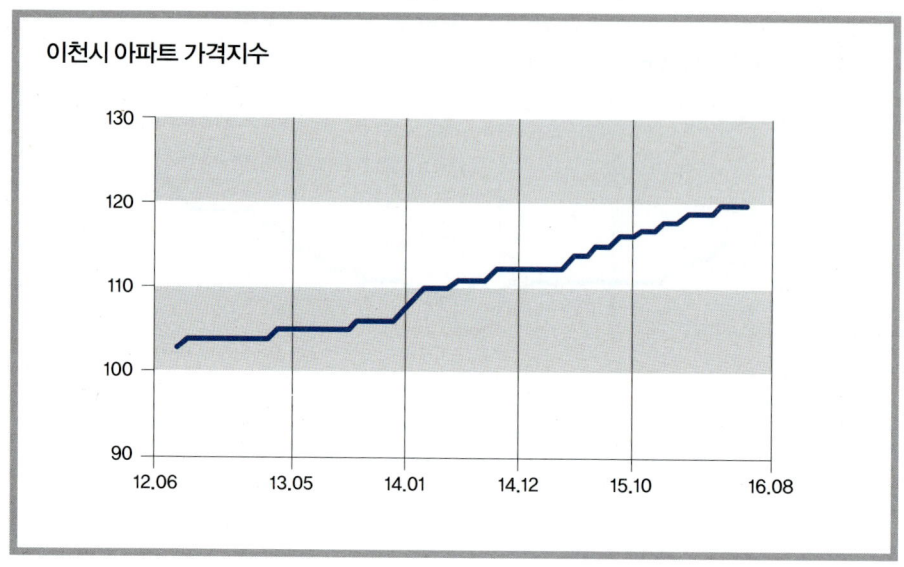

이천시 지역의 부동산 가격은 2014년 봄부터 본격적으로 상승하기 시작하여 몇 년간 지속적으로 꾸준히 올랐다. 이천시를 1순위로 추천할 수 있었던 것은 SK 하이닉스의 공장 증설로 인한 고용 증대, 그리고 불편했던 교통 여건이 복선 전철과 고속도로 개통 등으로 나아질 호재가 있었기 때문이었다. 고용 증대로 인구가 늘어나고, 불편했던 거주 환경이나 교통 여건이 현격하게 좋아진다면 부동산 가격이 상승하는 것은 당연한 일일 것이다. (자료 출처: 네이버 부동산)

라갈 수 있고, 앞으로 한동안은 계속 가격이 오를 것이라고 본다면 한동안이 아닌 잠시 급상승을 했다가 가격이 떨어질 수 있음을 감안하고 부동산 시장을 바라보는 것이 좋다.

2014년 5월, 부동산 시장의 흐름에 대한 특강을 했었다. 그 당시 서울과 수도권의 부동산 시장은 별로 좋은 상태가 아니었다. 그러나 몇 년 후 이 지역들 모두 급등했다. 1순위로 추천했던 이천시 같은 경우는 10여 년 동안 부동산 가격의 변함이 없었던 곳이었다. 하지만 2014년을 기점으로 가격이 상승하면서 2014년, 2015년 두 해 동안 수도권에서 부동산 가격이 가장 많이 오른 지역으로 손꼽히게 된다.

　안산시의 아파트 가격도 2015년까지 급등을 했고 고양시와 서울시는 2015년 하반기부터 본격적으로 상승하기 시작하더니 꾸준히 가격이 올랐다. 이렇게 부동산 시장의 흐름을 읽을 수 있었던 것은 꾸준히 지역 분석을 하고 정보를 모으고 직접 발로 뛰며 지역 탐방을 한 덕분이다. 누구나 열심히 오랜 기간 동안 부동산 시장에 대한 공부를 지속한다면 앞으로의 부동산 시장의 흐름을 예측할 수 있다.

각종 세금 알아두기
05

# 세금을 모르면 지는 게임이다

### 반드시 알아야 할 부동산 관련 각종 세금들

부동산을 보유하게 되면 각종 세금이 부과된다. 재산세, 교통유발분담금, 건강보험료, 양도세, 종합소득세, 부가가치세 등 세금이 추가로 부과되거나 비용이 올라가게 된다.

그래서 부동산투자를 하게 되면 각종 세금에 대해 알아둬야 한다. 국세청에

**부동산 관련 세금들**

| 구분 | 국세 | 지방세 | |
|---|---|---|---|
| | | 지방세 | 관련 부가세 |
| 취득 시 | 인지세<br>상속세<br>증여세 | 취득세 | 농어촌특별세<br>(국세지방교육세) |
| 보유 시 | 종합부동산세<br>농어촌특별세 | 재산세 | 지방교육세<br>지역자원지설세 |
| 처분 시 | 양도소득세 | 지방소득세<br>(소득분) | 해당사항 없음 |

서 발행하는 책자를 참조하거나 신문 등을 통해 세금 관련된 개정안 등을 꼼꼼히 살피는 것이 좋다.

## 면적과 금액에 따라 달라지는 취득세 알아보기

부동산 경매로 취득한 부동산에도 취득세를 내야 한다. 취득세에 대한 계산은 감정가의 기준이 아닌 낙찰가의 기준으로 산정하게 된다.

취득세는 부동산을 취득한 날로부터 60일 이내에 납부해야 한다. 부동산 취득세율은 면적과 금액 단위에 따라 다르며, 시기에 따라 취득세율은 달라질 수 있다. 위텍스(www.wetax.go.kr)를 이용해서 금액별 취득세를 얼마만큼 내야 하는지 알아볼 수 있다.

**부동산 취득세율**

| 부동산 종류 | 면적 | 세율 |
|---|---|---|
| 9억 원 초과 주택 | 85 ㎡ 이하 | 3.3% |
| | 85 ㎡ 초과 | 3.5% |
| 9억 원 이하 6억 원 초과 주택 | 85 ㎡ 이하 | 2.2% |
| | 85 ㎡ 초과 | 2.4% |
| 6억 원 이하 주택 | 85 ㎡ 이하 | 1.1% |
| | 85 ㎡ 초과 | 1.3% |
| 주택 외 매매 | | 4.6% |
| 증여 | | 4% |
| 상속 원시 취득 | | 3.2% |
| 농지 | 상속 | 2.6% |
| | 매매 2년 이상 자경 | 1.6% |
| | 매매 신규 | 3.4% |

## 시기도 꼼꼼하게 챙기자, 보유세 알아보기

첫째, 재산세가 있다. 소유한 부동산에 대한 세금이며, 재산세 납부 대상은 매년 6월 1일이 과세기준일로 주택, 토지, 건축물 등을 소유한 사람이다. 매년 7월과 9월에 재산세 납부를 하며, 7월에는 주택분 세액의 1/2, 건축물·선박·항공기 재산세 납부를 하며, 9월에는 주택분 세액의 1/2, 토지분 재산세에 대해 납부하게 된다.

재산세 납부 기간 초과일이 지나면 가산금 부담을 해야 한다. 3%의 가산금을 추가로 부담해야 하며, 그 이후에는 본세가 30만 원 이상인 경우 매월 1.2%씩 중가산금이 부과되는데, 최장 60개월까지다. 미납 시 독촉 기간을 거쳐 재산 압류와 강제징수 절차가 진행되기 때문에 기간 내에 자진해서 납부하는 것이 좋다.

둘째, 종합부동산세*. 과세기준일(매년 6월 1일) 기준 국내에 소재한 재산세 과세대상인 주택 및 토지를 유형별로 구분하여 인별로 합산한 결과, 그 공시가격 합계액이 각 유형별 공제액을 초과하는 경우 그 초과분에 대하여 과세되는 세금이다. 1차로 부동산 소재지 관할 시·군·구에서 관내 부동산을 과세유형별로 구분하여 재산세가 부과되고, 2차로 각 유형별 공제액을 초과하는 부분에 대하여 주소지(본점 소재지) 관할 세무서에서 종합부동산세가 부과된다.

> **종합부동산세 납세의무자**
> - 주택: 인별로 소유한 전국 주택의 공시가격 합계액이 6억 원을 초과하는 자(단, 1세대 1주택자는 9억 원을 초과하는 자)
> - 종합 합산 토지: 인별로 소유한 전국 종합 합산 토지(나대지 등)의 공시가격 합계액이 5억 원을 초과하는 자
> - 별도 합산 토지: 인별로 소유한 전국 별도 합산 토지(주택을 제외한 건축물의 부속토지 등)의 공시가격 합계액이 80억 원을 초과하는 자
> ※ 종합부동산세 합산 배제신고는 9월 16일~9월 30일 정기고지 신고는 12월 1일~12월 15일 (출처: 국세청)

## 한 다리만 건너도 천양지차, 양도소득세 알아보기

개인이 토지, 건물 등 부동산이나 주식의 양도 또는 분양권과 같은 부동산에 관한 권리를 양도함으로써 발생하는 이익(소득)을 과세대상으로 하여 부과되는 세금이 양도소득세다. 부동산 등의 취득일부터 양도일까지 보유 기간 동안 발생된 이익(소득)에 대하여 일시에 양도 시점에 과세하게 된다. 부동산 양도

**양도소득세 과세대상**
- 부동산: 토지, 건물(무허가, 미등기 건물도 과세대상 포함)
- 부동산에 관한 권리: 부동산을 취득할 수 있는 권리, 지상권, 전세권, 등기된 부동산임차권
- 주식 등: 상장법인의 주식 등으로 당해법인의 대주주 양도분과 장외시장 양도주식, 비상장주식, 파생상품(KOSPI200, 선물·옵션, 해외시장 거래분)
- 기타자산: 사업용 고정자산과 함께 양도하는 영업권, 특정 시설물 이용권·회원권, 특정 주식, 부동산과다보유법인 주식 등

로 인하여 소득이 발생하지 않았거나 오히려 손해를 본 경우에는 양도소득세*가 과세되지 않는다(국세청 참조).

### 양도로 보지 않는 경우

신탁해지를 원인으로 소유권 원상회복 되는 경우, 공동소유 토지를 소유자별로 단순 분할 등기하는 경우, 도시개발법에 의한 환지처분으로 지목 또는 지번이 변경되는 경우 등이나 배우자 또는 직계존비속간 매매로 양도한 경우에는 증여한 것으로 추정되어 양도소득세가 과세되지 않고 증여세가 과세된다.

### 비과세되는 경우

세대가 양도일 현재 국내에 1주택을 보유하고 있는 경우로서 2년 이상 보유한 경우에는 양도소득세가 과세되지 않는다(양도 당시 실거래가액이 9억 원 초과하는 고가주택은 제외). 주택에 딸린 토지가 도시 지역 안에 있으면 주택정착 면적의 5배까지, 도시 지역 밖에 있으면 10배까지를 양도소득세가 과세되지 않는 1세대 1주택의 범위로 본다.

### 감면되는 경우

장기임대주택, 신축주택 취득, 공공사업용 토지, 8년 이상 자경농지 등의 경우 감면 요건을 충족한 때에는 양도소득세가 감면된다(국세청 참조).

## 그 외에 세금 관련 팁

   부동산은 매년 6월 1일을 기준으로 보유하고 있는 사람에게 부가가치세나 종합부동산세를 과세한다. 만일 부동산을 5월 정도에 매입하여 6월 1일 이후에 잔금을 내는 것으로 한다면 재산세를 한 번 덜 낼 수 있다.

   경매로 받은 부동산도 양도소득세 신고 시에 필요 경비로 절세가 가능하다. 그래서 경매로 낙찰받을 당시 지불한 부동산 관련 비용, 인테리어 비용 등에 대한 영수증을 챙겨두는 것이 좋다. 체납된 관리비를 납부한 것도 증빙자료에 포함될 수 있으므로 잘 챙겨두도록 하자.

   공동명의로 부동산을 보유하면 양도소득세에 대해 감면 혜택을 받을 수 있다. 또한 임대소득이 생기는 경우 부부 중 소득이 적은 사람의 명의로 하는 것이 세금혜택을 받는 데 더 유리하다(국세청 참고).

## 금융지식 06

# 투자자라면 빼먹지 말아야 할 필수 과목

### 대출이라는 레버리지를 이용해 이익을 극대화하라

나는 초기 경매투자를 할 때 가장 궁금한 점이 '잔금을 어떻게 치르지' 하는 거였다. 금융에 대해 아무것도 몰랐기 때문이다. 답은 간단했다. 경매로 낙찰을 받으면 경락잔금대출을 받아서 잔금을 치르면 된다. 경락잔금대출은 대출을 받고자 하는 사람의 신용이 아주 나쁘지 않다면 기본적으로 낙찰받은 부동산을 담보로 경락잔금대출을 받을 수 있으며 아파트나 빌라인 경우 낙찰가 대비 70~80% 정도 대출을 받을 수 있다.

경락잔금대출은 은행권마다 이율과 상환 방법에 조금씩 차이가 있을 수 있고 해마다 정책에 따라 달라질 수 있다. 그래서 입찰하기 전에 여러 곳에 문의해서 경락잔금대출을 받을 수 있는 가능성과 비율을 알아보는 것이 좋다. 이렇게 알아본다고 해서 신용에 문제가 생기는 것이 아니니 걱정할 필요가 없다.

필요하다면 경락잔금대출뿐만 아니라 신용대출 등도 활용해볼 수 있다. 대출이라는 레버리지(leverage)를 이용하여 수익을 극대화하고 적은 금액 혹은 무일푼으로도 부동산투자를 하기 위해서다. 하지만 대출은 이자를 납부해야 하고 정책에 따라 상환 규정 등이 달라질 수 있으므로 늘 은행 대출 정책과 규제, 이율 등에 관심을 기울일 필요가 있다.

또한 수익을 위한 투자가 아닌 낙찰을 위한 투자가 되어 무리하게 대출을 받다 보면 그동안 어렵게 모은 자산도 모두 잃을 수 있으므로 늘 관리를 잘 해야 한다. 무분별한 투자가 되지 않도록 절제를 하고 매 투자 때마다 신중을 다해야 할 것이다. 금융 지식에 대한 기본적인 것들을 이해하고 있으면 도움이 많이 된다. 금융 지식은 어떤 재테크를 하든 기본이다.

## 경매투자를 위한 금융 지식들

금융 지식이라고 하면 주식, 채권, 파생상품, 펀드 등에서부터 소득·재무관리, 저축과 투자, 지출과 부채에 이르기까지 다양하고 광범위하다. 그럼 경매투자를 하기 위해 필요한 금융지식이란 무엇인가? 앞서 살펴본 것과 같이 부동산 경매를 위해 경락잔금이라는 대출을 받는 경우, 즉 레버리지를 활용하는 방법이다.

레버리지를 이용하면 이익을 극대화 할 수 있다. 다만 위험 부담이 클 수 있다는 것을 감안하고 활용해야 한다. 레버리지를 활용한 투자의 수익률 계산 그리고 위험 부담에 따른 주의사항들에 대해 알아두는 것이 좋다.

거기에 따른 이자, 각종 수수료 등을 포함하여 임대를 놓았을 경우 수익률을 계산해볼 줄 아는 것, 매매 시 수익률을 계산해볼 줄 아는 것도 금융지식이라고 할 수 있다. 정부 정책에 따른 이자율 변동사항 등을 고려하여 월 수익률이 어떻게 달라지는지 알아두는 것, 경매로 받은 부동산의 현재가치와 미래가치를 알아보는 것, 그리고 여기에 따른 기대수익률을 낼 줄 아는 것, 이런 것들이 다 우리가 익혀야 할 금융 지식들이다.

## 더 쉽고 빠르게 결정하고 싶다면 '금융 지능'을 갖추어라

금융 지식을 갖추는 것을 나는 '금융 지능'을 갖는 것이라고 생각한다. 대개 금융 지식에 대한 공부를 한다면 금융에 관련된 용어들을 위주로 공부를 하게 되는데, 이런 용어들을 암기만 하고 있으면 별 소용이 없다. 그것을 활용할 줄 알아야 한다. 그런데 활용할 줄 아는 것은 얼마만큼 금융 지능을 갖추었느냐에 따라 달라진다. 어떠해야 금융 지능을 갖췄다고 할 수 있을까? 그건 여러 가지 부분에 대해 고려하고 생각해볼 줄 아느냐에 달려 있다.

만약 어떤 지역의 부동산을 보유한 지 5년이 넘어가는데도 가격의 변동이 별로 없는 상태라고 치자. 매도를 하게 되면 남은 이익금이 없이 오히려 그동안 들였던 비용을 감안하면 손해를 본다. 그런데 다른 지역의 부동산 가격이 오르기 시작했다. 앞으로 계속 오를 것 같다는 확신이 든다. 그렇다면 손해를 감수하고서라도 이것을 매도하고 갈아탈 것인가? 아니면 손해를 보지 않기 위해 그대로 둘 것인가? 이런 고민이 들 수 있다.

그때 고려해봐야 할 점이 매몰비용과 기회비용이다. 매몰비용은 일단 지출하고 나면 회수할 수 없는 시간과 비용 등을 말한다. 사람들은 이미 투자한 시간과 비용을 계속 유지하려고 하는데, 이런 현상을 매몰효과라고 부른다. 자신이 투자를 해서 보유하고 있는 부동산을 이런 방식으로 바라보고 있는 건 아닌지 점검할 필요가 있다. 점검하고 따져보지 않으면 얼마든지 다른 투자를 할 수 있는 기회비용을 가질 수 없기 때문이다.

기회비용이란 뭘까? 내가 1만 원을 가지고 있다면 이 돈으로 치킨을 살 수도 있고, 책을 살 수도 있으며, 저축을 할 수도 있고, 펀드에 투자를 할 수도 있고, 로또 복권을 살 수도 있다. 만약 내가 이 돈으로 치킨을 사면, 나는 책을 살 수 있는 기회, 저축을 할 수 있는 기회, 펀드에 투자를 할 수 있는 기회, 로또 복권을 살 수 있는 기회를 잃게 된다.

만약 1000만 원의 투자금이 있다면 이 돈으로 레버리지를 활용해서 오피스텔에 투자를 할 수도 있고, 토지에 투자를 할 수도 있고, 펀드에 넣을 수도 있고, 주식을 살 수도 있고, 여행을 갈 수도 있고, 명품가방을 살 수도 있다. 내가 만약 명품가방을 선택한다면, 나는 다른 모든 기회를 상실하게 되는 것이다.

기회비용에 대해 생각을 한다면 현재 가지고 있는 돈을 생각 없이 지출하는 것이 아니라 어디에 쓰는 것이 가장 적절한 것인지 따져보게 되어 보다 나은 자산관리를 할 수 있게 된다. 그래서 금융지능을 갖추게 되면 보다 더 합리적으로 지출을 하게 되고, 보다 더 나은 곳에 투자를 하게 되며, 보다 더 쉽게 어떤 것들에 관해 결정하기가 수월해진다.

## 하면 할수록 삶에 도움이 되는 금융 공부

공부를 해두면 해둘수록 삶에 도움이 되는 것이 금융 공부다. 어떻게 금융 관련 공부를 잘할 수 있을까?

나는 처음에 금융 공부를 한답시고 열심히 책부터 읽었다. 하지만 읽어도 무슨 말인지 도통 이해가 가지 않았다. 그런데 경제 공부나 금융 관련 스터디 모임에 참여해서 주제를 정해서 공부를 하다 보니 이해하는 데 도움이 많이 되었다. 문화센터 등에서 하는 금융 세미나도 도움이 많이 되었다.

뭐니 뭐니 해도 가장 좋은 방법은 정보와 지식을 가지고 있는 사람들끼리 대화로 주고받는 것이다. 그게 이해하기도 쉽고 가장 효과적이다. 같은 관심사가 있는 사람들끼리 한 달에 한 번 정도 만나서 금융 지식에 관련된 이야기를 나눠보라. 훨씬 더 생각이 넓어지고 커질 수 있다.

안전함으로 후퇴할 것이냐
발전을 향해 전진할 것이냐는 당신의 선택이다
끊임없이 발전을 선택하고
끊임없이 두려움을 이겨내라

**에이브러햄 매슬로**

# 당신의 경매가 어려운 이유

이것만은 알자,
실수하기 쉬운
경매 오답노트

훌륭한 투자 방법을 배우지 못한다면 그게 가장 큰 손실이란다
무엇보다도 중요한 건, 가장 좋은 투자 기회는
가장 많이 배운 사람이 차지하는 반면,
가장 위험하고 나쁜 투자 기회는
재무적으로 가장 배우지 못한 투자자에게 돌아가는 거란다

**로버트 기요사키**

경매로 받지 말아야 할 부동산
01

# 모르면 큰코다치는 경매의 기본

### 안전한 투자를 위한 6가지 원칙

부동산 경매는 여러 장점을 가진 투자 방법이 분명하지만, 때로는 사소한 실수나 판단 하나로도 큰 낭패와 손해로 이어지기도 한다. 기본을 중요하게 지켜야 하는 이유가 그 때문이다. 반대로 이야기하면, 기본을 잘 지킨다면 언제나 안전한 투자를 할 수 있는 것이 부동산 경매다.

경매의 기본을 지킨다는 게 뭘까?

1. 권리분석을 명확히 한다.
2. 서류를 모두 꼼꼼하게 본다.
3. 시세조사를 명확히 한다.
4. 부동산 시장의 흐름을 탄다.
5. 현장조사를 반드시 한다.
6. 낙찰을 받으려고 무리하게 가격을 적지 않는다.

이 6가지만 잘 지킨다면 언제나 좋은 투자를 할 수 있다. 하지만 이 6가지를 지키지 않는다면 인생의 불행을 좌초하는 투자가 될 수 있다.

## 임대가 되지 않는 지방의 부동산을 조심하라

경매로 받지 말아야 할 부동산들이 있다. 그런 부동산은 다음과 같다.

지방의 몇 도시도 수도권 지역의 부동산만큼이나 핫한 곳들이 있다. 하지만 그 외의 지역들에 있는 부동산에 투자를 했다가 임대도 나가지 않고 매매도 되지 않아 큰 낭패를 보는 경우가 있다. '설마 그런 물건에 투자를 하겠어'라고 하지만 누군가 작정을 하고 눈속임을 한다면 그럴 수가 있다.

어떤 사람이 괜찮은 물건을 찾아 검색하던 어느 날 그의 눈에 띄는 물건이 있었다. 오피스텔 한 동의 호수가 전부 경매로 나왔는데 50% 이하로 떨어져 있던 상황이었다. 살펴보니 법원에 신고되어 있는 임차인들의 보증금액과 월세 금액이 꽤 괜찮았다. 좋은 가격에 낙찰을 받아 대출을 받고 임차인의 보증 금액을 받으면 들어가는 돈이 없을 듯했다. 그리고 월세에서 대출 이자를 빼면 한 호수당 10여 만 원 정도가 남았다. 10채를 받으면 월 수익이 100만 원이 되고 20채를 받으면 200만 원이 되고 50여 채를 받으면 월 수익이 500만 원이 되는 것이었다.

그런데 입찰날이 바로 이틀 후였다. 물건지가 지방에 있었던 터라 그는 다음 날 부랴부랴 내려가서 건물을 살펴보았다. 건물의 상태는 꽤 괜찮아 보였다. 지은 지 얼마 되지 않아 건물에 부서진 곳도 없었다.

그는 다음날 바로 입찰을 했고 10여 개의 오피스텔을 낙찰을 받았다. 입찰자가 그를 제외한 다른 한 사람만 있었던 탓에 어렵지 않게 대부분 낙찰이 되었다.

그런데 낙찰을 받았다는 기쁨도 잠시 그는 해당 오피스텔을 찾았다가 놀라운 소식을 듣게 된다. 잔금을 치르고 나서 임차인들을 만나러 오피스텔을 찾아갔던 그는 그의 눈을 의심해야 했다. 외관이 멀쩡해 보이던 오피스텔 내부는 이런저런 문제가 많았다. 엘리베이터가 있었지만 전기가 끊겨서 운행이 되지 않는 등 크고 작은 문제들이 있었다.

가장 큰 문제는 법원에 신고되어 있던 임차인들이 실제로는 오피스텔에 거주를 하고 있지 않았던 것이다. 각 호수마다 모두 거주하고 있다고 되어 있던 임차인들은 보이지 않았다. 호수마다 비어 있었고 오랫동안 빈 상태로 방치되어 있는 호수가 꽤 되었다. 쓰레기 더미가 잔뜩 쌓여 있는 곳들도 있었다. 그는 그 모습을 보고 망연자실해야 했다.

그는 인근 부동산 사무실에 가서 오피스텔 임대 문의를 했다. 그런데 부동산 사무실마다 모두 고개를 흔들었다.

"요즘 이 인근에 새로 신축한 오피스텔이랑 빌라가 많아요. 신식 풀옵션에 내부 면적 크기도 꽤 넓어요. 그런데도 세입자들을 다 구하지 못하는 상황이에요. 그런데 낙찰받은 오피스텔 건물은 면적도 작고 옵션도 오래되었고 건물 내에 하자가 많아서 거기로 들어가려는 세입자들이 별로 없어요."

그는 부동산 사무실에서 하는 말을 처음에는 믿을 수가 없었다. 마치 꿈을 꾸는 것처럼 모든 게 믿을 수 없었다. 알고 보니 건물주는 대출을 받아 오피스텔을 지었지만 임대가 나가지 않아 일부러 임차인들이 있는 것처럼 꾸며서 건물을 경매로 넘겼던 것이다. 입찰자가 높은 가격에 오피스텔 대부분을 낙찰받게 하려고 가장으로 꾸며 놓은 건물이었던 것이다.

이런 물건이 간혹 경매로 나온다. 그래서 지방에 있는 물건일수록 더 시세조사를 확실히 해야 한다. 그리고 해당 호수에 사람들이 실제로 거주하고 있는지 확인을 하는 것이 좋다.

## 겉만 멀쩡한 누수 건물을 찾아내라

사진 상으로 괜찮아 보이는 신축 빌라가 유찰이 계속 되고 있었다. 권리적으로 문제가 있지도 않고 유치권 등 특수권리가 있는 것도 아니었다. 그런데도 유찰이 계속 되고 있어 건축법상 사용 승인받지 않은 건물이나 위반건축물인가 싶어 건축물대장을 열람을 해보아도 아무런 문제가 없었다.

나는 현장을 가보기로 했다. 멀리서 보니 예쁘게 지어진 신축빌라가 보였다. 그런데 건물에 가까이 다가갈수록 나는 입을 다물 수가 없었다.

'어떻게 이럴 수가 있지?'

건물 전체에서 물이 뚝뚝 떨어지고 있었고 흘러나온 물이 주차장 바닥을 흐르고 있었다. 건너편에 경매로 나온 건물과 똑같이 지어진 건물 주차장에 앉아 나물을 다듬는 아주머니들이 계셨다. 그 건물에는 하자가 없어 보였다. 아주머니가 나를 힐끔 쳐다보더니 경매 때문에 왔냐고 물었다. 그렇다고 하니 고개를 흔들었다.

"저걸 아무리 싸게 받는다 해도 어떻게 하겠어. 건물을 아예 쓰지 못하는데, 저거 다 부수고 다시 지어야 해."

그들에게 고맙다고 하고 건물 내부로 들어가 한 호수에 노크를 하니 흔쾌히 집으로 들어오라고 했다. 건물 안에도 여기저기 물이 흐르고 있었다. 세를 얻어 들어오기 전에는 멀쩡했는데 얼마 지나지 않아 건물 전체에 이렇게 누수가 되고 있다고 했다. 나는 집을 보여준 사람에게 고맙다는 인사를 건네고 나왔다.

이 건물은 정말 말 그대로 건물을 전부 부수고 다시 지어야 하는 거였다. 그런데 호수별로 각각 경매가 진행되고 있어 개개인이 낙찰받아 오면 조율이 되지 않아 어려울 것 같았다. 이런 물건은 누군가 한꺼번에 낙찰을 받아 아예 건물을 철거하고 다시 짓는 편이 훨씬 나았다. 건물에 하자가 있어 그만큼 대지 가격도 많이 떨어지기 때문에 싸게 낙찰을 받는다면 의외로 괜찮을 것 같았다. 하지만 경매를 하던 초창기여서 나는 그럴 자금이 없었다. 할 수 없이 마음을 접어야 했다.

건물 전체에 누수가 있는 경우 개개별 낙찰은 피하는 것이 좋다. 그리고 사진 등으로 멀쩡해보여도 실제로는 이렇게 하자가 많은 건물일 수 있으므로 반드시 해당 건물에 대한 조사를 하고 입찰을 해야 한다.

## 건물만 경매로 나왔다면 초보자에겐 위험

간혹 대지지분은 제외되고 건물만 경매로 나오는 집합건물*이 있다. 수많은 호수 중 대지지분이 없이 건물만 나온다면 유찰이 많이 되는데 이런 물건을 싸게 낙찰을 받아 임대를 저렴하게 놓아서 바로 수익을 보는 사람들도 있다. 하지만 이런 물건은 먼저 대출이 나오지 않는다. 두 번째 해당 호수의 대지지분을 갖고 있는 사람이 요구하는 금액으로 대지지분을 구입하지 않거나 혹은 서로 간에 조율이 어렵다면 대지지분을 갖고 있는 사람은 건물에 대해 구분소유권매도청구권*을 행사하여 다시 경매로 넘길 수 있으므로 조심해야 한다.

또는 건물이 서 있는 토지의 소유자는 다른 사람의 것이고 건물만 경매로 나왔다면(이런 경우에도 유찰이 많이 되지만) 경매 초보자는 입찰하지 말아야 한다. 이런 경우에도 물론 대출이 나오지 않으며 자칫하다간 토지 소유자에 의해 건물이 철거될 수도 있으므로 아무리 저렴하다 하더라도 공부가 되지 않은 초보라자면 입찰을 해서는 안 된다.

**집합건물**
오피스텔, 아파트, 상가, 다세대, 연립 같은 건물을 말한다.

**구분소유권매도청구권**
대지사용권을 가지지 아니한 구분소유자가 있을 때에는 그 전유부분의 철거를 청구할 권리를 가진 자는 그 구분소유자에 대하여 구분소유권을 시가로 매도할 것을 청구할 수 있다.

**대지권미등기**
소유권이전등기만 하고 대지지분에 대한 소유권이전등기가 아직 되어 있지 않은 상태를 말한다. 대지권이 없는 것이 아니라 대지사용권은 취득하고 있으나 대지권등기를 마치지 않은 상태다.

## 분양대금이 완납되지 않은 대지권미등기 아파트

물건을 검색하다 보면 대지권미등기*라는 표시가 되어 있는 물건을 종종 보게 될 것이다. 대지권미등기라고 하면 이런 물건을 말한다. 단독주택은 건물이

서 있는 대지는 어떠하다고 특정하기가 쉽다. 그리고 건물 등기부와 토지 등기부가 따로 존재한다. 거래도 토지 따로 건물 따로 할 수 있다.

그런데 집합건물은 여러 개의 호수가 합쳐져 한 동의 건물이 된 것이고 그 동의 건물에 각각의 호수는 각각의 소유권을 가진다. 문제는 한 동의 건물이 서 있는 대지에 대해 소유권은 어느 위치에 누구의 것이라고 특정하기가 어렵다. 그래서 대지를 대지권으로 대체하여 집합건물의 소유자들이 대지지분으로 소유권을 취득하게 했다.

즉 대지지분을 소유하고 있으면 대지사용권을 획득하는 셈이다. 그래서 집합건물 등기부에 반드시 각 세대가 갖는 대지지분 비율이 표시되어야 하는데 이런 표시가 없으면 대지권이 등기가 되지 않았다고 해서 대지권미등기라고 부른다.

대지권미등기 표시가 되어 있는 이유는 여러 가지가 있는데 대체적으로 새로 신축한 아파트는 분양이 완료되면 그때 한꺼번에 모든 세대에 대해 대지권등기를 하는 경우가 많다. 그래서 대지권미등기로 남아 있는 경우가 있거나 혹은 다른 세대에서는 모두 대지권등기를 했지만 연락 등을 받지 못한 세대가 있을 수 있고 혹은 아직 분양대금을 다 납부하지 못해 대지권등기를 하지 못하는 세대가 있을 수도 있다. 그러다 아파트가 경매로 나오면 대지권미등기라는 표시가 되는 것이다.

대체적으로 대지권미등기가 되어 있어도 감정가에 대지권 가격이 포함되어 함께 매각되는 경우가 많다. 이때 대부분 낙찰을 받아서 나중에 대지권등기 절차를 거치면 되지만 간혹 소유자가 분양대금을 전부 납부하지 않았는데도 감정가에 대지권이 포함된 가격으로 경매가 진행되는 경우가 있다. 이런 물건을 낙찰받으면 대지권 금액은 금액대로 지불한 셈이 되었지만 대지권등기를 하기 위해 추가로 미납된 분양대금을 납부해야 하는 상황이 발생하므로 낙찰 대금보다 훨씬 높은 금액에서 낙찰을 받은 셈이 된다. 이런 물건에는 대출이 잘 나오지 않을 뿐더러 결국 입찰보증금을 미납하는 경우가 발생한다.

대지권미등기가 표시되어 있는 아파트라면 소유자가 분양대금을 전부 납부했는지 대지권등기를 하는 데 추가 비용은 얼마가 드는지 그리고 대출을 받을 수 있는지 꼼꼼히 따져보고 입찰을 해야 한다.

## 비어 있는 상가 건물의 숨은 그림자

상가건물이 경매로 나왔는데 유독 유찰이 많이 된 경우를 볼 수 있을 것이다. 너무나 저렴해서 잘 활용하면 괜찮을 거라는 생각이 들지만 숨어 있는 복병이 있다. 바로 상가건물 관리비다. 경매로 나온 호수가 1000만 원대로 유찰되었는데 밀려 있는 관리비는 억대인 곳도 있다.

비어 있는 상가더라도 건물을 유지하기 위해 계속 지출되는 관리비가 있기 때문에 관리비가 계속 나가는 경우가 있다. '관리비를 내더라도 저가로 상가 건물을 낙찰받으면 되지 않겠냐'는 생각도 들겠지만 그것이 만만한 일이 아니다.

상가는 해당 건물 전체에 관리비 등이 연체가 되면 건물의 엘리베이터를 사용할 수 없게 되고 전기가 끊기고 다른 상가들의 청소가 되지 않아 쓰레기가 쌓이는 등 문제가 많아진다. 비어 있는 상가건물이 많은 곳은 남아 있는 상가에서 그만큼 유지비용이 많아지기 때문에 점점 상가건물에서 나가는 사람들이 많아져 더욱 상황이 안 좋아지는 것이다. 상가건물이 경매로 나온 경우 전체의 상권을 잘 따져서 입찰에 임해야 한다.

한꺼번에 나온 오피스텔 경매
**02**

# 어떤 점을 주의 깊게 살펴야 하는가?

## 관리비 문제를 간과하지 말 것

"선생님, 천안의 오피스텔이 싸게 40여 채가 나왔는데요, 어떤지 한번 봐주시겠어요?"

회원님 중 한 분이 고민이 많이 되었는지 내게 도움을 청해왔다. 가격이 싸서 여러 채 받고 싶다고 했다. 권리분석상으론 큰 문제가 없어 보이는데 그래도 혹시 간과해선 안 되는 부분들이 없는지 살펴봐달라는 요청이었다.

간혹 물건 검색을 하다 보면 회원님이 물어본 사건처럼 건물 한 동의 모든 호수가 경매로 나오거나 일부이지만 여러 호수가 나오는 경우가 있다. 이런 물건을 낙찰받고자 한다면 유의해야 할 부분들이 분명 있다. 나는 회원님에게 이렇게 답변을 드렸다.

소형 건물 오피스텔은 건물 전체로 나왔을 경우 생각해봐야 할 부분이 여러 가지가 있는데요, 우선 건물 전체 관리에 대한 주체가 어떻게 되느냐입니다. 대개 한꺼번에 이렇게 많이 나온 경우 건물 호수를 많이 받아간 쪽이 답답해서 관리를 직접 하게 되고 나머지 호수에서는 관리비를 부담하는 쪽으로 가게 됩니다. 그런데 다수의 사람들이 각자 물건을 받게 되면 건물 관리를 위해 관리 직원을 둬야 하는지 등에 대한 문제가 있습니다.

그리고 반드시 입찰 전 관리비가 얼마 밀려 있느냐도 꼭 조사를 하셔야 합니다. 만약 관리비가 오랜 기간 동안 밀려 있었다면 그 건물 전체에 대한 전기료와 난방비 등이 해결되지 않아 문제가 많을 수 있습니다. 건물의 호수가 한꺼번에 나와서 각자 한 호수, 두 호수 정도 받는 사람들이 다수라면 건물 자체가 안정되는 데 시간이 걸릴 수 있고, 관리비를 내는 소유자들과 내지 않는 소유자들 간에 마찰이 생길 수도 있습니다.

그래서 이런 점을 잘 고려하셔서 입찰하시는 것이 좋고요, 또 지방의 오피스텔 같은 경우 면적에 상관없이 월세 차이가 많지 않기 때문에 임차인 입장에서는 좀 더 넓은 쪽을 선호하고 옵션이 좋은 쪽으로 몰려가는 현상을 보입니다. 그래서 주변 오피스텔 등과 잘 비교하고 분석해서 입찰하셨으면 좋겠습니다. 그럼 행운을 빕니다.

# 대출 여부, 시설 점검, 부동산 인도, 임대 관련 유의사항

회원님에게 말씀 드린 것 외에도 오피스텔이 한꺼번에 나왔을 때 주의 깊게 살펴야 하는 것들에 대해 좀 더 짚고 넘어가는 것이 좋겠다. 나는 한꺼번에 나온 오피스텔 건을 대할 때 아래 사항들을 반드시 체크한다.

1. 유찰이 많이 되어서 최저가가 너무 낮을 경우 대출을 받지 못할 수도 있으므로 한두 개 낙찰을 받으려고 한다면 미리 대출 여부를 알아보고 입찰하는 것이 좋다.
2. 건물 전체의 전기시설, 엘리베이터, 주차장 상태 등을 꼭 살펴봐야 한다. 추가비용이 많이 들 수 있기 때문이다.
3. 한꺼번에 경매가 진행되는 경우, 일반적으로 모든 호수가 낙찰이 되고 대금납부가 되어야 임차인의 배당이 이루어진다. 그래서 낙찰받고 난 후 임차인으로부터 부동산을 인도받기까지가 일반 물건을 낙찰받았을 때보다 시간이 더 걸릴 수도 있다.
4. 오피스텔 건물의 호수가 한꺼번에 경매 진행되면 낙찰받고 임대를 놓을 때 매물 수가 많아져서 임차인을 구하는 데 어려움이 있을 수 있다. 이때는 우선 주변보다 조금 저렴하게 놓더라도 빨리 임차인을 구하는 것이 좋다. 그래야 계약 기간이 완료되는 시점이 다른 호수들보다 빨라서 임차인을 좀 더 쉽게 구할 수 있다.

유치권 신고된 물건
03

# 어떻게 유치권에 접근해야 할까?

## 까다로운 만큼 매력적인 유치권 물건

유치권 신고가 되어 있는 물건을 초보자가 도전하기엔 어려움이 많다. 하지만 공부를 충분히 한다면 입찰할 수 있는 물건과 그렇지 않은 물건을 구분할 수 있다. 해결하는 방법에 대해서도 충분히 공부를 한다면 유치권이 신고되어 있는 물건에서도 좋은 수익을 거둘 수 있을 것이다.

유치권이 신고되어 있는 물건은 우선 해결할 수 있는 유치권과 해결할 수 없는 유치권을 구분할 줄 아는 식견부터 가져야 한다.

이런 물건은 유치권자와의 협상이 아주 중요하다. 유치권 물건은 법적으로만 접근하면 오히려 문제만 커지는 경우도 있기 때문이다. 그래서 협상하는 방법에 대해서도 따로 배워둬야 할 필요가 있다.

## 유치권 신고 물건 접근 비법 4

유치권 신고 물건은 투자하기에 까다롭기 때문에 유치권에 대해 시간을 두고 배워둔다면 요긴하게 쓰일 수 있는 지식이 될 것이다.

유치권 신고 물건에 접근할 때 아래 사항을 반드시 체크하자.

1. 신고되어 있는 유치권이 법적으로 유치권을 주장할 수 있는지 없는지를 분석하라.
2. 유치권이 성립되는 물건이라도 협상할 여지가 있는지 알아보라.
3. 유치권이 성립되지 않은 물건이라도 유치권자가 법을 몰라 억울한 경우도 있다. 이때는 법적 다툼이 길어질 수 있으므로 법적인 잣대로만 접근하지 말아야 한다.
4. 허위 유치권을 주장하는 경우라면 허위 유치권임을 밝힐 수 있는 결정적 증거자료를 모으는 데 주력하라. 허위 유치권을 어떻게 다루어야 하는지는 경험이 있는 사람들에게서 노하우를 배워야 한다.

법정지상권에 관련된 물건
**04**

# 정말 수익성이 큰가?

### 이론만 믿고 덜컥 구매한 토지

8여 년 전 모 대학에서 특강을 했을 때의 일이다. 그 대학의 캠퍼스는 몹시 경사진 언덕 위에 위치하고 있었다. 당시 나는 자가용이 없었던 때라 대중교통을 이용해야 했다. 그런데 교통여건이 좋지 못해서 대학캠퍼스 내로 택시를 타고 들어갔었다. 그리고 두어 시간 동안 부동산 경매에 관련된 특강을 하고 약속이 있어 일찍 강의장을 나왔다.

그런데 시간대가 좋지 않아서였는지 캠퍼스에서 나갈 버스도 택시도 찾아 볼 수 없었다. 마침 나의 특강에 참석했었던 한 중년의 여성분이 자신의 차로 나를 태워다주겠다고 해서 나는 고마운 마음으로 차에 올라탔다.

그런데 차에 오른 지 얼마 되지 않아 중년 여성분이 자신은 경매투자로 돈을 벌 수 있다는 것을 믿지 않는다는 말을 했다. 이유를 들어 보니 이랬다. 그녀는 몇 해 전에 건물이 서 있는 토지만을 낙찰받았다고 한다. 그 건물은 법정지상권*이 성립되지 않아 건물 소유자가 해당 토지를 구입하지 않는 한 토지소유자가 건물을 철거하겠다고 하면 건물이 철거될 수 있는 상황이었다고 한다. 즉 흔히 말하는 건물이 서 있어서 유찰이 많이 된 토지였지만 건물이 법정지상권이 성립하지 않는다는 것을 알았기에 오히려 그 토지를 낙찰받은 게 좋은 일이었다(이론으로는 이렇다).

지상에 서 있는 건물을 철거하게 되면 토지주는 낙찰받은 금액에서 훨씬 더 높은 금액의 가격으로 거래를 할 수 있게 된다. 그러면 수익률이 꽤 좋아지는 것이다.

> **법정지상권**
> 건물 소유자와 토지 소유자가 동일인에 속했다가 건물 소유자와 토지 소유자가 달라질 경우 그 건물이 토지 소유자에 의해 철거되지 않고 그대로 지상에 있을 수 있는 권리를 법정지상권이라고 한다. 건물이 법정지상권을 가지려면 성립되어야 할 조건들이 따로 있다. 그리고 건물이 법정지상권이 성립하느냐 안 하느냐를 구분하기가 쉽지 않은 경우가 많으므로 부동산 경매 초급자뿐만 아니라 중급자도 신중하게 접근해야 하는 권리다.

## 소송만 몇 년째, 건물주는 그 사이 월세 수익

하지만 그녀의 일은 그렇게 되지 않았다. 건물을 철거하는 소송만 몇 년이 걸리고 있다고 한다. 그 사이 토지를 낙찰받느라 들인 돈이 묶여서 아무것도 하지 못했다고 한다.

　지상에 건물이 있는 토지와 토지를 제외한 건물만 나온 부동산에는 대출이 거의 나오지 않기 때문에 몇 억 원이나 되는 대금을 모두 본인의 돈으로 납부를 했는데, 투자한 돈만 묶인 채 소송을 하기 위해 추가 비용을 들여야 했고, 법원을 오고가느라 시간도 많이 허비하게 되었다고 한다.

　무엇보다 정신적인 스트레스가 이만저만이 아니었다고 한다. 그녀가 몇 년째 아무 이익도 얻지 못하고 속만 끓이고 있는데 건물주는 그동안 건물에 세를 싸게 놓아 월세 수익을 얻고 있다고 한다. 그래서 경매로 돈을 번다는 말은 다 거짓말이라고 나에게 화를 내듯 말을 했다. 나는 기분이 좋지 않아 내리고 싶었지만 달리던 차에서 내릴 수 없어서 좌불안석이 되었다. 그리고 버스정류장이 보이자마자 바로 내려달라고 했다. 이 일로 나는 다음 날 바로 자가용을 구입했다.

　위의 사례처럼 법정지상권과 관련된 물건은 웬만하면 초보자는 투자를 하지 않는 것이 좋다는 것이 나의 생각이다. 그리고 중급자라도 섣부르게 투자를 해서는 안 된다고 생각한다. 법정지상권은 상대가 누구냐에 따라 소송으로 긴 세월을 허비할 수 있기 때문이다.

건물에 점유자가 없는 경우
**05**

# 빈집 명도가 가장 골치 아플 수 있다

### 확인할 길이 막막한 빈집

부동산 경매에서 어려운 점이 대표적으로 3가지가 있는데 첫째는 권리분석이요, 둘째는 낙찰을 받는 것이며, 셋째는 부동산을 인도받는 일이다. 권리분석은 공부를 하면 누구나 다 잘하게 된다. 낙찰을 받는 일도 낙찰을 받을 때까지 입찰을 하면 된다. 자꾸 입찰을 하다 보면 적정한 낙찰가를 쓸 수 있다.

그래서 부동산 경매를 하다 보면 초기에 가장 힘든 것이 바로 부동산을 인도 받는 일이다. 대개 사람들은 빈집인 경우 부동산을 인도받는 일이 쉬울 거라고 생각하는데 생각보다 이 빈집 명도가 쉽지가 않다.

낙찰받은 부동산에 문을 열어 보여주는 이가 없으면 건물 내부에 짐이 얼마만큼 남아 있는지 알 수가 없다. 거기다 짐이 남아 있다면 부동산을 인도받는 일이 아주 복잡해진다. 짐의 주인이 누구인지 알 수 있으면 그 주인에게 연락을 해서 협상을 해갈 수 있지만 간혹 짐 주인이 누구인지 알 길이 없을 때가 있다.

그래서 남아 있는 짐에 대해 결국 강제집행을 해야 하는 일이 발생한다. 짐에 대해 강제집행을 하려면 송달 등의 문제로 시간이 많이 걸릴 수도 있고 추가비용이 든다. 그리고 강제집행을 한 짐을 보관하는 데 비용이 계속 발생하기 때문에 그 짐에 대해 동산경매신청을 해서 정리를 해야 한다. 그래서 신경이 여러모로 많이 쓰이게 된다.

## 짐이 얼마나 남아 있는지 반드시 확인해라

한 회원님이 홍제동에 있는 아파트를 낙찰받으셨는데 채무자의 짐이 무척이나 많이 남겨져 있던 상황이었다. 게다가 짐의 소유자가 누구인지 명확하지 않아 협상을 해가는 데 애로사항이 많았다. 어떤 짐은 채무자의 상속받은 사람들의 것이고 어떤 짐은 사라진 사람의 짐이 섞여 있어서 상속인들이 어떤 물건을 상속받은 것인지 명확하지 않았다. 결국 남아 있는 짐에 대해 강제집행을 진행해야 했다.

입찰을 할 때 빈집이라면 탐문 등을 통해 짐이 얼마만큼 남아 있는지, 그리

점유자가 모든 짐을 둔 상태로 연락이 되지 않았다. 현관문 도어락의 건전지 밧데리가 다 나가서 이해관계인들조차도 문을 열 수 없었다. 이 물건을 낙찰받은 회원님은 어쩔 수 없이 점유이전금지가처분 집행을 통해 내부에 짐이 상당히 남아 있음을 알 수 있게 되었다.

요즘 점유이전금지가처분신청을 전자소송 통해서도 간편하게 할 수 있다. 전자소송을 통해 점유이전금지가처분 신청을 하는 방법은 '부자파로스' 카페에 상세히 설명하여 올려두었다.

출처: 전자소송 홈페이지

고 그 짐의 소유자는 누구인지 미리 알아보고 입찰하는 것이 좋다. 그래야 보통 물건보다 시간이 더 소요되고 추가 비용이 발생할 수 있다는 것을 감안하고 입찰을 했기 때문에 그만큼 스트레스를 덜 받게 된다.

빌라·연립
**06**

# 이것만 유의하면 기회를 선점한다

## 빌라는 돈이 안 된다는 고정관념부터 버려라

많은 사람들이 빌라나 연립 등에 입찰하기보다 아파트나 오피스텔에 입찰하기를 선호하는 편이다. 아파트는 매매거래가 잘되어 부동산임에도 환금성이 좋고 오피스텔은 임대를 놓기가 좋다. 하지만 빌라나 연립은 매매가 잘되지 않아 환금성이 떨어지고, 임대가 쉽게 나갈 수 있어도 건물이 많이 노후해질수록 부동산 가치가 떨어지며, 건물에 수리하는 일이 많아진다고 생각하는 경향이 있다. 그래서 빌라나 연립에 투자하기를 꺼려하는 사람들이 의외로 많다.

하지만 요즘 들어 관리비 부담이 적은 빌라나 연립에 거주하는 사람들이 늘어나고 있고 아파트나 오피스텔의 월세 부담이 많이 되어 일부러 빌라나 연립을 구매해 직접 거주하는 사람들이 늘어나고 있다. 그런 데다 노후한 건물을 손수 인테리어를 하는 유행이 생겨나면서 보다 안락하게 꾸며 지내는 사람들도 늘어나고 있다. 그래서 전보다는 빌라나 연립의 거래도 많이 되고 있는 편이다. 그리고 역세권에 있는 빌라나 연립은 웬만하면 임대가 잘 나가는 편이다.

## 구매 시 이것만은 반드시 유의하자

빌라와 연립을 투자할 때 아래와 같은 사항들을 염두에 두고 투자를 해야 한다.

1. 빌라와 연립의 지하층은 공실이 많이 생기고 있다. 아무리 저렴한 가격이라도 투자에 신중해야 한다.
2. 빌라나 연립은 아파트나 오피스텔처럼 관리업체가 따로 관리하는 경우가 거의 없다. 그래서 건물의 전체에 문제가 발생할 경우 호수별 소유자들과 조율해서 건물 수리 등을 해야 하는데 그것이 쉽지 않을 수도 있다.
3. 빌라나 연립에 있어 가장 골치 아픈 경우가 누수다. 누수가 있다면 정확하게 알아보아야 한다. 윗층에 문제가 있어서인지 해당 호수 자체에 문제가 있는 것인지 알아야 한다. 만약 윗층에서 문제가 있다면 윗층

호수의 소유자가 아래층에 문제가 생긴 것을 책임을 지고 수리 및 도배 등을 해주어야 하지만 만약 윗층 소유자가 동의하지 않는다면 여러 가지 일이 복잡해진다.

누수는 공사를 해도 바로 해결되지 않는 경우가 종종 있으므로 오래된 건물일수록 누수 문제가 있는지 미리 조사를 하고 입찰을 하는 것이 좋다.

4. 지대가 높은 경우 수압이 낮아 물이 잘 나오지 않을 수 있으므로 지대가 높은 곳에 부동산이 위치해 있다면 수압에 대해 이웃주민에게 물어보고 입찰하는 것이 좋다.

5. 돈이 좀 들더라도 층이 낮은 곳은 반드시 방범창을 해두는 것이 좋다. 특히 직장에 다니고 있는 사람이 거주하는 경우 집이 비어 있는 시간이 많고 퇴근하는 시간대도 일정해서 집에 사람이 없을 때를 식별하기 쉽다. 혹시 모를 범죄를 예방하기 위해 낮은 층일 경우 방범창을 해두는 것이 좋다.

6. 하수구가 막히는 것을 미리 대비하자. 빌라나 연립 등 저층일 경우 물이 잘 내려가지 않는 경우가 많은데 경험상 원인이 머리카락일 때가 많았다. 머리카락이 하수구 밑으로 내려가지 않게 미리 걸러낼 수 있는 장치들을 해두는 것이 좋다.

상가 투자
07

# 확실하게 알아보고
# 꼼꼼하게 투자하라

### 높아지는 인기만큼 유의해야 할 점도 많다

예금이자가 낮아지고 미래의 삶이 점점 더 불투명해지고 있는 요즘 임대상가투자로 눈길을 돌리는 사람들이 많아지고 있다.

상가투자를 할 때는 주택에 투자할 때보다 유의해야 한다. 부동산투자를 잘하던 사람도 상가투자를 잘못해서 힘들어하는 경우를 종종 보았다.

주택은 지하층이나 인구가 계속 줄어들고 있는 지역이나 크게 하자가 있는 건물이지 않는 한 임차인을 구할 수 있고 혹은 여의치 않으면 소유자가 직접 거주할 수도 있다. 하지만 상가는 임차인을 구하지 못하면 계속 공실로 비워두어야 한다. 그런데 공실이어도 관리비는 계속 내고 있어야 하므로 이만저만 힘들어지는 것이 아니다.

주택은 임차인이 살다가 다음 임차인이 들어오면 보증금을 내어주는 것이 관례이지만 상가는 한 번 공실이 생기면 다음 임차인을 구하기가 쉽지가 않을 수도 있다.

게다가 요즘은 온라인 거래가 급증하면서 일반 상가의 공실율이 많이 늘어나고 있는 추세다. 1인 사업자들이 늘어나면서 큰 사무실에 대한 수요도 점점 줄어들고 있다. 그래서 상권이 잘 형성되어 있지 않은 곳에 상가투자를 한다면 늘 신중해야 한다.

## 지역분석부터 권리금 파악까지 꼼꼼히 따져라

경매로 나오는 상가는 대체적으로 유찰이 많이 된다. 싸게 낙찰을 받으면 주변 상가보다 임대료를 적게 받을 수도 있기 때문에 경쟁력이 있어 장점이 될 수 있다.

이러한 장점을 잘 이용하려면 입지분석이나 지역분석을 반드시 해야 한다. 상가가 경매로 나온 경우 연체된 관리비가 꽤 많은 경우가 많다. 제대로 조사를 하지 못했다간 배보다 배꼽이 더 클 수도 있어서 항상 관리비에 대해 주의를 기울여야 한다.

그리고 상가 건물 전체에 공실률이 많으면 관리가 제대로 되지 않아 계속

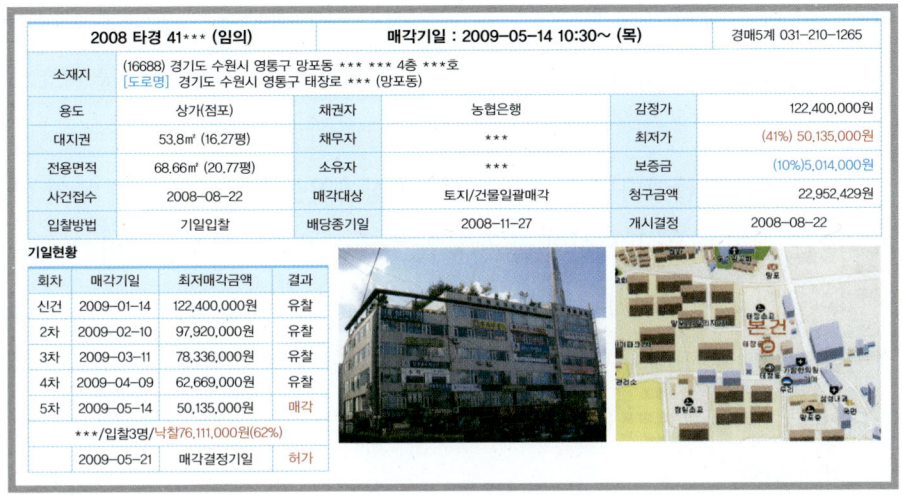

2009년도에 감정가 1억 2200여 만 원의 상가를 62%인 7600여 만 원에 낙찰받았다. 대출금과 임차인 보증금으로 묶이는 자본금 없이 이자를 빼면 월 38만 원의 수익을 얻고 있다.

하지만 낙찰받았을 당시 관리업체 두 곳에서 서로 관리를 맡은 곳이라고 주장하고 있었다. 한쪽에선 연체된 관리비를 내라고 하고 다른 한쪽에선 상대 관리업체가 진정한 관리업체가 아니므로 연체된 관리비를 내지 말아야 한다는 분쟁이 있었다. 이후 몇 년 후 나는 연체된 관리비에 대한 소송을 받게 되고 현재 관리비에 대한 소송이 진행 중에 있다.

슬럼화되거나 상가 건물주들과 관리업체 사이에 관리비 문제와 관리의 질에 대한 다툼과 소송이 있을 수 있다. 그러므로 경매로 나온 해당 호수만 조사를 할 것이 아니라 반드시 상가 건물 전체에 대한 조사를 면밀히 할 필요가 있다.

그런 데다 상가는 세금도 주택에 비해 여러 가지가 더 부과된다. 그래서 유지비용이 일반 주택보다 더 많이 나가게 되므로 월세수익률을 계산할 때 이런 비용 문제도 고려해서 투자 여부를 결정해야 한다.

임차인이 있는 경우 임차인의 보증금뿐만 아니라 권리금이 있었는지도 알아보아야 한다. 권리금은 전 임차인이 지금의 임차인에게 청구한 금액이거나 전

임대인이 받은 금액이기 때문에 낙찰자가 직접 부담해야 하는 금액은 아니지만, 장사가 잘되는 음식점 등의 상가는 권리금 등이 있었는지도 알아둘 필요가 있다.

  만약 권리금이 많았다면 임차인으로부터 상가건물을 인도 받기가 무척 어려워질 수 있기 때문이다. 이와 같은 경우는 어느 정도 타협점을 찾아야 하므로 낙찰받은 금액 이외에 추가로 부담해야 하는 금액이 발생할 수도 있음을 감안하고 투자에 임해야 한다. 그리고 상가의 대항력 있는 임차인은 권리금에 대해서 보상받겠다고 주장할 수 있으므로 더욱 권리금에 대해 조사를 꼼꼼히 해보아야 한다.

**특수한 케이스**
**08**

# 경매로 나온 집의 임차인과 옆집의 임차인이 바뀌었다?

## 101호와 102호가 뒤바뀌었다고요?

한 회원님이 다급한 메일을 보내셨다. 낙찰받은 빌라의 임차인을 만나러 갔는데 황당한 이야기를 들었다는 것이다. 낙찰받은 집에 가보니 그 집에 살고 있는 사람은 법원에 신고되어 있는 그 임차인이 아니더라는 것이다.

상황을 들어보니 옆집의 임차인과 낙찰받은 집의 임차인이 바뀌어 있었다. 즉 건축물 대장상 101호가 실제 건물에는 102호로 되어 있었고 102호에 거주하고 있다고 신고된 임차인이 실제로는 101호에 거주하고 있는 것이었다.

임차인 두 사람의 보증금액은 꽤 컸다. 다행히 낙찰자에게 대항할 수 없는 말소기준권리보다 늦은 임차인이긴 했지만 회원님 입장에선 여간 골치 아픈 일이 아니었다. 법원의 매각물건명세서도 현황조사서에도 임차인이 바뀌어 거주하고 있다는 말은 그 어디에도 없었다. 그래서 어떻게 하면 좋겠느냐고 나에게 문의를 해온 것이다.

법원에 신고된 내역 및 현황조사서의 내용과 달리 임차인이 실제 거주하고 있는 호수가 다를 경우 낙찰자가 불허가 신청을 하면 경매법원에서는 받아주는 편이다.

그런데 회원님이 불허가 신청을 하였는데도 경매법원에선 이를 받아주지 않고 허가 결정을 내렸다. 만약 불허가 결정을 하게 되면 임차인들이 잘못 거주하는 것으로 되어 점유를 인정받지 못해서 자신의 보증금액에 대해 배당을 받지 못할 수도 있다. 임차인들이 대항력은 없었지만 그래도 어느 정도 배당금을 받을 수 있는 순위인데 점유가 인정되지 못하면 배당금을 한 푼도 받지 못하게 되는 것이다.

그래서 경매법원은 건축물 대장에 101호에 거주하는 것으로 되어 있는 임차인이 실제는 102호에 거주한다 하더라도 101호에 거주하는 것으로 간주하기로 한 것이다. 그리고 이번 사건 같은 경우는 임차인이 바뀐 호수가 둘 다 경매로 나왔기 때문에 다른 호수가 낙찰이 되면 동시에 부동산을 비워 제대로 돌려놓으면 되는 일이었다. 그래서 큰 문제없이 이 건은 잘 넘어갈 수 있었다 (이 부분은 이야기로만 들었기 때문에 실제 진행된 보다 자세한 내용은 이와 다를 수 있다).

## 임차인이 뒤바뀌었는데 한 집만 경매에 나왔다면

간혹 이 사례와 달리 임차인이 옆집과 바뀌어 있는데 한 집만 경매에 나오는 경우가 있다. 이때는 경매에 나오지 않은 호수의 소유자와 협의하여 부동산을 인도받아야 하므로 절차가 복잡해진다.

하지만 해결하지 못하는 것은 아니다. 다만 절차가 좀 복잡하고 경매로 나오지 않은 집의 소유자와 협의를 하는 데 시간이 많이 소요될 수 있다.

이러한 상황이 법원의 현황조사서나 매각물건명세서에 기재되어 있지 않다면 불허가 사유가 될 수도 있다. 하지만 법원에 이런 사실이 신고되어 있고 법원에서도 매각물건명세서 등에 명도책임이 따른다고 하는 경우에는, 임차인의 점유는 바뀌어 있지만 현황대로 그 점유를 인정해주고 다만 낙찰자에게 부동산을 인도하는 데 따르는 책임을 지게 하는 경우가 있으므로 매각물건명세서에 이런 점이 명시되어 있지 않은지 잘 살펴보고 입찰을 해야 한다.

| | 2015 타경 *** (임의) | | 매각기일 : 2016-06-21 10:00~(화) | | 경매11계 02-2192-1302 | |
|---|---|---|---|---|---|---|
| 소재지 | (07724) 서울특별시 강서구 화곡동 *** 제2층 제***호<br>[도로명] 서울특별시 강서구 초록***, 2층 ***호 | | | | | |
| 용도 | 다세대(빌라) | 채권자 | 송파농업협동조합 | 감정가 | | 140,000,000원 |
| 대지권 | 36.42㎡ (11.02평) | 채무자 | *** | 최저가 | | (64%) 89,600,000원 |
| 전용면적 | 44.25㎡ (13.39평) | 소유자 | *** | 보증금 | | (10%) 8,960,000원 |
| 사건접수 | 2015-01-12 | 매각대상 | 토지/건물일괄매각 | 청구금액 | | 155,451,549원 |
| 입찰방법 | 기일입찰 | 배당종기일 | 2015-03-27 | 개시결정 | | 2015-01-14 |

**기일현황**

| 회차 | 매각기일 | 최저매각금액 | 결과 |
|---|---|---|---|
| 신건 | 2016-01-26 | 140,000,000원 | 유찰 |
| 2차 | 2016-03-08 | 112,000,000원 | 유찰 |
| | 2016-04-12 | 89,600,000원 | 변경 |
| 3차 | 2016-05-17 | 89,600,000원 | 매각 |
| | ***/입찰4명/낙찰95,210,000원(68%) | | |
| | 2016-05-24 | 매각결정기일 | 불허가 |
| 3차 | 2016-06-21 | 89,600,000원 | 매각 |
| | ***/입찰4명/낙찰100,371,000원(72%) | | |
| | 2016-06-28 | 매각결정기일 | 허가 |
| | 2016-08-04 | 대금지급기한<br>납부 (2016.08.01) | 납부 |
| | 2016-08-25 | 배당기일 | 완료 |

**명세서 요약사항** 최선순위 설정일자 2013.9.13. 전세권

| 소멸되지 않는 등기부권리 | 해당사항 없음 |
|---|---|
| 설정된 것으로 보는 지상권 | 해당사항 없음 |
| 주의사항 / 법원문건접수 요약 | 1.건축물대장의 현황도와 실제 점유한 집의 202호와 201호가 뒤바뀜. 공부를 기준으로 매각하나(계단에서 보아서 좌측집임). 점유관계는 실제 점유한 집(계단에서 보아서 우측집)을 기준으로 판단함. 면적, 대지권비율, 감정가액이 동일함(2015.1.27. 감정서 2015.6.27. 감정보완서 참조) 2.공부상 건물의 인도와 관련하여 매수인이 별도로 인도소송을 제기하여야 할 가능성이 많음. |

강서구 화곡동의 빌라 사례다. 이 지역의 부동산 가격이 들썩일 때 한 사람이 낙찰을 받았지만 약 900여 만 원의 입찰보증금을 포기했고 경매가 다시 진행됐다. 그리고 한 달 후 다른 사람이 처음 낙찰받은 사람보다 더 높은 금액으로 낙찰을 받는다. 이 물건은 건축물대장상의 호수와 실제 현황상의 호수가 바뀌어 있어 혼란스런 물건이었다. 이런 물건은 시간이 걸리더라도 차근차근 풀어가면 되지만 경험이 많지 않은 경매 초보자들은 입찰에 신중해야 한다.

**체납된 관리비**
**09**

# 공용관리비의 최종 3년분에 한해서만 인수하면 된다고?

### 의외의 복병 체납된 관리비!

부동산 경매를 처음 공부하는 사람들이 가장 힘들어하는 것은 낙찰을 받는 일이다. 낙찰을 받고 난 다음에는 부동산을 인도 받는 일, 집을 수리하는 일, 그리고 체납된 관리비 때문에 많이 힘들어한다.

부동산을 인도받는 일은 순리대로 차근차근히 하면 언젠가는 끝나기 때문에 몇 번 경험을 하고 나면 차차 괜찮아진다. 그리고 건물 수리 등의 문제도 여러 번 경험을 하다 보면 수리가 많이 필요하지 않는 건물을 되도록 낙찰을 받거나 혹은 경험을 통해 어떻게 수리를 해야 할지 알게 되어 차차 나아진다. 그런데 의외로 관리비 문제가 큰 복병이 될 수 있으므로 유의해야 한다.

부동산 경매를 배울 때 '집합건물의 체납된 관리비에 대해 낙찰자는 공용에 해당하는 최종 3년간의 체납관리비만 인수하면 된다'고 듣는다. 하지만 현실에선 이 부분이 녹록치가 않다.

아파트나 상가건물의 관리소에선 낙찰자에게 전용과 공용 부분을 합친 금액으로 체납된 관리비 모두를 정산해야 입주할 수 있다고 주장하는 경우가 많기 때문이다. 경매로 낙찰받은 경우라면 체납된 관리비 중 공용에 한해서만 인수한다고 설명을 해도 잘 들어주지 않는 경우가 많아 당혹스러운 경우가 많다. 이렇게 되면 낙찰자는 곤란한 상황이 되는데, 이럴 때 어떻게 처신해야 하는지 방법을 알아보자.

## 체납된 관리비 300만 원 전액을 내라고요?

입주가 급하다면 우선 청구하는 관리비 전액을 지불한다. 하지만 단서를 꼭 달아야 한다. 법에 대해 더 자세히 알아보고 만일 공용에 해당하는 부분만 인수해도 되는 것이라면 차후 돌려받을 거라고 해야 한다. 그렇지 않으면 관리비 전액 인수를 인정하는 셈이 될 수도 있기 때문이다.

그리고 임차인이나 낙찰자가 입주를 완료하면 내지 않았어도 되는 금액에 대해 돌려받겠다고 내용증명을 보낸다. 이때 낙찰자가 인수해야 하는 관리비에 대한 판례를 함께 기재한다. 내지 않아도 될 금액을 낸 부분에 대해 반환해주지 않는다면 반환청구소송을 할 것이며 소송으로 소요되는 비용과 이자 등을 함께 청구하겠다고 한다. 이렇게 내용증명을 보내면 대개 내지 않았어도 될 금액은 반환해주는 편이다.

이런 이야기를 하면 사람들은 긴가 민가 한다. '체납된 관리비 중 공용 부분에 한해 최종 3년간의 관리비만 인수하는 것'이 법률적 내용인데 어떻게 관리소에서 전액을 요구할 수 있느냐며 믿기 어려워한다.

앞에서 소개한 홍제동 아파트에서 이 같은 상황이 생겼다. 회원님이 낙찰받았던 당시 관리비 체납금액이 약 300여 만 원이나 되었다. 낙찰받고 관리비에 대해 정산을 하려고 최종 3년분의 공용 부분에 해당하는 금액을 묻자 관리소에서는 관리비 전액을 지불해야 한다고 주장했다.

이처럼 생각 외로 관리비에 대해 사소한 분쟁과 다툼이 있을 수 있으므로 예상치 않은 문제가 닥쳤을 때 어떻게 대처해야 할지 미리 숙지를 하고 입찰을 하는 것이 좋다.

# 경매에도 협상의 기술이 필요하다

## 터무니없는 이사비 요구, 협상의 달인이 되자

부동산 경매를 처음 하게 되면 사람들은 원하는 물건을 원하는 가격에 낙찰을 받기를 간절히 원한다. 그리고 열심히 준비해서 입찰을 했는데도 패찰이 되면 실망이 이만 저만이 아니다.

하지만 그렇게 바라던 낙찰 후에도 사람들은 또 하나의 큰 벽을 만난다. 바로 점유자로부터 부동산을 인도받는 일이다.

부동산 경매로 낙찰을 받는 사람은 조금이라도 저렴하게 구입하기 위해 일반 매매로 살 수도 있는 부동산을 수고로움이 많은 경매를 통해 구입하는 것이다. 그런데 막상 낙찰을 받고 나면 점유자와 이사비를 조율하면서 많은 스트레스를 받게 된다.

그렇지 않은 경우가 많지만 간혹 낙찰자에게 터무니없는 이사비를 요구하는 사람들도 있다. 낙찰자 입장에선 곤혹스럽지 않을 수가 없다. 급매보다 조금 더 저렴하게 낙찰을 받았는데 점유자에게 이사비를 주고 나면 오히려 매매보다 더 비용이 들어가게 되기 때문이다.

그래서 낙찰자는 이사비를 조율하다가 안 되면 어쩔 수 없이 경매법원에 인도집행신청(강제집행신청)을 하여 부동산을 인도받게 된다. 그렇게 되면 강제집행을 당하는 사람도 기분이 많이 나쁘겠지만 낙찰자 입장에서도 기분이 좋지 않은 것은 마찬가지다. 이사비를 조율할 때 협상을 잘해야 한다.

부동산 경매를 할 때 협상의 기술도 반드시 필요하다. 협상의 기술도 노력하면 얼마든지 배울 수 있고 기술을 향상시켜 나갈 수 있다. 협상을 해가는 과정을 공부를 하는 과정이라고 생각한다면 처음 부동산을 인도받을 때 받는 스트레스가 훨씬 덜할 것이다.

## 절대로 손해 보았다는 느낌을 주지 마라!

나는 경험으로 이사비의 금액을 많이 건네주었다고 해서 상대방이 무조건 고마워하거나, 적은 금액을 주었다고 해서 모두 기분이 몹시 상하는 것이 아니라를 것을 알게 되었다. 이사비를 전혀 받지 않았음에도 그동안 고마웠다고 인사를 하고 이사를 가는 사람이 있는가 하면 이사비를 어느 정도 감안해서 주었는데도 화를 내는 경우가 있었기 때문이었다.

부동산을 인도받을 때 중요한 협상의 기술은 바로 '상대방이 손해를 보았다고 생각이 들게 하면 안 된다'는 것이다.

생활이 곤궁하고 안 된 처지에 놓인 사람들에게는 말하지 않아도 이사비를 좀 넉넉하게 넣어주는 편이다. 하지만 가끔 의도적으로 큰 이사비를 받을 목적으로 가장 점유하는 사람들이 있다. 이런 점유자들과 협상하기는 쉽지 않을 때가 많다. 그런 경우를 위해서도 부동산 경매 공부에서 반드시 협상의 기술에 대한 공부를 해둘 필요가 있다.

명도 2
11

# 소유자가 살고 있는 집 명도가 가장 어려울 수 있다

### 소유자가 살고 있다면 마음의 준비를 단단히

가장 많이 듣는 질문 중에 하나가 '어떤 물건이 부동산을 인도받기가 가장 어렵냐'는 것이다. 그럴 때마다 나는 뭐니 뭐니 해도 소유자가 살고 있는 집이라고 말한다.

상속받은 부동산이 방치되어 있는 경우에는 힘이 들지만 인내심만 가지면 부동산을 인도받을 수 있다. 그리고 사람을 인도하는 일도 아니라서 심적으로 많이 힘든 것도 아니다.

  그런데 경제적으로 많이 어려워져서 결국 채무자 자신의 집이 경매로 넘어간 경우는 부동산을 인도받기가 생각보다 무척 힘이 든다. 왜냐하면 이사비에 대한 협상이 잘되지 않으면 결국 강제집행을 해야 하는데, 힘든 상황에 처한 사람을 집행하게 되는 것이라서 마음이 많이 괴로워지기 때문이다.

  게다가 집행을 잘못하면 극단적인 선택을 하는 점유자도 간혹 있기 때문에 나는 채무자인 소유자가 있는 집을 낙찰받으면 부동산을 인도받는 일이 만만치 않으니 마음의 준비를 단단히 해야 한다고 말해두는 편이다.

## 늦은 새벽 잠복 끝에 겨우 만난 소유자

  아니다 다를까 앞서 소개한 한 회원님이 첫 낙찰로 소유자가 점유하고 있는 집을 낙찰을 받았다.

  대금납부를 하고도 한참이 지났건만 채무자는 전화도 받지 않았고 집으로 찾아가도 언제나 아무도 없었다. 내용증명을 보내도 받지 않을 것 같았다.

  회원님은 깊은 고민에 빠졌다. 첫 낙찰부터 강제집행으로 부동산을 인도받고 싶지 않았던 것이다. 하다못해 회원님의 남편분이 밤마다 집 근처에 차를 대고 잠복에 들어갔다. 채무자가 일부러 새벽쯤에 귀가를 하는 것 같다는 느낌이 들었기 때문이었다.

  몇 날 밤째 잠복하던 어느 날 밤늦게 귀가하는 채무자를 만날 수 있었다. 채무자는 늦은 밤까지 자신을 밖에서 기다렸다는 것이 안쓰러웠는지 집으로 들어오라고 했단다. 집에 들어가 보니 외관과 달리 내부는 말끔하게 리모델링되

| | 2013 타경 97*** (강제) | | 매각기일: | 2014-06-26 10:00~ (목) | | 경매2계 032-860-1602 | |
|---|---|---|---|---|---|---|---|
| 소재지 | (22838) 인천광역시 서구 가좌동 *** 제4동 제2층 제***호 [도로명] 인천광역시 서구 가정로 ***, ***빌라 4동 2층 ***호 | | | | | | |
| 용도 | 다세대(빌라) | | 채권자 | 강진군산림조합 | | 감정가 | 60,000,000원 |
| 대지권 | 18.63㎡ (5.64평) | | 채무자 | *** | | 최저가 | (49%) 29,400,000원 |
| 전용면적 | 29.47㎡ (8.91평) | | 소유자 | *** | | 보증금 | (10%) 2,940,000원 |
| 사건접수 | 2013-11-13 | | 매각대상 | 토지/건물일괄매각 | | 청구금액 | 94,874,983원 |
| 입찰방법 | 기일입찰 | | 배당종기일 | 2014-02-12 | | 개시결정 | 2013-11-14 |

**기일현황**

| 회차 | 매각기일 | 최저매각금액 | 결과 |
|---|---|---|---|
| 신건 | 2014-04-25 | 60,000,000원 | 유찰 |
| 2차 | 2014-05-27 | 42,000,000원 | 유찰 |
| 3차 | 2014-06-26 | 29,400,000원 | 매각 |
| *** 입찰 6명/낙찰 36,278,000원(60%) 2등 입찰가 : 31,699,300원 | | | |
| | 2014-07-03 | 매각결정기일 | 허가 |
| | 2010-08-04 | 대금지급기한 납부(2014.07.18) | 납부 |
| | 2014-08-29 | 배당기일 | 완료 |

감정가 6000만 원인 인천 지역 빌라를 3600여 만 원에 낙찰을 받았다. 굉장히 저렴하게 낙찰을 잘 받은 사례다. 낙찰가의 80%를 대출받을 수 있어서 들어가는 자기 자본도 많이 필요하지 않았다. 부동산 중개사무실에 알아보니 월세가 잘 나간다고 했단다. 문제는 거주하고 있는 채무자와 좀처럼 연락이 되지 않는다는 것이었다.

어 있었다고 한다.

빌라의 외관이 너무 노후해 건물 내부에 문제가 많을까 봐 걱정을 했었는데 다행히 안에는 말끔하게 수리가 다 되어 있었던 것이다. 채무자의 사연을 들어보니 인천 지역의 빌라 가격이 많이 오를 때 해당 부동산을 1억 원을 주고 매입을 했다고 한다. 자신이 살 작정으로 매입했기 때문에 돈을 더 들여 여러 군데를 바꾸고 고치고 했다고 한다.

그런데 채무자가 부동산을 사들이고 난 그 이듬해부터 부동산 가격이 계속 떨어졌다고 한다. 엎친 데 덮친 격으로 재정 상태도 나빠져서 결국 살고 있던 집이 경매로 넘어가게 되었는데, 감정이 6000만 원으로 책정이 되고 낙찰도 겨우 3000여 만 원대에 되어 많이 속상하다고 했단다.

회원님의 남편분은 그의 이야기를 다 들어주고 난 뒤 낙찰받고 나서 연락이 되지 않아 마음고생을 많이 했다고 말하자 채무자는 되도록 빨리 이사 갈 곳을 알아보겠다는 답변을 해주었다고 한다. 하루 종일 직장근무를 하고 난 뒤 많이 피곤할 텐데, 채무자를 만나기 위해 밤사이 오랜 시간 차에서 기다렸다는 것이 채무자로 하여금 더 이상 낙찰자를 피해서는 안 되겠다는 생각이 들게 만들었던 것 같다.

채무자는 얼마 안 가 집을 구해 이사를 나갔고 곧바로 회원님은 임차인을 구할 수 있었다.

## 이도 저도 못 하는 상황을 피하려면

다행히 무난하게 일이 해결될 수 있었지만 소유자가 낙찰자를 계속 피하거나 연락이 전혀 되지 않는다면 난감하지 않을 수가 없다. 안 그래도 여러 가지 안 좋은 사정으로 집이 경매로 넘어갔는데, 그런 소유자를 상대로 강제집행을 한다는 것이 낙찰자로서도 내키지 않는 일이다. 되도록 좋게 마무리하고 싶지만 간혹 낙찰자 입장에선 부담이 많이 되는 이사비를 요구하는 경우도 있어 이러지도 저러지도 못 하는 상황이 되기도 한다.

많은 경우 강제집행 비용에 해당하는 금액만큼 이사비를 요구하는 경우도 있는데 낙찰자 입장에선 그 금액을 모두 주어야 하는지 말아야 하는지 갈등이 생기기도 한다. 그래서 이사비에 대해 협상을 하게 되는데 협상하는 과정에서 서로 감정적으로 불쾌해져서 다툼이 생기기도 한다.

어떤 분들은 상대방이 요구하지 않는데도 강제집행비용에 해당하는 금액을 제시하기도 한다. 단 어느 날짜까지 집을 비워주어야 한다는 조건을 단다. 그러면 상대도 흔쾌히 받아들이는 경우가 많아 부동산 인도가 빨리 마무리되기도 한다. 하지만 이 금액이 결코 적은 금액이 아니기 때문에 대부분 협상을 하여 어느 정도 금액에서 합의하게 된다.

처음 이 과정을 겪을 때 스트레스를 받는 사람들이 많다. 그리고 간혹 이사비보다는 몇 달 정도 더 살기를 바라는 경우가 있다. 낙찰자 입장에선 적은 금액으로 투자를 한 것도 아니고 이자도 계속 내야 하기 때문에 그러기가 쉽지가 않다. 그런데 경매로 나온 집의 소유자는 오갈 데가 없는 경우가 많아 그 분들 입장에선 그렇게 부탁을 할 수밖에 없는 것이다. 이런 상황에 있는 사람에게 부동산을 인도받아야 하니 쉽지가 않다.

그래서 처음 부동산 경매를 하는 사람들은 보증금액을 전부 혹은 어느 정도 받아갈 수 있는 임차인이 있는 부동산에 입찰하기를 권하는 편이다.

# 이기는 투자자 되기,
# 어떤 곳을 주목해야 할까?

요동치는 부동산 시장에서
살아남는 경매 인사이트

몇 가지 핵심적인 행위에 집중하면
엄청난 영향력을 행사할 수 있다
당신의 목표는 충분한 자신감을 회복하여
한 해 하나씩 새로운 소득 흐름을 창출하는 것이다

로버트 알렌

안산·시흥·금천 아파트 사례
01

# 고용인구가 늘어나고 있는 곳을 찾아라

## 인구 유입 경향을 읽으면 오를 지역이 보인다

부동산 가격이 오르는 가장 큰 요인은 첫째도 둘째도 셋째도 인구 증가다. 인구가 증가해야 부동산 가격이 오른다. 그런데 일반 사람들 중 우리나라의 총인구수와 노령인구의 증가, 그리고 출산율 등을 생각하며 앞으로 인구가 줄어들기 때문에 부동산 가격은 더 이상 오르지 못할 것이며 도심의 공동화, 노후한 주택 밀집지역이 계속 슬럼화될지도 모른다는 막연한 예측을 하고 있는 사람들이 의외로 많다.

 하지만 부동산투자를 오랫 동안 해온 사람들은 결코 이렇게 부동산 시장을 바라보지 않는다. 한국의 전체 인구 증가 비율이 줄어들고 있지만 각 지역에 따라 인구가 계속 줄어드는 곳이 있는가 하면 인구가 오히려 계속 늘어나고 있는 곳도 있기 때문이다.

 그리고 인구가 줄어들고 있다가 타지역에서 이동하여 최근에 와서 인구가 늘어나는 곳도 있다. 그리고 외국인 인구가 늘어나면서 지역 인구가 늘어나는 곳도 있다. 그래서 인구수를 파악할 때 외국인 인구도 늘어나는지 함께 확인하는 것이 좋다.

## 교통호재로 인구가 늘어나는 곳을 미리 선점하라

 한 지역에 인구가 계속 증가하는 가장 큰 요인은 새로운 고용 창출이나 지속적인 일자리 창출이다. 대표적인 지역이 이천시와 안산시였다. 안산시는 2014년까지 멀티 테크노밸리가 조성되었고 분양이 100% 가까이 되었다. 입주하는 기업이 증가했고 그로 인해 직원들과 근로자들이 늘어나다 보니 안산시 일대의 아파트 가격이 자연스럽게 급상승했다.

 원래 안산시는 2000년대 중반까지 아파트 미분양으로 골머리를 앓았다. 그래서 '불 꺼진 아파트의 무덤'이라고 불릴 정도였지만 최근 몇 년 사이 오히려 아파트 공급 부족에 시달렸다.

 가격이 급상승하자 그곳에 거주하던 주민들은 싼 인근 지역으로 이주를 하기 시작했다. 안산시 인근에 위치한 시흥시는 계속 인구가 줄어들던 곳이었다.

| 2014 타경 **** (임의) | | 매각기일 : 2014-10-21 10:30~(화) | | 경매5계 031-481-1191 | |
|---|---|---|---|---|---|
| 소재지 | (15041) 경기도 시흥시 정왕동 *** **아파트 제114동 제7층 제***호<br>[도로명] 경기도 시흥시 정왕대로 ***, 114동 7층 ***호 (정왕동,**아파트) | | | | |
| 용도 | 아파트 | 채권자 | 영흥수산업협동조합 | 감정가 | 160,000,000원 |
| 대지권 | 64.68㎡ (19.57평) | 채무자 | *** | 최저가 | (70%) 112,000,000원 |
| 전용면적 | 59.03㎡ (17.86평) | 소유자 | *** | 보증금 | (10%)11,200,000원 |
| 사건접수 | 2014-02-21 | 매각대상 | 토지/건물일괄매각 | 청구금액 | 97,485,864원 |
| 입찰방법 | 기일입찰 | 배당종기일 | 2014-05-14 | 개시결정 | 2014-02-24 |

**기일현황**

| 회차 | 매각기일 | 최저매각금액 | 결과 |
|---|---|---|---|
| 신건 | 2014-07-08 | 160,000,000원 | 유찰 |
| | 2014-08-12 | 112,000,000원 | 변경 |
| 2차 | 2014-10-21 | 112,000,000원 | 매각 |
| ***/입찰20명/낙찰160,278,000원(100%)<br>2등 입찰가 : 160,199,900원 | | | |
| | 2014-10-28 | 매각결정기일 | 허가 |
| | 2014-12-04 | 대금지급기한<br>납부 (2014.12.03) | 납부 |
| | 2015-01-06 | 배당기일 | 완료 |

시흥시의 아파트 가격이 본격적으로 오르기 전인 2014년도에 안산에서 살던 한 회원님(앞서 실전사례에서 소개했다)이 시흥의 아파트를 1억 6000여 만 원에 낙찰을 받아 이사를 가셨다. 현재 전세가는 1억 7000에서 1억 7500만 원, 매매가는 1억 9000만 원~1억 9500만 원이지만 매물이 거의 없는 상태다.

서울과 인접한 곳이지만 교통이 불편해서 시흥시에서 이사를 나오는 인구가 많았다.

그런데 안산시의 아파트 매매가격과 전세가가 급등하자 인접한 시흥시로 사람들이 이주를 해가면서 최근 몇 년 사이 인구가 꾸준히 상승하기 시작했다. 2018년도에 개통될 예정인 소사원시선과 2020년 이후에 개통되는 신안산선과 같은 교통호재 등이 맞물리면서 시흥시의 부동산 가격은 꾸준히 상승했다.

서울 인근임에도 교통이 불편했던 곳들이 있었다. 하지만 한국은 2025년이 되면 대부분의 지역을 2시간 이내에 오고갈 수 있게 될 것이다. 서울에서 경기도까지 2시간 이상 소요되었다면 2020년이 지나가면 1시간 이내에 오고갈 수 있는 곳이 많아질 것이다. 그렇게 되면 그동안 교통이 매우 불편해서 인구가 줄어들던 곳은 다시 인구가 늘어날 확률이 높다.

## 실제로 경험해보기 전까지 교통호재 맹신 마라

경기도 광주시는 서울에 아주 가까이에 있으면서도 교통여건이 나빠서 인구가 계속 줄어들었고 부동산 가격도 많이 오르지 못했다. 그런데 2016년을 기점으로 성남~여주 간 복선전철, 성남~장호원 고속도로 등의 개통 시기에 맞추어 인구가 늘어나면서 부동산 가격도 함께 오르기 시작했다.

교통호재가 있다고 하더라도 막상 개통이 되고 나면 오히려 부동산 가격이 떨어지는 경우가 있다. 그것은 호재에 대한 가격 상승분이 이미 모두 반영이 되어 막상 개통이 되면 떨어지는 것으로 볼 수도 있겠지만, 가장 큰 원인은 신설된 대중교통편이 실제 이용에 불편하기 때문이다. 그럴 경우 교통호재로 올랐던 가격이 오히려 급격하게 빠지는 역전현상이 생기게 된다.

교통호재 때문에 부동산투자를 하는 것이라면 배차시간 간격, 소요시간, 교통 이용의 편리성 등을 직접 이용해보는 등 모든 점을 고려하여 투자를 결정해야 한다.

교통호재가 있으면 이전에 가격이 많이 올랐을 거라고 생각하는 사람들이 많은데 실제로 고속도로가 개통이 될 때까지도 부동산 가격에 큰 변함이 없다가 실제로 고속도로를 이용해보니 출퇴근 시간대를 대폭 줄일 수 있는 것을 알게 되어 그때서야 인근 부동산 가격이 급격하게 오르기도 한다. 대표적인 지역이 바로 금천구다.

금천구는 서울 지역에서 맨 아래에 위치하고 있다. 서울 지역의 부동산 가격이 오를 때에도 이 지역은 2015년 말까지 계속 소외되어 있었다. (출처: 금천구청)

나는 2015년도 하반기부터 금천구 지역을 계속 추천했다. 그 이유는 금천구의 2030도시기본계획안이 2015년 하반기에 발표되었고, 2016년 7월에 개통이 되는 강남순환고속도로라는 호재 때문이었다. (출처: 금천구청)

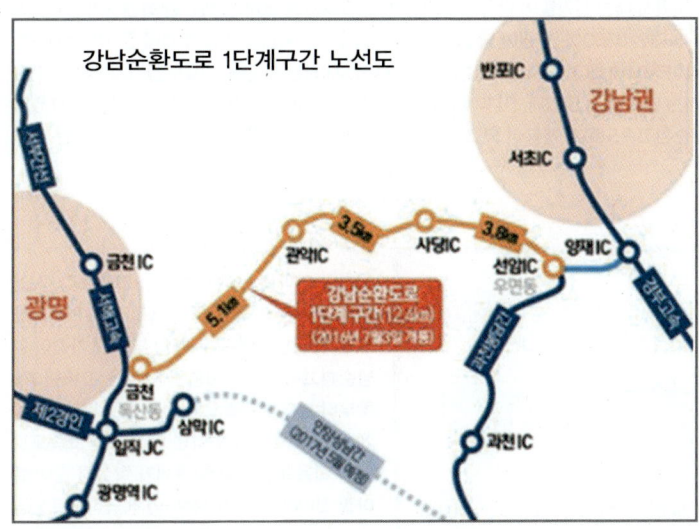

강남순환고속도로는 금천구 시흥동과 서초구 양재동을 잇는 자동차전용도로다. 이 고속도로가 개통되면서 금천구에서 강남으로의 30분 내에 도달할 수 있게 되었다. (출처: 뉴스1)

6부 | 이기는 투자자 되기, 어떤 곳을 주목해야 할까? 349

| | 2014 타경 7*** (임의) | | 매각기일 : 2016-01-13 10:00~ (수) | | 경매6계 02-2192-1336 | |
|---|---|---|---|---|---|---|
| 소재지 | (08564) 서울특별시 금천구 시흥동*** ***빌라 B동 2층 ***호 [도로명] 서울특별시 금천구 독산로 *** (시흥동) | | | | | |
| 용도 | 다세대(빌라) | 채권자 | 주월새마을금고 | 감정가 | 115,000,000원 | |
| 대지권 | 30㎡ (9.07평) | 채무자 | *** | 최저가 | (64%) 73,600,000원 | |
| 전용면적 | 35.04㎡ (10.6평) | 소유자 | *** | 보증금 | (10%)7,360,000원 | |
| 사건접수 | 2014-03-24 | 매각대상 | 토지/건물일괄매각 | 청구금액 | 81,754,820원 | |
| 입찰방법 | 기일입찰 | 배당종기일 | 2015-02-05(연기) | 개시결정 | 2014-03-26 | |

**기일현황**

| 회차 | 매각기일 | 최저매각금액 | 결과 |
|---|---|---|---|
| 신건 | 2014-11-04 | 115,000,000원 | 변경 |
| 신건 | 2015-07-14 | 115,000,000원 | 유찰 |
| 2차 | 2015-08-18 | 92,000,000원 | 유찰 |
| | 2015-09-22 | 73,600,000원 | 변경 |
| 신건 | 2015-11-03 | 115,000,000원 | 유찰 |
| 2차 | 2015-12-08 | 92,000,000원 | 유찰 |
| 3차 | 2016-01-13 | 73,600,000원 | 매각 |
| | ***/입찰2명/낙찰85,000,000원(74%) | | |
| | 2016-01-20 | 매각결정기일 | 허가 |
| | 2016-03-04 | 대금지급기한 납부(2016.02.19) | 납부 |
| | 2016-03-31 | 배당기일 | 완료 |

지속적인 추천에도 금천구 지역에 대한 사람들의 반응은 시큰둥했다. 그러던 중 2016년 1월, 한 회원님이 금천구에 있는 한 빌라를 감정가의 74%대인 8500여 만 원에 낙찰을 받는다. 입찰하는 사람들이 많이 몰릴 줄 알았는데 2명만 입찰을 해서 회원님은 많이 당혹해했다. 혹시라도 잘못 받은 건 아닌지 하는 마음에 나에게 급하게 연락을 해왔을 정도로 당시 시장 분위기는 별로 좋지 않았다. 이후에도 금천구 지역의 부동산 가격 상승률이 그다지 크지 않았지만 2016년 7월 3일, 강남순환고속도로가 개통이 되고 교통의 편리성이 입증이 되자 금천구 부동산 가격은 본격적으로 상승하게 된다.

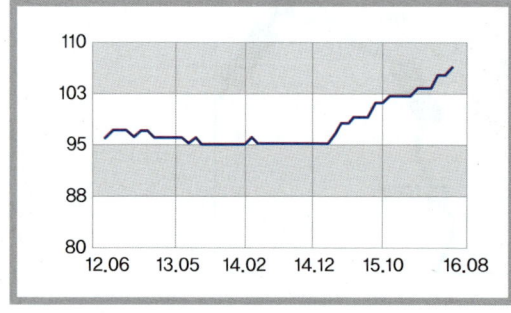

금천구 아파트 가격지수 변동 그래프다. 서울 지역 부동산 가격이 계속 오르던 2015년도에도 꿈쩍 않던 금천구 지역의 부동산 가격이 강남순환고속도로가 개통된 시기인 2016년 7월 초부터 본격적으로 오른 것을 볼 수 있다. 이렇게 교통의 호재가 있다면 전철이나 고속도로 등을 이용해보고 교통 문제가 확실히 많이 좋아질 것이라고 생각이 든다면 적극적으로 인근 지역의 부동산에 대해 관심을 가져 볼 만하다.
(출처: 네이버 부동산)

젊을수록 빌라·연립
**02**

# 주택보급률과 자가점유율의 차이를 알면 기회가 보인다

## 폭락할 거라고? 상승했다, 그것도 급상승!

수도권 신도시 여기저기서 신축아파트를 짓고 있는 데다 전세가 상승과 재개발·재건축 등의 사업으로 서울을 빠져나가는 사람들로 인해 서울 인구가 점점 줄어들었다. 2016년에는 꾸준히 유지했던 1000만 명 인구 선이 무너졌다.

이러다간 서울의 부동산 가격이 대폭 떨어지는 것은 아니냐는 우려가 있었지만 서울의 부동산 가격은 오히려 상승하기 시작했다.

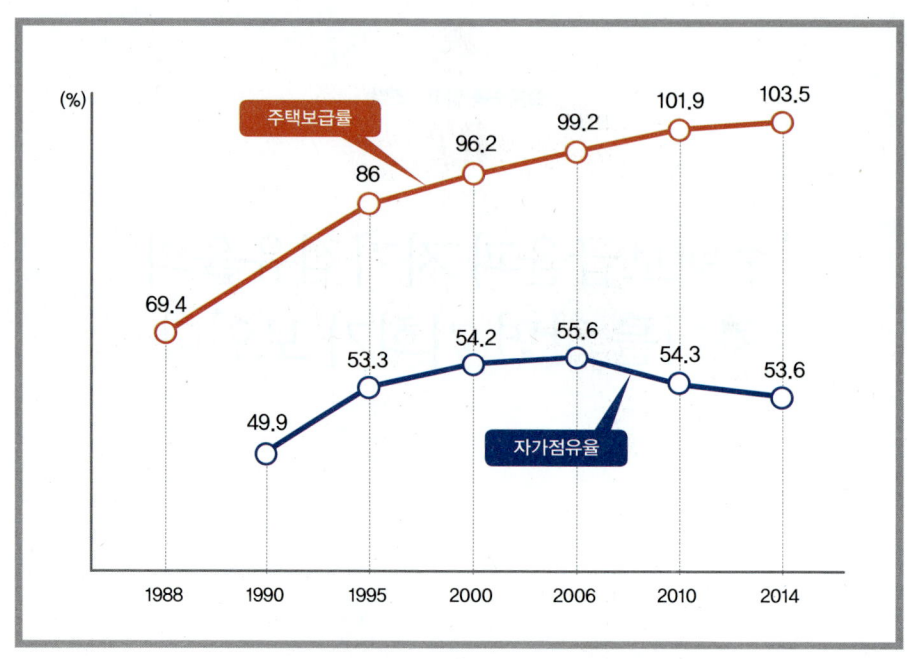

1988년부터 2014년까지 주택보급률과 자가점유율의 차이다. 살 집이 부족하다고 느끼는 이유다.

**자가점유율**
주택의 소유자가 자신의 집에 직접 거주하는 비율

**자가보유율**
주택의 소유자가 직접 살지는 않지만 자기 주택을 소유한 비율

주택의 공급은 계속 늘어나고 있음에도, 왜 우리는 여전히 주택이 부족하다고 느끼는 것일까? 그것은 서울의 재개발·재건축 사업으로 인해 주택이 철거되는 등의 이유도 있겠지만 더 깊게 들어가보면 자가점유율* 때문에 계속 살 집이 부족하다고 느끼는 것이다.

전국의 주택공급율과 자가점유율을 비교해서 보면 수도권은 자가점유율이 계속 줄어들어 2014년도에는 절반도 못 미치는 비율을 나타내고 있는 것을 볼 수 있다.

수도권에 많은 주택이 지어지고 귀농·귀촌도 늘어나고 있는 상황에 왜 이런

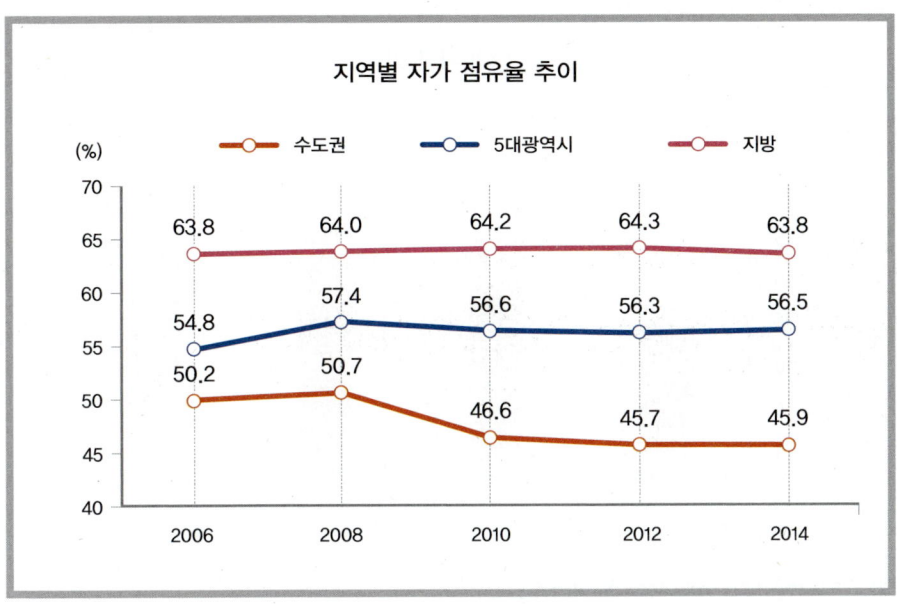

2006년부터 2014년까지 수도권·5대 광역시·지방의 자가점유율 변화 및 차이를 한눈에 볼 수 있다. (자료: 국토교통부)

수치를 보이는 것일까? 그것은 인구가 줄었지만 1·2인 가구의 증가가 급격했기 때문이다. 1·2인 가구의 증가율이 높아지다 보니 그만큼 주택 수요가 엄청나게 늘었고, 대부분의 1·2인 가구는 주택을 보유하기보다는 주택을 임차하여 사는 비율이 높기 때문에 이런 현상이 나타난 것이다.

이것을 달리 해석해보면 주택을 보유한 사람은 여전히 절반도 못 미친다는 이야기다. 한국의 인구 중 절반에 해당하는 사람들이 대부분 타가 소유의 주택에 임차인으로 거주하고 있는 것이다.

개인적으로 따로 다주택자의 비율을 조사해보니 전체 가구 수의 대략 20%

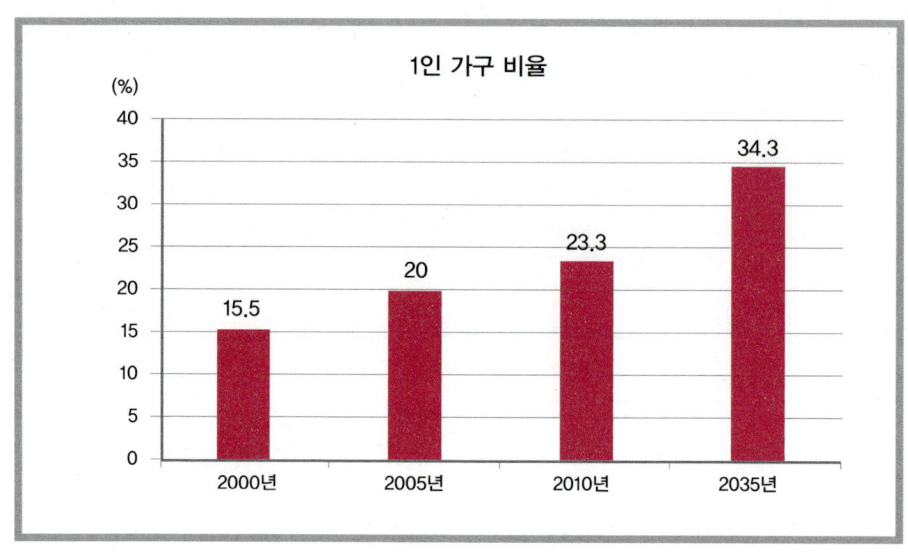

앞으로 1인 가구가 10가구 중 3가구 정도가 된다.

정도밖에 되지 않았다. 즉 20%의 사람들이 자가 주택 하나를 보유해 그 집에 살거나 자가 이외의 주택 하나 정도를 보유하고 있고 그 외 20% 비율의 사람들이 60%의 사람들에게 임대를 놓고 있다는 분석이 나왔다.

많은 사람들이 자기 주택이 없으므로 주택이 부족하다고 느끼는 것이다. 그리고 앞으로 주택 공급율이 늘어나더라도 많은 사람들이 임대주택에 살 것이며 이런 사람들을 대상으로 소수의 사람들이 임대수익을 거두는 구조는 계속될 것이다.

1·2인 가구의 임대수요는 꾸준할 것이지만 이런 주택을 보유한 사람들은 저렴한 가격으로 이미 많이 보유하고 있기 때문에 시장에 매물로 잘 내놓으려고 하지 않을 것이다. 요즘 이런 추세를 미리 읽고 선투자를 하는 사람들이 늘어나면서 1인 가구가 살 주택을 보유하려는 수요자는 더욱 늘어날 것으로

보인다.

그런 데다 2020년부터 은퇴 증가자가 많이 늘어나게 되면 이 은퇴자들은 노후 대비를 위해 임대수익을 거둘 수 있는 주택을 대거 구입하려고 할 것이다. 그런데 의외로 많은 사람들이 1·2인 가구가 선호하는 주택에 대해 제대로 알고 있는 경우가 많지 않다. 그래서 고분양가로 오피스텔을 분양받고 고생을 하기도 한다.

## 월세·관리비 낮은
## 빌라나 연립 선호도 증가

투자를 하려면 주택의 수요자는 어떤 사람들이고 어떤 유형의 주택을 임차해 살려고 하는지에 대해 좀 더 자세히 알아둘 필요가 있다.

앞으로 점점 더 1인 가구가 늘어날 것이다. 1인 가구의 특징은 되도록 지출을 줄이려고 노력을 한다는 점이다. 임차인을 구하다 보면 혼자 사는 사람들이 가장 많이 고려하는 부분이 관리비다. 옵션이 별로라도 관리비가 싸다면 관리비가 싼 쪽으로 가려고 한다. 나가는 돈을 줄이고 싶은 것이다. 앞으로는 점점 관리비가 저렴한 빌라·연립을 찾는 수요가 늘어날 것으로 보인다.

예전에는 오피스텔이나 아파트에 살기를 선호했다면 요즘은 월세도 상대적으로 저렴하고 관리비도 저렴한 쪽으로 집을 구하는 젊은 사람들이 많이 늘어나고 있다. 빌라나 연립은 오피스텔보다 더 넓게 사용할 수 있고 오피스텔에는 없는 발코니가 있는 것을 선호하기도 한다.

월세대비 수익률을 따지지 않고 신축 오피스텔이나 빌라를 너무 높은 가격에 구입하게 되면 월세로 남는 수익률이 별로 없을 수 있기 때문에 노후한 빌라를 미리 저렴하게 매입해두거나 경매로 낙찰받아두는 것도 하나의 방법이 되겠다.

구로 오피스텔 · 상암 아파트 사례
03

# 젊은 층이 집중적으로 거주하는 지역에 투자하라

## 도시계획사업으로 발전한 대표적인 두 지역

탈 서울은 계속되고 있고, 인구는 고령화하고 있으며, 오래된 주택으로 인해 수도권이 도넛모양의 주거집약 형태가 생겨날 것이라고 예측하는 사람들이 있다. 하지만 서울은 서울이다. 그리고 몇몇 지역은 최근까지도 대대적인 탈바꿈을 하고 있다.

노후한 주거지였던 곳이 뉴타운 사업으로 인해 대대적으로 바뀐 곳도 있지만 정부의 도시계획사업에 의해 점점 변모하고 있는 곳들도 있다. 대표적인 곳이 구로공단이었던 서울디지털(구로디지털)산업단지고 또 한 곳이 상암디지털미디어시티다.

서울디지털산업단지는 구로구 구로동과 금천구 가산동에 걸쳐 있는데 여기로 입주한 기업들의 대부분 근로자들은 20~30대가 주를 이룬다. 자연히 지역 거주민들이 20~30대가 많다.

이곳 부동산 가격은 부동산 시장의 흐름이 별로 좋지 않을 때도 가격이 많이 하락하지 않고 부동산 시장이 호황기 때는 부동산을 사고자 하는 사람은 많아도 매물이 별로 없는 상황이 되었다.

그리고 상암디지털미디어시티는 한때 쓰레기장이었던 상암동에 2002년부터 인프라 조성공사가 시작돼 2015년까지 약 400여 개의 방송 콘텐츠와 미디

2008년에 약 1억 100만 원에 낙찰받은 구로동 오피스텔. 현재 1억 7200만 원에 전세를 놓고 있다. (출처: 스피드옥션)

어, IT 분야의 기업들이 입주해 있다. 자연히 직원들도 이 지역이나 인근 지역으로 이주를 하게 되는데 상암 내 주거지만으로는 부족하고 인근 지역의 아파트 가격도 만만치 않아서 인근 고양시 지역에 집을 구하는 사람들이 늘었다.

덕분에 오랫동안 부동산 침체기를 겪고 있던 상암디지털미디어시티와 근접한 고양시의 아파트 가격이 꾸준히 상승해오고 있다. 이곳으로 이주하는 가장 큰 이유 중 하나는 아파트 가격이 상대적으로 저렴해서이기도 하고 경의중앙선이 개통되고 나서 교통이 많이 편리해졌기 때문이다. 그래서 투자처를 찾을 때 부동산 가격이 오를 근거를 다양한 각도로 추리해보아야 한다.

이런 것들을 미리 공부한 회원님들 중 한 분이 행신동의 아파트를 급매로 한 채당 500만 원에서 1000만 원을 들여 10여 채의 아파트를 구입했다. 덕분에 현재 꽤 좋은 수익을 거두고 있다.

상암·마곡·판교의 대반전
**04**

# 큰 산업단지 인근 지역을 주목하라

### 상암부터 마곡까지 흐름을 꿰뚫어라

뉴타운이나 재개발·재건축되어 새로운 주거지로 탈바꿈되는 곳도 좋겠지만 가장 좋은 투자처는 꾸준한 고용창출이 이루어지는 상업지구나 산업단지가 들어서는 곳이다.

수도권에서 이런 지역을 꼽으라면 서울의 디지털단지나 상암디지털미디어시티뿐만 아니라 마곡지구와 판교테크노밸리가 있다. 마곡지구는 판교테크노밸리의 5배 규모, 상암디지털미디어시티의 6배가 달하는 대규모 택지개발 지구다.

2020년까지 서울 서남부 최대의 첨단산업단지 건설을 목표로 하고 있으며 LG, 코오롱, 롯데 등 대기업 40여 개 업체의 상주인구 15만 명과 유동인구 40~50만 명으로 내다보는 주거복합단지로 조성된다. 그런 데다 2018년 준공 예정인 이화여대병원과 의과대학은 1200명 병상과 종사자 4000여 명의 규모로 조성된다. 이화여대병원 인근은 바이오·제약 산업단지로 의료 상권 및 의료 관련 업무 등 의료 밀집지역으로 조성될 예정이다.

마곡지구는 앞으로도 계속 발전할 가능성이 큰 지역이다. 이런 마곡지구가 한때는 모래바람만 날리고 미분양이 속출하던 곳이었다는 것을 믿을 수 있을까? 1년 사이 프리미엄이 4억 원이나 높게 붙었던 이곳의 과거는 아무도 눈길을 주지 않고 한때 버려진 것처럼 보이던 곳이었다. 그런데 본격적으로 개발이 되고 입주하는 기업들이 늘어나자 천지가 개벽하듯 마곡지구 내와 주변 강서구 지역의 부동산 시장은 급격하게 오르기 시작했다.

## 예전만 하지 못할 거라던 판교의 대반전

이와 반대로 판교 테크노밸리는 다른 길을 걸었다. 처음부터 판교 신도시에는 사람들의 관심이 집중되었고 청약경쟁률도 꽤 높았다. 판교 신도시가 조성되자 인근 분당 아파트는 되레 된서리를 맞았다. 계속 노후해져가는 분당아파트의 가치는 더 이상 예전만 하지 못할 것이라고 했다.

하지만 시간이 흐르고 판교테크노밸리 내 기업의 입주가 거의 대부분 완료

판교 창조경제밸리 위치도
(출처: 국토교통부)

가 되고 기업매출과 고용증대가 높아졌다. 그러자 자연스럽게 인근 부동산 가격도 상승하기 시작했다. 인근에 판교의 창조경제밸리가 2020년까지 조성 완료되면 기업들의 입주가 시작되면서 이 지역의 부동산 가격은 더욱 상승할 것으로 보인다.

꾸준히 경매와 부동산 시장을 열심히 공부했던 회원님은 적절한 시기에 첫 낙찰로 분당의 오피스텔을 낙찰을 받을 수 있었다. 회원님은 2016년 8월에 감정가 2억 6000만 원, 31명 입찰한 오피스텔을 약 2억 4300만 원에 낙찰을 받았다.

석문 사례
05

# 산업단지 호재 기사에 휩쓸리지 마라

## 산업단지, 무조건 호재가 아니다

한 회원님이 용기를 내어 도전하고 싶다며 물건을 봐달라고 메일을 보냈다. 신축 다가구였다. 감정가 5억 7214만 9000원에서 34%까지 유찰이 되어 1억 9624만 7000원까지 떨어져 가격대가 아주 매력적이었다. 몇 호수는 마무리 공사가 덜 되어 건축법상 사용승인을 받지 못한 건물이었지만 대체적으로 잘 지어진 건물이었다. 그리고 인근에는 대규모로 조성된 석문국가산업단지가

석문국가산업단지는 1201만 1613㎡(364만 평)에 1조 4878억 원을 투입해 854필지의 용지를 조성하여 기계 및 전자제품 제조업체를 유치하고 있다.

있었다.

  건물 소유자가 건물을 거의 다 짓고 분양을 시작했는데, 분양이 제대로 되지 않아 많은 채무를 지게 되었고 결국 건물이 경매로 넘어가게 되었던 것이다. 그런데 30%대까지 입찰하는 사람 없이 계속 유찰만 되어가고 있었다.

  새로 지어진 집이 계속 비어 있다 보니 여기저기 손을 봐야 할 곳도 많았다. 그렇지만 싸게 낙찰을 받으면 마무리 공사의 추가비용이 들더라도 괜찮을 것 같고, 더군다나 인근에 석문국가산업단지가 있어 임대수요가 많을 거라고 생각하기 쉽지만 좀 더 들여다보면 그렇지가 않았다.

  대개 아무것도 없는 지역에 산업단지가 들어선다면 큰 호재가 될 수 있다. 그것도 큰 산업단지가 들어선다면 인구가 증가할 것이며 고용창출도 높아져서 임대주택의 수요가 늘어날 것이다. 이에 발맞추어 투자를 한다면 더없이 좋은 투자가 될 것이다.

하지만 산업단지가 들어선다는 호재가 있어도 꼭 기억해두어야 할 것이 있다. 산업단지가 조성이 되고 난 후 분양이 잘되는지, 입주하는 기업들이 늘어나고 있는지 확인을 하고 투자를 해야 한다. 그렇지 않으면 앞서 소개한 사례의 신축 다가구 건물 주인처럼 임대나 매매가 되지 않아 돈만 잃게 되는 투자를 하게 될지도 모른다.

## 어떤 산업단지가 호황일지 알아보는 노하우

산업단지가 분양이 잘되었는지 입주하는 기업이 늘어나고 있는지는 어떻게 알아볼 수 있을까? 두 가지 방법이 있다.

첫째, 관할지자체 홈페이지에 들어가서 진행 사항을 확인해볼 수 있다.

둘째, 부동산 관련 기사를 보면서 확인할 수 있다. 그런데 부동산 관련 기사를 볼 때 유의해야 한다. 상황이 안 좋은데도 분양 물량을 넘기기 위해 좋은 쪽으로 대대적으로 광고를 하는 기사가 있고 실제적인 문제점을 그대로 반영하는 기사가 있다. 그러므로 한 가지 기사만 볼 것이 아니라 두 가지 기사를 모두 종합 고려하여 판단해야 한다.

경매로 나온 다가구의 인근 산업단지는 이미 조성이 다 되었지만 입주하는 기업이 30% 미만인 상태고 더 이상 입주하려는 기업이 없어 산업단지가 그야말로 텅 비어 있는 상태였다. 임대수요도 그만큼 따라주지 못했고 약 1조 5000억 원이나 들여 조성되는 국가산업단지가 들어온다는 말만 믿고 미리 다가구나 빌라를 지은 건물주들은 많은 손해를 보게 되었다.

투자자 입장에선 이런 지역을 보지 말아야 할까? 그것은 아니다. 오히려 더 눈여겨보아야 한다. 왜냐하면 큰 기회가 있을 수 있기 때문이다. 이곳의 국가산업단지가 분양이 되지 않았던 이유는 좋은 곳에 위치하고 있었지만 인근 지역에 다른 국가 산업단지가 조성되고 있는 상황에서 분양가가 다른 곳보다 비쌌기 때문이다.

이런 문제가 개선될 기미가 보이기 시작하고 입주하는 기업들이 늘어나기 시작한다면 좋은 기회가 될 수 있다. 그때는 경매로 유찰이 많이 된 물건에 도전을 해볼 만하다.

하지만 나아질 확실한 근거가 보이지 않는데 막연히 좋아질 거라는 기대로 투자에 뛰어들었다간 돈을 공중에 뿌리게 되는 셈이 되므로 투자에 신중해야 한다.

아래는 같은 물건을 두고 다르게 해석하는 두 기사다. 부정적인 뉴스와 긍정적인 뉴스를 비교 분석해보자.

### 안 팔리는 당진 석문산단, 애물단지 될라 (2016년 7월 〈중도뉴스〉 기사)

준공 2년 불구 분양율 29% 그쳐… 시, 기반시설 인수 땐 막대한 혈세투입 불 보듯

"LH도 분양가 낮추고 업종 다양화 등 협조해야"

석문국가산업단지(이하 석문산단)가 준공된 지 2년이 다 돼가지만 미분양이 장기화되면서 애물단지로 전락될 위기에 놓였다.

석문산단은 1201만 1613㎡(364만 평)에 1조 4878억 원을 투입해 854필지의 용지를 조성했으나 현재 분양률은 28.7%에 불과하고 입주기업은

23개밖에 되지 않아 어려움이 가중되면서 지역경제 침체 원인으로 작용하고 있다.

당진시 관계자는 "준공을 완료했음에도 예상 외로 분양률이 저조한 이유는 분양가가 3.3m²당 72만 원으로 비싼 데다 수도권 규제완화와 장기간 경기침체로 기업들이 어렵다 보니 투자수요가 감소한 데 따른 것으로 파악하고 있다"고 말했다.

특히 수도권 기업의 지방이전 활성화를 위해 추진 중인 투자촉진 보조금 지원도 천안시·아산시와 함께 시도 수도권 인접지역으로 분류되다 보니 토지 매입금액의 9%를 입지보조금으로 지원받게 돼 예산군 30%, 태안군 40% 등과 비교할 때 터무니없이 낮은 것도 꺼리는 이유로 작용하고 있다. 여기에 설비투자 보조금 또한 충남의 타 자치단체의 경우 14% 이내, 태안군은 지원 우대지역으로 분류돼 최대 24%까지 받는 것과 비교할 때 시는 11% 이내로 돼 있어 경쟁에서 우위를 보이지 못하는 데다 유치업종도 제한돼 있다 보니 분양이 저조하다는 것.

문제를 인식한 지역 국회의원 등 정치인들이 가세해 대책마련을 요구하고는 있으나 마땅한 대안이 없다 보니 발만 동동 구르고 있는 실정이다.

상황이 이런 가운데 준공과 함께 LH로부터 인계받아야 하는 체육시설과 도로, 공원, 녹지 등 기반시설에 대해 인수 시점을 LH와 협의 중인 것으로 알려지고 있으나 특단의 대책이 나오지 않는 한 유지관리비가 시에는 큰 부담이 되고 자칫 밑빠진 독에 물 붓기 식으로 시민의 혈세만 퍼붓는 난감한 사태가 올 것도 우려된다.

송산면 주민 A씨는 "LH가 조성한 석문산단 분양가가 타지역에 비해 너무 비싸다 보니 기업입주가 지연되고 있다"며 "현실에 맞춰 분양가도 낮추고 입주업종도 다양화해서 석문산단이 속히 활성화되도록 하고 그때까지는 LH가 시에 관리를 떠넘기지 말아야 한다"고 말했다.

**충남 당진시 부동산 상승지표 뚜렷… 저평가된 지금 노려라**(2016년 8월 〈국토일보〉 기사)

아파트값 가격변동률 상승세… 선착순 분양 '*** 당진 2차' 주목

대규모 산업단지를 바탕으로 인구가 꾸준히 증가하고 있는 충남 당진시의 부동산 시장이 호조세를 유지하고 있다. 인근 분양시장에 대한 관심도 잇따를 것으로 전망된다.

충남 당진은 석문국가산업단지, 아산국가산업단지, 송산산업단지등 대규모 산업단지들이 개발이 활발해지면서 지난 2004년 이후 10년 연속 인구 증가율 1위를 기록했다. 실제로 통계청 행정구역별 인구수 자료에 따르면 지난해 기준 당진의 인구는 16만 5122명으로 지난 2010년(14만 4903명)보다 12.3%가 증가했다. 이는 충남의 평균 인구 상승률 0.2%를 훨씬 웃도는 수치다. 당진시는 2030년까지 50만 명의 인구가 유입될 것으로 전망하고 있다.

그럼에도 아파트 공급률은 인구 유입에 미치지 못해 주택난이 심화될 것으로 전망된다. 실제 전국적으로 신규 분양이 활발했던 재작년과 지난해에도 당진시에서는 각각 2000여 가구, 3000여 가구가 공급되는데 그쳐 수요 대비 공급이 부족한 상황이다.

당진시의 인구 증가가 지속됨에 따라 주택 수요도 급증하고 있다. 현재 당진시 내 준공 후 미분양은 꾸준히 줄어 현재 0건을 보이고 있다. 부동산 정보업체 부동산114에 따르면 당진시 준공 후 미분양은 지난해 8월부터 현재까지 전무하다.

가격변동률도 높은 증가세를 보이고 있다. 당진시의 3.3㎡당 평균 아파트 가격변동률은 지난해 기준 5%가 상승해 충남 전체 평균 가격변동률인 0.98%보다 훨씬 높은 수치를 기록했다. 당진시의 인구증가율과 아파트 공급 가뭄은 당분간 지속될 것으로 보이면서 아파트 값은 추가상승을 이어갈 것으로 보인다.

부정적 기사는 석문산업단지가 분양가가 높아 기업 입주가 지연되고 있다고 하고 긍적적 기사는 산업단지 개발이 활발해 인구가 늘어나고 있다고 하고 있다. 이럴 땐 어떻게 기사를 바라보아야 할까?

긍정적 기사 덕분에 당진시에 대한 전반적인 분위기를 읽을 수 있다. 아파트는 분양이 잘 되고 있고 전반적으로 지역 전체가 좋아질 것으로 보인다.

부정적 기사를 통해 석문국가산업단지가 풀어야 할 숙제를 알 수 있다. 그렇다면 이 부분이 해결될 기미가 보이는지를 늘 예의주시해서 보게 되면 투자를 할 수 있는 적절한 시기가 보이게 될 것이다.

홍제 아파트 사례
06

# 관리처분 인가가 난 주변지역을 노려라

### 재개발·재건축 인근은 오른다

2014년 한 해 동안 수도권 지역의 부동산 가격은 서서히 상승하기 시작했지만 서울 내 부동산 가격은 꿈쩍을 하지 않고 있었다(예외적으로 부동산투자 열기가 뜨거웠던 곳도 있다). 그러다 그동안 보류되어 왔던 재개발·재건축 및 뉴타운 사업으로 노후한 주거 밀집지역이 철거가 되고 대대적인 이주가 시작되었다.

그러자 자연스럽게 서울 내 주택 수가 줄어들었고 재개발·재건축 사업을 하

2016년 초 그동안 지지부진했던 홍제동 재개발 사업이 본격적으로 진행될 조짐들이 보였다. 그래서 관리처분 인가가 나는 시점에 맞추어 회원님들에게 경매로 나오는 아파트를 추천했고 그중 한 물건에 한 회원님이 2명의 경쟁자를 제치고 좋은 가격에 낙찰을 받았다. 부동산 시장이 좋지 않을 때 감정이 되었던 터라 그는 감정가 100%에서 약간 넘는 가격에서 낙찰을 받았고 낙찰을 받고 얼마 지나지 않아 그 지역 아파트 가격이 본격적으로 서서히 오르기 시작했다. 5개월도 되지 않아 6000만 원이 올랐다. 회원님이 이 물건에 낙찰을 받을 수 있었던 건 처음부터 끝까지 공부했던 대로 기본을 지켜가며 열심히 한 덕분이다.

는 지역의 인근 부동산 가격은 서서히 오르기 시작했다. 이러한 상황은 부동산 시장을 조금만 공부해도 쉽게 알 수 있다.

  재개발 지역 등 철거가 시작되려면 반드시 관리처분 인가가 나야 한다. 관리처분 인가가 나는 재개발 지역 등만 살펴도 좋은 투자처를 찾을 수 있다.

이천 아파트 사례
07

# 세계 경제 흐름을 보면 지역 경제가 보인다

### 대기업의 행보를 예의주시하라

어떤 지역에 투자를 할 때 큰 기업이 그 지역의 경제를 먹여 살리고 있다면 항상 세계 경제를 거시적으로 바라보고 있어야 한다. 대기업이 공장 증설을 하고 고용 인구를 늘리면 그 지역의 부동산 가격도 덩달아 오른다. 하지만 대기업이 힘들어지면 그 지역의 부동산 가격도 같이 내려갈 수 있다.

한국은 대기업이 성장하면서 함께 성장해온 부분이 크다. 그런데 이제 중국

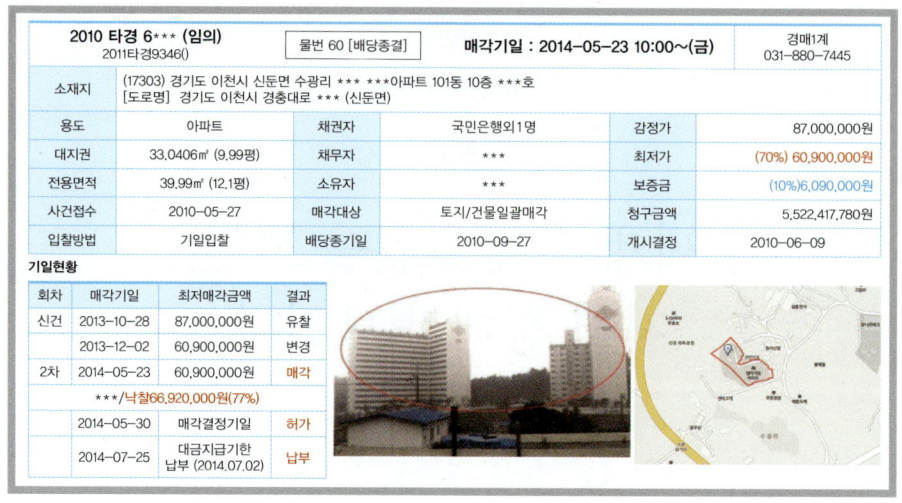

2014년 5월, 회원 분들에게 적극 추천했던 물건이다. 이천시의 신둔면에 위치하고 있는 아파트. 낙찰가 6000만 원 후반대의 아파트가 2016년, 전세가 9000만 원, 매매가 1억 2000만 원대가 되었고 매물도 거의 없는 상태다.

이라는 나라와 다른 개발도상국의 도전을 받고 있는 것이 우리나라 현실이다.

  2014년 1년 동안 이천시에 대한 이야기를 많이 했다. 그 이유는 2016년 9월에 개통이 되는 성남~여주 복선 전철과 이천시 SK하이닉스 공장 증설로 인한 약 5900여 명의 고용창출이라는 호재가 있었기 때문이었다.

  항상 지역에 자리 잡고 있는 대기업이 어떤 업종을 주로 하는지 그리고 그 업종의 미래는 어떠할지 늘 관심을 갖고 지켜보면서 공부를 해두어야 미리 대비할 수 있다. 투자는 수익을 내는 것도 중요하지만 우선 자신의 돈을 지킬 수 있는 것도 무엇보다 중요하다.

경기도 이천시의 아파트. SK하이닉스는 2013년에 15조 원을 투자해 이천에 반도체 공장 증설을 하기로 결정했고 2015년 8월 준공을 하게 된다. 2016년 9월 기사에 따르면 SK하이닉스의 공장증설로 인해 영업이익이 5조 3000억 원가량으로 사상 최대 실적을 기록했다. 이로 인해 이천시의 아파트 가격은 계속 상승했다.

인천·부천 빌라 사례
**08**

# 1인 가구가 늘어나는 곳을 주목하라

### 오를 만큼 올랐다고? 당신만 기회를 놓치고 있다!

부동산 임대로 돈을 벌고 싶지만 임대 수요가 많았던 중소형아파트 가격은 이미 오를 만큼 올랐다고 생각하는 사람들이 많다. 하지만 찾아보면 돈 벌 기회는 여전히 많다. 숨은 기회를 찾아야 한다. 어느 지역 어떤 부동산에 투자를 해야 향후 무난한 임대수익을 거둘 수 있을까?

이런 투자자의 구미에 안성맞춤인 곳이 인천시와 부천시라고 본다. 인천 지

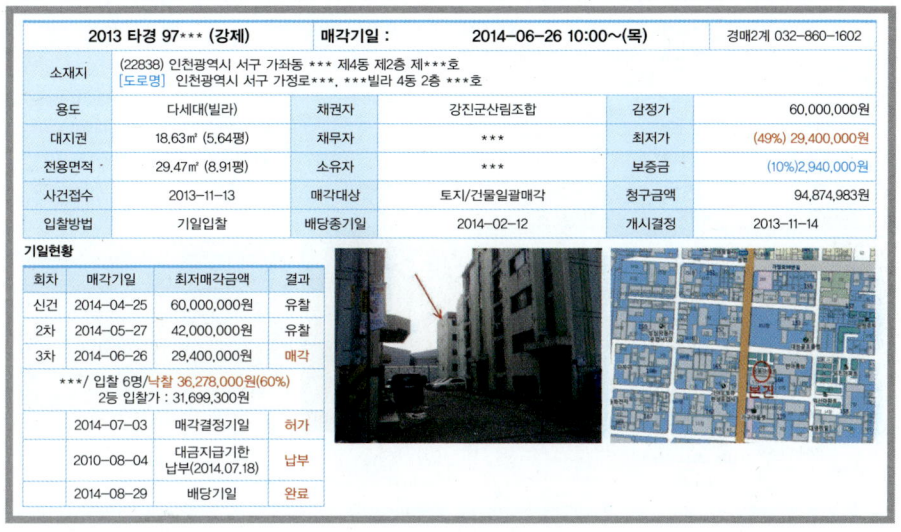

경매 공부를 시작하고 약 6개월간 수도 없이 패찰을 보았던 회원님이 첫 낙찰을 받은 물건이다. 인천 서구의 임대 수요가 많은 곳에 있는 빌라다. 외관은 많이 노후해 보이지만 내부는 인테리어가 잘되어 있었던 빌라였다. 현재도 월세를 잘 받고 있다고 한다. "나는 꼭 떨어지기 위해 입찰을 하는 것 같아요"라고 많이 상심해했지만 계속 열심히 한 보람이 있었다. 이후부터 내리 연속으로 좋은 물건을 낙찰을 받을 수 있었다.

역은 서울 인근의 또 다른 거대한 도시다. 워낙 많은 사람들이 살고 있는 데다 요즘 서울로 가는 교통이 좋아지다 보니 인천으로 이주한 수요가 꽤 많다. 그리고 인근 부천 지역으로 꽤 많은 서울의 주민들이 이주를 해갔다. 그런데 한 가지 더 주목해야 할 점이 있다.

## 소형아파트 투자는 여기가 적격이다

우리나라는 2012년을 기점으로 '2인〉1인〉4인〉3인'의 가구구성에서 '1인〉2

첫 낙찰에 자신감이 붙은 회원님이 두 번째 낙찰을 받은 인천의 빌라다. 역시 임대가 잘 나가고 있다. 그 분은 차순위 입찰자와 10여 만 원 차이로 낙찰을 받았다. 열심히 입찰을 하다 보니 낙찰받을 수 있는 입찰가를 쓸 수 있는 감각이 생긴 것이다.

인>3인>4인' 가구구성으로 변화하고 있다. 2035년에는 1인 가구와 2인 가구 비율이 가구구성 비율에서 절반을 넘을 것으로 내다보고 있다.

이러한 현상이 나타나는 것은 결혼하지 않는 사람들이 늘어나서기도 하지만 우리나라 인구의 많은 비율을 차지하고 있는 50대와 60대의 이혼 증가율 때문이다. 이 베이비부머 세대들의 이혼 가구는 앞으로도 더 늘어날 것으로 내다보고 있다.

앞으로 인천의 1인 가구가 살 주택의 수요가 더 급격하게 늘어날 것으로 보인다. 그리고 이주 수요로 인천 지역과 부천 지역의 빌라와 소형아파트 투자수요는 더욱 급격하게 늘어날 것으로 보인다.

남양주·김포 아파트 사례
09

# 새로 부상하는 신도시에 주목하라

**적극 추천했던 그곳,
지금은 저렴하게 구입하기가 쉽지 않다**

남양주와 김포는 서울과 가까우면서도 새롭게 신도시가 들어선 곳이다. 논과 임야를 밀고 새롭게 신도시를 조성하여 아파트 단지를 지어 올리다 보니 한동안 미분양된 아파트가 많았다.

전반적으로 수도권의 부동산 시장까지 좋지 않다 보니 초기 분양을 받았던 사람들과 기반시설이 제대로 갖추어지지 않은 곳에 입주해야 했던 사람들은 마음고생이 이만저만이 아니었다.

이런 이유로 분양받았던 아파트의 잔금을 치르지 못하거나 또는 기존 살고 있던 집이 나가지 않아 입주를 하지 못해 결국 경매로 넘어가는 신축 아파트가 많았다. 그래서 2014년부터 본격적으로 김포와 남양주의 경매로 나온 아파트를 주변에 적극 추천했었다.

## 당신이 꺼리는 지금도 누군가는 돈을 벌고 있다

하지만 인기가 없다 보니 입찰하는 사람도 많지 않았다. 앞으로 어떻게 될지 몰라 입찰을 다들 꺼려했기 때문이다.

그런데 서울에서 전세가가 상승하자 서울과 가깝고 주택가격이 저렴한 남양주의 신도시와 김포의 신도시로 사람들이 이주를 해가기 시작했고 아파트 가격이 서서히 오르더니 1년도 채 되지 않아 꽤 가격 상승률이 높았고 지금도 상승하고 있다.

중간에 가격 조정이 있겠지만 인근에서 이 지역으로의 이주 수요는 꾸준할 것으로 보인다. 특히 서울의 대규모 상업지구인 마곡지구 내에 상주하는 기업의 고용인구는 16만 명이 넘어설 것으로 내다보고 있다. 이 인근에 위치하고 있는 김포신도시의 아파트 수요는 꾸준할 것으로 보인다.

차후 먼 훗날 한국의 부동산 시장이 또 한 번 불황기가 오면 현재 인기 있는 김포, 남양주, 동탄, 운정과 같은 신도시의 경매물건에 주목할 필요가 있다.

남양주 아파트 시세(출처: 네이버 부동산)

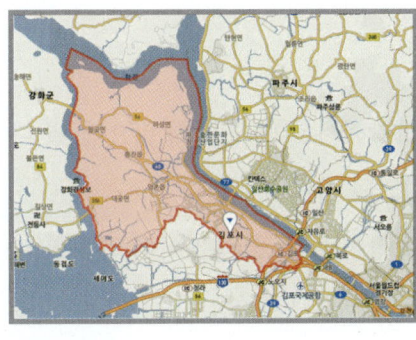 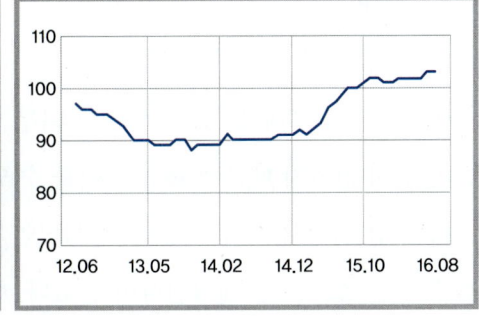

김포 아파트 시세(출처: 네이버 부동산)

**에필로그**

# 인생을 바꾸는 투자를 위해 필요한 것은 종잣돈이 아니라 용기다

인생을 바꾼 사람들 중에 상황이 너무 절박해서 그렇게 하지 않으면 별 다른 방법이 없었기 때문에 목표를 이룰 수 있었던 사람들이 많다.

나 또한 이런 경우에 속한다. 경제적인 상황이 너무 좋지 않아서 절박한 마음으로 늘 스스로를 채찍질하며 살았다. 한편으론 나 자신이 정말 돈 걱정 없이 살 수 있는지, 정말 부자가 될 수 있는지에 대해서 확신을 가지지 못했다. 하지만 돌아보니 불필요할 만큼 힘들어했고 스트레스를 받았고 불안에 떨었던 것 같다.

우리가 부자가 될 수 있다는 완전한 믿음을 가질 수만 있다면 목표한 지점으로 나아가는 과정은 오히려 즐거운 여정이 될 것이다.

나는 수년간 경매교육을 하면서 각양각색의 사람들을 많이 만났다. 20대에서 80대까지 다양한 연령층, 여러 직업의 사람들, 많은 사연을 가진 사람들을 참으로 많이 만났다. 그들을 통해 나는 나이에 상관없이, 성별의 차이 없이, 그리고 직업과 학력의 차별 없이 부동산 경매를 꾸준히 해온 사람들은 대부분 좋은 결실을 만들어낸다는 사실을 직접 지켜볼 수 있었다.

좋은 결과를 만들어내는 사람들에게는 공통점이 있다는 것을 발견했다. 그것은 경제적으로 자유롭고 싶다는 열망이 그 누구보다도 강했다는 점이다. 결코 현실에 안주하고 싶지 않다는 단단한 의지를 가진 사람들이 대부분이었다. 무엇보다 자신의 페이스로 차근차근 걸어가는 현명함과 인내와 끈기를 가진 사람들이었다. 그리고 계속 실패하더라도 행동에 옮겼다는 것이 가장 중요한 요소였다.

원하는 목표가 우연히 달성될 수 있을지언정 진정한 성공은 우연히 오지 않는다. 분명한 비전을 가지고 실천에 옮겼을 때만 가능한 것이다.

당신이 '부자가 되겠다' '돈에서 자유로워지겠다' '돈 걱정 없이 살겠다'는 목표를 가졌다면 그렇게 될 거라고 온전히 믿길 바란다. 당신이 지금 어떠한 상황에 있다 하더라도 이 믿음을 가질 수 있다면 많은 놀라운 일들이 당신 앞에 펼쳐질 것이다.

그리고 꿈을 향해 나아가는 과정에서 너무 힘들어하지 않았으면 좋겠다. 나는 꿈을 향해 나아가는 과정을 즐기는 것도 우리의 소명 중 하나라고 생각한다. 왜냐하면 그 길이야말로 우리가 성장해가는 과정이기 때문이다. 우리가 이 세상에 태어난 이유는 '나'라는 자아가 성장을 하기 위해서라고 나는 생각한다. 그래서 우리는 인생의 다양한 굴곡을 겪는 것이다.

만약 당신이 꿈을 갖고 그 꿈을 위해 도전해간다면 아마도 이전보다 더 많은 어려움을 겪게 될 것이다. 하지만 그 어려움을 극복할 때마다 그만큼 더 크게 성장할 것이다.

하루 중에 반드시 당신 스스로를 기쁘게 하는 일을 하라. 열심히 일했다면 반드시 쉬어라. 열심히 아꼈다면 조금의 돈을 들여서라도 스스로에게 선물을 하라. 당신이 좋아하는 커피 한잔일 수도 있고, 아이스크림일 수도 있고 구두나 옷일 수도 있다. 무조건 안 먹고 안 쓰고 매일 힘들게 일하며 당신의 하루를 불행으로 낭비하지 말기를 바란다.

이 세상에서 가장 비싼 것이 당신의 시간이며 이 세상에서 가장 소중한 것이 당신의 '오늘'이라는 하루다. 삶이 너무 힘들다고 해서 불행한 표정을 짓지 마라. 그러면 당신이 아무리 좋은 사람일지라도 당신 곁에 머무르려 하는 사람이 없을 것이다.

나는 지혜롭지 못했던 사람이다. 그런데 이런저런 일을 겪으며 사람은 무엇보다 지혜로워야 한다는 것을 절실히 깨달을 수 있었다. 어떤 상황이든 어떤 비난을 받든 어떤 절박한 상황에 빠진다 하더라도 사람이 지혜로움을 발휘하면 생각보다 간단하게 어려운 일에서 벗어날 수 있다. 나는 이것을 부동산 경매를 통해 배울 수 있었다.

당신은 부자가 될 수 있다. 이 세상은 풍요로움으로 가득하다는 사실을 믿어라. 세상이 차갑고 험하다고 생각한다면 꽁꽁 얼어붙은 얼음왕국에 갇혀서 세상의 냉대를 받고 있다고 생각하게 될 것이다. 하지만 세상이 풍요롭다고 믿는다면 생각지 못했던 많은 선물을 받을 수 있을 것이다.

부동산 경매를 잘하기 위해 필요한 자질은 똑똑함도 아니고 종잣돈도 아니다. 부동산 경매는 누구나 노력하면 배울 수 있고 잘할 수 있다. 투자할 종잣돈도 금융지식을 배운다면 얼마든지 마련할 수 있다.

부동산 경매에서 성공한 투자자가 되기 위해선 해낼 수 있다는 믿음을 가져야 한다. 그리고 결과가 나올 때까지 무던하게 인내할 수 있어야 한다.

많은 사람들이 처음에는 큰 열정을 갖고 잘해나가다가 몇 달 혹은 1년이 넘어가도록 아무런 성과가 나지 않거나 계획했던 만큼 결과로 이어지지 않으면 포기해버리곤 한다. 큰 결과의 기쁨을 맛보는 사람은 결국 얼마 되지 않는다.

인내력이라는 자질은 무엇보다 중요하다.

"저는 끈기가 없고, 인내력도 별로 없는데 이것을 극복할 방법은 없습니까?"

물론 있다. 인내력도 노력하면 계발할 수 있는 자질이다. 나도 여전히 인내력을 가지려고 노력하는 중이다.

부동산 경매를 하면서 많은 사람들이 초조해하는 이유는 빨리 성과를 내지 못한다는 점도 있지만 이러다간 좋은 물건이 다 사라질지 모른다는 두려움이 들어서다. 그런데 부동산 경매를 하면서 잊지 말아야 할 점은 "항상 좋은 물건이 계속 나온다"라는 사실이다.

사람들은 종종 내게 이런 말을 한다.

"서두르지 말고 좀 더 공부를 하고 투자를 할 걸 그랬어요."

공부를 하면 할수록 예전에 보이지 않던 좋은 물건들이 더 잘 보이기 때문에 이런 말을 하는 것이다. 그래서 '좀 더 나은 투자를 할 수 있었을 것'이라고 후회를 하는 경우를 종종 보았다.

사람들은 이렇게 반문을 하기도 한다.

"부동산투자를 하기 좋은 시기에 투자를 해야 하지 않습니까?"

맞다. 부동산투자는 시장의 흐름을 잘 타야 한다. 그렇지 않으면 두고두고 마음고생을 하게 된다. 경매 공부와 시장의 흐름에 대한 공부를 하면 할수록 시장의 흐름이 아닌 투자의 흐름을 보게 된다. 그러면 부동산 시장 상황이 아무리 좋지 않아도 좋은 투자 물건을 찾아낼 수 있고 보다 안전한 투자를 할 수 있다.

머지않아 100세 시대가 도래한다고 한다. 하지만 지금의 사회제도로는 우리의 미래가 그리 밝아 보이지 않는다고 많은 사람들이 말한다. 그래서 우리는 더욱더 우리 스스로 우리의 미래를 준비하여 만들어갈 수밖에 없다.

우리가 밝은 미래를 만들어가는 데 부동산 경매가 유일한 해결책이라고 말할 수 없겠지만 그래도 시간과 노력을 투자하여 인내를 갖고 끝까지 하는 사람에게는 분명 다른 미래가 있을 것이다.

처음에는 좀 낯설어 힘들게 느껴지고 패찰을 할 때마다 회의감이 들겠지만 나도 처음에는 그랬다. 내가 성공한 이후 만났던 사람들의 처음도 그러했다.

'지금 한다고 해서 되겠어?'

이런 생각이 수도 없이 들 것이다. 하지만 두려움 앞에 굴복하지 않고 용기를 갖고 도전했던 사람들이 좋은 결과를 얻는 것을 나는 수도 없이 보아왔다. 그리고 종잣돈이 별로 없다고 걱정을 하던 사람들이 막상 공부를 하고 준비를 하다 보니 투자할 돈이 절로 생기더라는 기적 같은 일들도 나는 많이 보아왔다.

만약 돈이 없어 투자를 할 수 없다고 생각이 들지라도 한번 용기를 내어 한 발짝 내디뎌보길 바란다. 그러면 당신에게도 경매투자를 해야 할 적절한 시기가 되면 기적 같이 종잣돈이 생길지 모른다. 두려움 앞에 무릎을 꿇는다면 앞으로 그 어떤 일도 일어나지 않을 것이다. 그러면 불만족스러운 현실을 바꿀 수 없을뿐더러 미래 또한 여전히 과거와 오늘과 같을 것이다.

꼭 기억해두어야 할 것이 있다. 절대 준비가 되지 않은 상태에선 투자에 나서지 말아야 한다. 투자가 잘못되는 경우는 대부분 제대로 준비가 되지 않았기 때문이다. 투자의 준비가 종잣돈을 모으는 것이라고 생각할 수도 있겠지만 종잣돈의 유무는 투자에 대한 전반적인 공부가 되어야 하는 것에 비해 큰 비중을 차지하지 않는다.

공부를 하는 이유는 가진 것을 잃지 않기 위함이다. 그리고 성공적인 투자를 하기 위함이다. 공부라는 준비 없이 투자에 뛰어들었다간 가진 것조차 잃을 수도 있다. 하지만 공부를 전반적으로 해두면 누구라도 언제 시작하더라도 안전하게 수익을 내는 투자를 할 수 있다.

이 모든 것들이 가능하려면 가장 필요한 것이 바로 용기다. 용기를 낼 수 있다면 인생의 많은 부분이 달라질 것이다.

30대 중반의 한 회원님이 2년 전 나의 부동산 교육세미나에 참석했다(본문에서도 소개한 분의 이야기다). 맨 뒷자리에 조용히 앉아 있던 수줍음이 많은 분이었다. 경매투자를 잘할 수 있을까 조금 걱정이 될 정도로 작은 체구를 가진 여성분이었다. 하지만 그녀는 혼자서도 열심히 임장을 다녔다.

추울 때나 더울 때나 정말 열심히 현장을 다녔다. 그리고 될 때까지 치열하게 입찰을 했다. 그녀의 우유빛깔 피부가 여름날 강한 햇살에 새까맣게 그을릴 정도로 열심히 했다.

그러나 아쉽게도 결과는 바로 나타나지 않았다. 6개월이 넘도록 수도 없이 패찰을 해야 했다. 하지만 그녀는 그때마다 다시 또 도전할 거라고 말했다. 그렇게 매번 오뚜기처럼 다시 일어나더니 보란 듯이 첫 낙찰을 받았다. 정말 좋은 가격에 좋은 물건을 낙찰받을 수 있었다.

얼마 지나지 않아 차순위와 10만 원 정도 차이로 또 다른 신축빌라 신축빌라를 저렴하게 낙찰받았다. 또 얼마 지나지 않아 가족이 함께 살 아파트를 낙찰받았다. 이 일이 불과 몇 달 만에 이루어졌다. 이후 다른 부동산에도 투자를 해서 지금은 모두 좋은 수익을 거두고 있다. 그리고 주변 사람들의 많은 부러움을 사고 있다. 그런데도 그녀는 늘 겸손하다. 여전히 배움을 게을리하지 않는다.

여러 건의 물건을 낙찰받는 동안 얼마나 많이 힘들었을까? 몇 번 입찰을 하고 나서도 낙찰이 되지 않으면 금방 포기해버리고 마는 사람들이 많은데 그녀는 그러지 않았다. 떨어지면 또 도전하고 또 떨어지면 또다시 도전했다. 오뚜기처럼 도전한 덕분에 정말 좋은 가격에 첫 낙찰을 받을 수 있었고 그 이후로도 좋은 가격에 모두 낙찰을 받을 수 있었던 것이다.

낙찰받은 물건들을 하나하나 인도받는 기간 동안 정말 많이 힘들었을 것이다. 하지만 그녀가 첫 발을 내딛는 용기를 내지 않았다면 2년 사이 아무런 일도 일어나지 않았을 것이다. 그리고 될 때까지 하는 인내심을 가지지 않았다면 결코 결과물을 만들지 못했을 것이다.

누구나 그녀처럼만 할 수 있다면 반드시 좋은 결과를 만들 수 있다. 어찌 보면 성공적인 투자, 부자가 되는 방법은 지극히 간단하다. 하지만 방법이 간단하더라도 도전할 용기가 없다면 처음도 없고 결과도 없게 된다. 그리고 중간에 포기한다면 그동안 들였던 노력들이 모두 무용지물이 된다. 열심히 공부한 것들도 어느 사이 잊히게 될 것이다. 방법은 쉽지만 과정 속에 가져야 하는 마음가짐이 가장 중요하고 힘든 숙제인 것 같다.

용기를 내어 도전하는 것, 인내심을 갖고 공부하고 계속해가는 것, 그리고 실패할 때마다 다시 일어설 수 있는 끈기가 가장 중요한 요소다. '내가 정말 할 수 있을까?' '지금 해도 될까?'라는 걱정은 하지 않아도 된다. 가장 중요한 것은 첫 발을 내딛을 수 있는 용기다. 그 용기를 낼 수 있다면 당신의 인생은 많은 부분 달라질 것이다. 당신의 당당한 앞날에 축복을 보낸다.

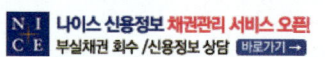

| 경매검색 | 공매검색 | NPL검색 | 경매상담 | 동영상강좌 | 경매연구실 | 경매금융 | 경매컨설팅 | 경매자료실 | 마이페이지 | 법원 정정공고내용 제공 |

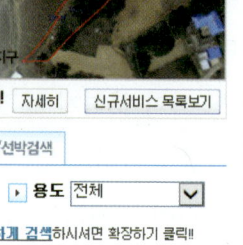

## 스피드옥션 금주의 인기물건
한주간 최다 검색순위를 기록한 경매물건    +더보기

 충북 청주시
주택
232,249,100
232,249,100

 인천 동구
근린주택
524,275,050
524,275,050

 서울 서초구
다가구(원룸등)
1,385,824,200
1,385,824,200

 서울 서초구
주택
2,105,228,970
2,105,228,970

 대구 동구
근린주택
472,128,980
472,128,980

 서울 강서구
빌라형아파트
280,000,000
280,000,000

## 동영상 추천물건  안중현교수가 엄선한 동영상해설 추천물건 입니다.    +더보기

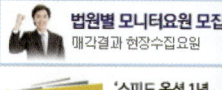
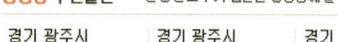 경기 광주시
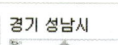 경기 광주시
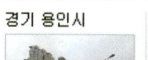 경기 성남시
 경기 용인시
 인천 남구
 서울 성동구

# 25만 회원이 함께하는
## 대한민국 대표 법원경매정보 스피드옥션에서
## 전국 모든 경매물건의
## 자세한 정보를 확인하세요!

# speedauction.co.kr

- 편리한 경매검색 ! 종합검색, 관심지역검색, 역세권검색, 지도검색, 맞춤검색, 지역검색, 법원별, 일정별 등
- 정확하고 보기쉬운 물건 상세페이지 (페이지 스타일 선택가능)
- 빠른 경매결과 제공! 법원보다 빠르게 경매결과를 확인!!
- 국내 최정상급 경,공매 전문가들과 함께하는 보다 전문화된 서비스제공
- 경매와 관련된 모든것을 한눈에! (동영상강좌, 상담실, 금융서비스, 경매 절차, 용어, 서식 등)
- 특화된 개인 서비스! (관심물건 서비스, 물건정보 전달, 휴대폰전송, 사건공유, 모의입찰 등)

## 나는 경매로 당당하게 사는 법을 배웠다

**초판 1쇄 발행** 2017년 2월 9일
**초판 3쇄 발행** 2017년 3월 29일

**지은이** 박수진
**펴낸이** 김선식

**경영총괄** 김은영
**책임편집** 봉선미  **디자인** 이주연  **책임마케터** 최혜령
**콘텐츠개발1팀장** 한보라  **콘텐츠개발1팀** 봉선미, 임보윤, 이주연
**마케팅본부** 이주화, 정명찬, 최혜령, 양정길, 최혜진, 김선욱, 이승민, 이수인, 김은지
**전략기획팀** 김상윤
**경영관리팀** 허대우, 권송이, 윤이경, 임해랑, 김재경
**외부스태프** 본문디자인 이춘희

**펴낸곳** 다산북스  **출판등록** 2005년 12월 23일 제313-2005-00277호
**주소** 경기도 파주시 회동길 357 3층
**전화** 02-702-1724(기획편집) 02-6217-1726(마케팅) 02-704-1724(경영관리)
**팩스** 02-703-2219  **이메일** dasanbooks@dasanbooks.com
**홈페이지** www.dasanbooks.com  **블로그** blog.naver.com/dasan_books
**종이** 한솔피엔에스  **출력·제본** (주)갑우문화사  **후가공** 이지앤비 특허 제10-1081185호

**ISBN** 979-11-306-1111-2 (13320)

© 박수진, 2017

- 책값은 뒤표지에 있습니다.
- 파본은 구입하신 서점에서 교환해드립니다.
- 이 책은 저작권법에 의하여 보호를 받는 저작물이므로 무단 전재와 복제를 금합니다.
- 이 도서의 국립중앙도서관 출판시도서목록(CIP)은 서지정보유통지원시스템 홈페이지(http://seoji.nl.go.kr)와 국가자료공동목록시스템(http://www.nl.go.kr/kolisnet)에서 이용하실 수 있습니다. (CIP제어번호 : CIP2017001936)

다산북스(DASANBOOKS)는 독자 여러분의 책에 관한 아이디어와 원고 투고를 기쁜 마음으로 기다리고 있습니다. 책 출간을 원하는 아이디어가 있으신 분은 이메일 dasanbooks@dasanbooks.com 또는 다산북스 홈페이지 '투고원고'란으로 간단한 개요와 취지, 연락처 등을 보내주세요. 머뭇거리지 말고 문을 두드리세요.